Herausgabeansprüche

Hemmer/Wüst/Verse/Tyroller

Februar 2006

Juristisches Repetitorium hemmer

examenstypisch - anspruchsvoll - umfassend

Augsburg
Wüst/Schneider/Mielke/Quirling
Mergentheimer Str. 44
97082 Würzburg
Tel.: (0931) 79 78 2-30
Fax: (0931) 79 78 2-34
www.hemmer.de/augsburg

Bayreuth
Daxhammer
Jägerstr. 9a
97204 Höchberg
Tel.: (0931) 400 337
Fax: (0931) 404 3109
www.hemmer.de/bayreuth

Berlin-Dahlem
Gast
Alte Jakobstraße 78
10179 Berlin
Tel.: (030) 240 45 738
Fax: (030) 240 47 671
www.hemmer.de/berlin-dahlem

Berlin-Mitte
Gast
Alte Jakobstraße 78
10179 Berlin
Tel.: (030) 240 45 738
Fax: (030) 240 47 671
www.hemmer.de/berlin-mitte

Bielefeld
Knoll/Sperl
Hinter dem Zehnthofe 18a
38173 Sickte
Tel.: (05305) 91 25 77
Fax: (05305) 91 25 88
www.hemmer.de/bielefeld

Bochum
Schlegel/Schlömer/Sperl
Salzstr. 14/15
48143 Münster
Tel.: (0251) 67 49 89 70
Fax.: (0251) 67 49 89 71
www.hemmer.de/bochum

Bonn
Ronneberg/Christensen/Clobes
Leonardusstr. 24c
53175 Bonn
Tel.: (0228) 23 90 71
Fax: (0228) 23 90 71
www.hemmer.de/bonn

Bremen
Kulke
Mergentheimer Str. 44
97082 Würzburzg
Tel.: (0931) 79 78 230
Fax: (0931) 79 78 234
www.hemmer.de/bremen

Dresden
Stock
Zweinaundorfer Str. 2
04318 Leipzig
Tel.: (0341) 6 88 44 90
Fax: (0341) 6 88 44 96
www.hemmer.de/dresden

Düsseldorf
Ronneberg/Christensen/C
Leonardusstr. 24c
53175 Bonn
Tel.: (0228) 23 90 71
Fax: (0228) 23 90 71
www.hemmer.de/duessel

Erlangen
Grieger/Tyroller
Mergentheimer Str. 44
97082 Würzburg
Tel.: (0931) 79 78 2-30
Fax: (0931) 79 78 2-34
www.hemmer.de/erlangen

Frankfurt/M.
Geron
Dreifaltigkeitsweg 49
53489 Sinzig
Tel.: (02642) 61 44
Fax: (02642) 61 44
www.hemmer.de/frankfurt

Frankfurt/O.
Neugebauer/ Vieth
Holzmarkt 4a
15230 Frankfurt/O.
Tel.: (0335) 52 29 87
Fax: (0335) 52 37 88
www.hemmer.de/frankfurtoder

Freiburg
Behler/Rausch
Rohrbacher Str. 3
69115 Heidelberg
Tel.: (06221) 65 33 66
Fax: (06221) 65 33 30
www.hemmer.de/freiburg

Gießen
Knoll/Sperl
Hinter dem Zehnthofe 18
38173 Sickte
Tel.: (05305) 91 25 77
Fax: (05305) 91 25 88
www.hemmer.de/giessen

Göttingen
Sperl/Schlömer
Kirchhofgärten 22
74635 Kupferzell
Tel.: (07944) 94 11 05
Fax: (07944) 94 11 08
www.hemmer.de/goettingen

Greifswald
Burke/Lück
Heilgeiststr. 30
18439 Stralsund
Tel.: (03831) 30 91 73
Fax: (03831) 30 92 42
www.hemmer.de/greifswald

Halle
Luke
Helgolandstr. 9b
01097 Dresden
Tel.: (0351) 4 22 55 01
Tel.: (0351) 4 22 55 02
www.hemmer.de/halle

Hamburg
Clobes/Sperl/Schlömer
Kirchhofgärten 22
74635 Kupferzell
Tel.: (07944) 94 11 05
Fax: (07944) 94 11 08
www.hemmer.de/hamburg

Hannover
Daxhammer/Sperl
Jägerstr. 9a
97204 Höchberg
Tel.: (0931) 400 337
Fax: (0931) 404 3109
www.hemmer.de/hannov

Heidelberg
Behler/Rausch
Rohrbacher Str. 3
69115 Heidelberg
Tel.: (06221) 65 33 66
Fax: (06221) 65 33 30
www.hemmer.de/heidelberg

Jena
Hannich
Parkweg 7
97944 Boxberg
Tel.: (07930) 99 23 38
Fax: (07930) 99 22 51
www.hemmer.de/jena

Kiel
Sperl/Schlömer
Kirchhofgärten 22
74635 Kupferzell
Tel.: (07944) 94 11 05
Fax: (07944) 94 11 08
www.hemmer.de/kiel

Köln
Ronneberg/Christensen/Clobes
Leonardusstr. 24c
53175 Bonn
Tel.: (0228) 23 90 71
Fax: (0228) 23 90 71
www.hemmer.de/koeln

Konstanz
Guldin/Kaiser
Hindenburgstr. 15
78467 Konstanz
Tel.: (07531) 69 63 63
Fax: (07531) 69 63 64
www.hemmer.de/konsta

Leipzig
Luke
Helgolandstr. 9b
01097 Dresden
Tel.: (0351) 4 22 55 01
Fax: (0351) 4 22 55 02
www.hemmer.de/leipzig

Mainz
Geron
Dreifaltigkeitsweg 49
53489 Sinzig
Tel.: (02642) 61 44
Fax: (02642) 61 44
www.hemmer.de/mainz

Mannheim
Behler/Rausch
Rohrbacher Str. 3
69115 Heidelberg
Tel.: (06221) 65 33 66
Fax: (06221) 65 33 30
www.hemmer.de/mannheim

Marburg
Knoll/Sperl
Hinter dem Zehnthofe 18a
38173 Sickte
Tel.: (05305) 91 25 77
Fax: (05305) 91 25 88
www.hemmer.de/marburg

München
Wüst
Mergentheimer Str. 44
97082 Würzburg
Tel.: (0931) 79 78 2-30
Fax: (0931) 79 78 2-34
www.hemmer.de/muenc

Münster
Schlegel/Sperl/Schlömer
Salzstr. 14/15
48143 Münster
Tel.: (0251) 67 49 89 70
Fax.: (0251) 67 49 89 71
www.hemmer.de/muenster

Osnabrück
Schlömer/Sperl/Knoll
Kirchhofgärten 22
74635 Kupferzell
Tel.: (07944) 94 11 05
Fax: (07944) 94 11 08
www.hemmer.de/osnabrueck

Passau
Mielke/Schneider
Schlesierstr. 4
86919 Utting a.A.
Tel.: (08806) 74 27
Fax: (08806) 94 92
www.hemmer.de/passau

Potsdam
Gast
Alte Jakobstraße 78
10179 Berlin
Tel.: (030) 240 45 738
Fax: (030) 240 47 671
www.hemmer.de/potsdam

Regensburg
Daxhammer
Jägerstr. 9a
97204 Höchberg
Tel.: (0931) 400 337
Fax: (0931) 404 3109
www.hemmer.de/regens

Rostock
Burke/Lück
Heilgeiststr. 30
18439 Stralsund
Tel.: (03831) 30 91 73
Fax: (03831) 30 92 42
www.hemmer.de/rostock

Saarbrücken
Bold
Preslesstraße 2
66987 Thaleischweiler-Fröschen
Tel.: (06334) 98 42 83
Fax: (06334) 98 42 83
www.hemmer.de/saarbruecken

Trier
Geron
Dreifaltigkeitsweg 49
53489 Sinzig
Tel.: (02642) 61 44
Fax: (02642) 61 44
www.hemmer.de/trier

Tübingen
Guldin/Kaiser
Hindenburgstr. 15
78465 Konstanz
Tel.: (07531) 69 63 63
Fax: (07531) 69 63 64
www.hemmer.de/tuebingen

Würzburg
- ZENTRALE -
Mergentheimer Str. 44
97082 Würzburg
Tel.: (0931) 79 78 230
Fax: (0931) 79 78 234
www.hemmer.de/wuerz

Wer in vier Jahren sein Studium erfolgreich abschließen will, kann sich einen Irrtum im Hinblick auf Examensvorbereitung und Ausbildungsmaterial nicht leisten!

Stellen Sie frühzeitig Ihre Weichen richtig. Trainieren Sie unter professioneller Anleitung das, was Sie im Examen erwartet.

www.hemmer.de

www.lifeandlaw.de

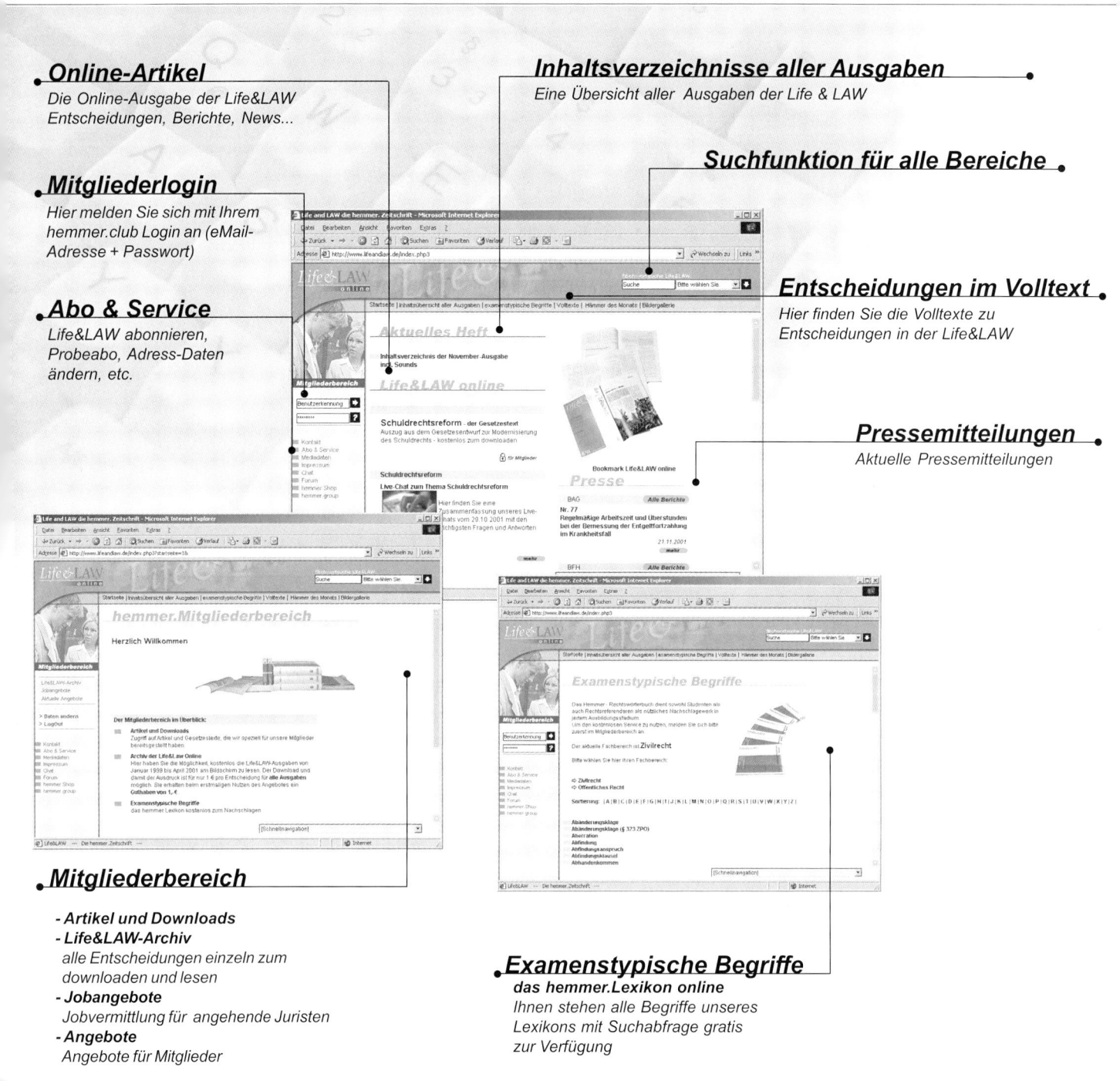

Online-Artikel
Die Online-Ausgabe der Life&LAW
Entscheidungen, Berichte, News...

Inhaltsverzeichnisse aller Ausgaben
Eine Übersicht aller Ausgaben der Life & LAW

Mitgliederlogin
Hier melden Sie sich mit Ihrem
hemmer.club Login an (eMail-
Adresse + Passwort)

Suchfunktion für alle Bereiche

Abo & Service
Life&LAW abonnieren,
Probeabo, Adress-Daten
ändern, etc.

Entscheidungen im Volltext
Hier finden Sie die Volltexte zu
Entscheidungen in der Life&LAW

Pressemitteilungen
Aktuelle Pressemitteilungen

Mitgliederbereich

- *Artikel und Downloads*
- *Life&LAW-Archiv*
  alle Entscheidungen einzeln zum
  downloaden und lesen
- *Jobangebote*
  Jobvermittlung für angehende Juristen
- *Angebote*
  Angebote für Mitglieder

Examenstypische Begriffe
das hemmer.Lexikon online
Ihnen stehen alle Begriffe unseres
Lexikons mit Suchabfrage gratis
zur Verfügung

Assessorkurse

ern:		RA I. Gold, Mergentheimer Str. 44, 97082 Würzburg; Tel.: (0931) 79 78 2-50
en-Württemberg:	Konstanz/Tübingen	RAe F. Guldin/B. Kaiser, Hindenburgstr. 15, 78467 Konstanz; Tel.: (07531) 69 63 63
	Heidelberg/Freiburg/Stuttgart	RAe Behler/Rausch, Rohrbacher Str. 3, 69115 Heidelberg; Tel.: (06221) 65 33 66
in/Potsdam:		RA L. Gast, Alte Jakobstraße 78, 10179 Berlin, Tel. (030) 24 04 57 38
ndenburg:		RA Neugebauer/Vieth, Holzmarkt 4a, 15230 Frankfurt/Oder, Tel.:(0335) 52 29 32
nen/Hamburg:		RAe M. Sperl/Clobes/Dr. Schlömer, Kirchhofgärten 22, 74635 Kupferzell; Tel. (07944) 94 11 05
sen:	Frankfurt	RA J. Pfeuffer, Beethovenstr. 35, 60325 Frankfurt; Tel.: (069) 97 12 44-0
	Marburg/Kassel	RAe M. Sperl/Clobes/Dr. Schlömer, Hinter dem Zehnthofe 18a, 38173 Sickte, Tel. (05305) 91 25 77
klenburg-Vorp.:		Ludger Burke/Johannes Lück, Heilgeiststraße 30, 18439 Stralsund, Tel: (03831) 30 91 73
ersachsen:		RAe M. Sperl/Dr. M. Knoll, Hinter dem Zehnthofe 18a, 38173 Sickte, Tel. (05305) 91 25 77
rhein-Westfalen:		Dr. A. Ronneberg, Venner Str. 7a, 53177 Bonn; Tel.: (0228) 23 90 71
nland-Pfalz:		RA A. Geron, Dreifaltigkeitsweg 49, 53489 Sinzig; Tel.: (02642) 6144
land:		RA A. Geron, Dreifaltigkeitsweg 49, 53489 Sinzig; Tel.: (02642) 6144
ingen:		RA J. Luke, Helgolandstr. 9B, 01097 Dresden; Tel.: (0351) 4 22 55 01
sen:		RA J. Luke, Helgolandstr. 9B, 01097 Dresden; Tel.: (0351) 4 22 55 01
eswig-Holstein:		RAe M. Sperl/Clobes/Dr. Schlömer, Kirchhofgärten 22, 74635 Kupferzell; Tel. (07944) 94 1

Herausgabeansprüche

Hemmer/Wüst/Verse/Tyroller

Februar 2006

Hemmer/Wüst Verlagsgesellschaft

Das Skript ist urheberrechtlich geschützt. Die dadurch begründeten Rechte, insbesondere des Nachdrucks, der Wiedergabe auf photomechanischem oder ähnlichem Wege und der Speicherung in Datenverarbeitungsanlagen bleiben, auch bei nur auszugsweiser Verwertung, der Hemmer/Wüst-Verlagsgesellschaft vorbehalten.

Hemmer/Wüst/Verse/Tyroller Herausgabeansprüche

ISBN 3-89634-621-0
4. Auflage, Februar 2006

gedruckt auf chlorfrei gebleichtem Papier
von Schleunungdruck GmbH, Marktheidenfeld

Vorwort
Herausgabeansprüche mit der "HEMMER-METHODE"

Wer in vier Jahren sein Studium abschließen will, kann sich einen **Irrtum** in bezug auf Stoffauswahl und -aneignung **nicht leisten**. Hoffen Sie nicht auf die leichten Rezepte, die Schemata und den einfachen Rechtsprechungsfall. Die unnatürlich klare Zielsetzung der Schemata lässt keine Frage offen und suggeriert eine Einfachheit, die in der Prüfung nicht besteht. Hüten Sie sich vor Übervereinfachung beim Lernen. Stellen Sie deswegen frühzeitig die Weichen richtig.

Entsprechend dem Rechtsfolgesystem unserer Skriptenreihe und der Bedeutung im Examen sowie im Prozess haben wir den **Herausgabeansprüchen** ein eigenes Skript gewidmet. Zu unterscheiden sind insbesondere vertragliche Herausgabeansprüche (z.B. nach Vertragsbeendigung, bei Beauftragung, GoA), von vertragsähnlichen Herausgabeansprüchen (z.B. c.i.c. i.V.m. § 249 I BGB) und von sachenrechtlichen Herausgabeansprüchen. Es handelt sich hierbei um ein klassisches Examensproblem, das insbesondere deshalb so bedeutsam ist, weil aus verschiedenen Rechtsgebieten Anspruchsgrundlagen auf Herausgabe in Betracht kommen.

Wenn Sie im Grundsätzlichen sicher sind, werden Ihnen Herausgabeansprüche im Examen keinen Schrecken mehr bereiten.

Die "HEMMER-METHODE" vermittelt Ihnen die **erste richtige Einordnung** und das **Problembewusstsein**, welches Sie brauchen, um an einer Klausur bzw. dem Ersteller nicht vorbeizuschreiben. Häufig ist dem Studenten nicht klar, warum er schlechte Klausuren schreibt. Wir geben Ihnen **gezielte Tipps**! Vertrauen Sie auf unsere **Expertenkniffe**.

Durch die ständige Diskussion mit unseren Kursteilnehmern ist uns als erfahrenen Repetitoren klar geworden, welche **Probleme** der Student hat, sein **Wissen anzuwenden**. Wir haben aber auch von unseren Kursteilnehmern profitiert und von ihnen erfahren, welche **Argumentationsketten** in der Prüfung zum Erfolg geführt haben.

Die **"HEMMER-METHODE"** gibt **jahrelange Erfahrung** weiter, erspart Ihnen viele schmerzliche Irrtümer, setzt richtungsweisende Maßstäbe und begleitet Sie als **Gebrauchsanweisung** in Ihrer Ausbildung:

1. Basics:

Das *Grundwerk* für Studium und Examen. Es schafft **Grundwissen** und mittels der "HEMMER-METHODE" richtige Einordnung für Klausur und Hausarbeit.

2. Skriptenreihe:

Vertiefend: Über 1.000 Prüfungsklausuren wurden auf ihre "essentials" abgeklopft.

Anwendungsorientiert werden die für die Prüfung nötigen Zusammenhänge umfassend aufgezeigt und wiederkehrende Argumentationsketten eingeübt.

Gleichzeitig wird durch die "HEMMER-METHODE" auf **anspruchsvollem Niveau** vermittelt, nach welchen Kriterien Prüfungsfälle beurteilt werden. Spaß und Motivation beim Lernen entstehen erst durch Verständnis.

Lernen Sie, durch Verstehen am juristischen Sprachspiel teilzunehmen. Wir schaffen den "background", mit dem Sie die innere Struktur von Klausur und Hausarbeit erkennen: „**Problem erkannt, Gefahr gebannt**". Profitieren Sie von unserem **technischen know how**. Wir werden Sie auf das Anforderungsprofil einstimmen, das Sie in Klausur und Hausarbeit erwartet.

Die **studentenfreundliche Preisgestaltung** ermöglicht auch den **Erwerb als Gesamtwerk**.

3. Hauptkurs:

Schulung am examenstypischen Fall mit der Assoziationsmethode. Trainieren Sie unter professioneller Anleitung, was Sie im Examen erwartet und wie Sie bestmöglich mit dem Examensfall umgehen.

Nur wer die Dramaturgie eines Falles verstanden hat, ist in Klausur und Hausarbeit auf der sicheren Seite! Häufig hören wir von unseren Kursteilnehmern: „**Erst jetzt hat Jura richtig Spaß gemacht**".

Die Ergebnisse unserer Kursteilnehmer geben uns recht. Der **Bewährungsgrad** einer Theorie ist der **Erfolg**. Die Examensergebnisse zeigen, dass unsere Kursteilnehmer überdurchschnittlich abschneiden.

Z.B.: **Würzburg:** Von '91 bis '97 6x sehr gut, 41x gut, darunter mehrere Landesbeste, einer mit 15,08 (Achtsemester), z.B. `97: 14,79; '96: 14,08. Auch '95: Die 6 Besten, alle Freischüßler, Schnitt von 13,39, einer davon mit sehr gut! Landesbester in Augsburg 15,25 (Achtsemester). **München Frühjahr '97** (ein Termin!)**:** 36x über Neun: 2x sehr gut, 14x gut, 20x vollbefriedigend;

Bereits in unserem ersten Durchgang in Berlin, Göttingen, Konstanz die Landesbesten mit "sehr gut". "Sehr gut" auch in Freiburg, Bayreuth, Köln (2x), Bonn, Regensburg (15,54; 14,00; 14,00) Erlangen (15,4; 15,0; 14,4) und München (14,25; 14,04; 14,04; 14,00). Augsburg: Schon im ersten Freischuss 91 I erzielten 4 Siebtsemester (!) einen Schnitt von 12,01.

Lassen Sie sich aber nicht von diesen Supernoten verschrecken, sehen Sie dieses Niveau als Ansporn für Ihre Ausbildung. Denn: Wer auf 4 Punkte lernt, landet leicht bei 3!

Basics, Skriptenreihe und Hauptkurs sind als **modernes, offenes und flexibles Lernsystem** aufeinander abgestimmt und ergänzen sich ideal.

Wir hoffen, als Repetitoren mit unserem Gesamtangebot bei der Konkretisierung des Rechts mitzuwirken und wünschen Ihnen **viel Spaß beim Durcharbeiten** unserer Skripten.

Wir würden uns freuen, mit Ihnen später als Hauptkursteilnehmer mit der "HEMMER-METHODE" gemeinsam Verständnis an der Juristerei im Hinblick auf Examina zu trainieren.

INHALTSVERZEICHNIS

§ 1 EINLEITUNG 1

A. Standort der Ansprüche im Gesetz 1

B. Anspruchsinhalt bzw. Gegenstand der Herausgabe 2

  I. Herausgabe von Sachen. 2

  II. Herausgabe von sonstigen Gegenständen. 2

C. Aufbau dieses Skriptums „Herausgabeansprüche" 2

D. Kurzübersicht über die verschiedenen Herausgabeansprüche 3

§ 2 VERTRAGLICHE HERAUSGABEANSPRÜCHE 4

A. Rückgabepflicht nach Vertragsbeendigung 4

  I. Überblick 4

  II. Leistungsstörungen 4

  III. Verhältnis zu § 985 BGB 5

  IV. Vertragliche Herausgabeansprüche gegen Dritte? 6

  V. Besonderheiten bei der Herausgabe durch den Beauftragten (§ 667 BGB) und ähnlichen Fällen 7

  1. Auftrag 7
     a) Das zur Ausführung des Auftrags Erhaltene 7
     b) Das aus der Geschäftsbesorgung Erlangte 8
        aa) Inhalt des Herausgabeanspruchs 8
        bb) Aus der Geschäftsbesorgung erlangt 9
  2. Erweiterungen des § 667 BGB 10
     a) Geschäftsführung des Vereinsvorstands, § 27 III BGB 10
     b) Entgeltliche Geschäftsbesorgung, § 675 BGB 15
     c) Geschäftsführung in der Gesellschaft bürgerlichen Rechts, § 713 BGB 15
     d) Geschäftsführung in der OHG und KG 16
     e) Vergleichbare Regelungen im Handelsrecht 16

B. Rückgabepflicht bei Rückabwicklung des Vertrags (§§ 346 I, 355 ff. i.V.m. 312 I, 312 d, 485, 495, 499, 505 BGB) 19

  I. Rücktritt vom Vertrag gem. §§ 346 ff. BGB 19
  1. Vertragliches und gesetzliches Rücktrittsrecht 19
  2. Verweisungen auf die §§ 346 ff. BGB 19
  3. Umfang der Rückgewährpflicht 19

  II. Rückabwicklung nach Widerruf gem. §§ §§ 346 I, 355 ff. i.V.m. 312 I, 312 d, 485, 495, 499, 505 BGB 20

C. Herausgabeanspruch auf das stellvertretende commodum (§ 285 I BGB) 20

D. §§ 280 I, 249 I BGB 22

§ 3 VERTRAGSÄHNLICHE HERAUSGABEANSPRÜCHE 23

A. Herausgabeanspruch aus §§ 280 I, 241 II, 311 II i.V.m. § 249 I BGB 23

B. Herausgabeansprüche aus echter und unechter Geschäftsführung ohne Auftrag 24

    I. (Echte) berechtigte GoA 24

    II. (Echte) unberechtigte GoA 24

        1. Anspruch des Geschäftsführers...24

        2. Anspruch des Geschäftsherrn...25

    III. Verweisungen auf die GoA 26

C. Herausgabeansprüche aus unechter GoA (Geschäftsanmaßung), § 687 II BGB 27

    I. Herausgabeanspruch des Geschäftsherrn 27

    II. Anspruch des Geschäftsanmaßers aus §§ 687 II S.2, 684 S.1 BGB 28

§ 4 SACHENRECHTLICHE HERAUSGABEANSPRÜCHE 30

A. Herausgabeanspruch aus dem Eigentum (§ 985 BGB) – Die sog. Vindikation........................30

    I. Voraussetzungen 30

        1. Anspruchsberechtigter 30

        2. Anspruchsgegner 31

        3. Kein Besitzrecht..31

            a) Eigenes Besitzrecht nach § 986 I S.1, 1.Alt. BGB...32

            b) Abgeleitetes Besitzrecht nach § 986 I S.1, 2.Alt. BGB 34

            c) § 986 II BGB 34

        4. Kein Ausschluss gemäß § 241a I BGB 35

    II. Anspruchsinhalt bei § 985 BGB 41

        1. Allgemeines...41

        2. § 986 I S.2 BGB 42

        3. Geld als Herausgabegegenstand...42

        4. Anspruchsinhalt bei der Vindikation gegen den mittelbaren Besitzer 44

    III. Anwendbarkeit der Vorschriften des allgemeinen Schuldrechts...44

B. Vindikation anderer dinglich Berechtigter 45

    I. Verweisungen auf § 985 BGB...45

    II. Der Herausgabeanspruch des Pfandgläubigers 46

        1. Vertragliches Pfandrecht...46

        2. Gesetzliches Pfandrecht 46

        3. Pfändungspfandrecht..48

C. Herausgabeansprüche aus früherem Besitz (§§ 861 I, 1007 I, II BGB)..49

    I. Der possessorische Besitzherausgabeanspruch aus § 861 I BGB 50

        1. Voraussetzungen 50

            a) Besitzentziehung durch verbotene Eigenmacht, § 858 I BGB 50

                aa) Besitzer i.S.d. § 858 I BGB 50

                bb) Entziehung ohne den Willen des Berechtigten..53

                cc) Keine gesetzliche Gestattung 53

            b) Anspruchsberechtigter 53

            c) Anspruchsverpflichteter 54

            d) Ausschluss nach § 861 II BGB 54

            e) Erlöschensgründe nach § 864 BGB 55

            f) Ausschluss petitorischer Einwendungen, § 863 BGB 55

　　　　2. Anspruchsinhalt 56

　　II. Die petitorischen Besitzherausgabeansprüche aus § 1007 BGB 56

　　　　1. Voraussetzungen des § 1007 I BGB 57
　　　　　　a) Bewegliche Sache 58
　　　　　　b) Anspruchsberechtigter 58
　　　　　　c) Anspruchsgegner gegenwärtig Besitzer 58
　　　　　　d) Anspruchsgegner bei Besitzerwerb bösgläubig 58
　　　　　　e) Kein Anspruchsausschluss nach § 1007 III BGB 58

　　　　2. Voraussetzungen des § 1007 II BGB 59

　　　　3. Anspruchsinhalt bei § 1007 I und II BGB 60

§ 5 HERAUSGABEANSPRÜCHE AUS UNGERECHTFERTIGTER BEREICHERUNG 61

A. Herausgabe des Sacheigentums 61

B. Kondiktion des Besitzes 62

　　I. Besitz als Gegenstand der Leistungskondiktion 62

　　II. Besitz als Gegenstand der Eingriffskondiktion 62

　　III. Rückerwerb des Nichtberechtigten 63

C. Herausgabe anderer Vorteile 64

D. Herausgabe des durch die Verfügung eines Nichtberechtigten Erlangten (§ 816 I BGB) 64

§ 6 HERAUSGABEANSPRÜCHE AUS UNERLAUBTER HANDLUNG 66

§ 7 SPEZIELLE HERAUSGABEANSPRÜCHE 68

A. Vollmachtsurkunden 68

B. Schuldscheine und Vollstreckungstitel 68

C. Erbscheine 68

§ 8 GESAMTANSPRÜCHE AUF HERAUSGABE VON SONDERVERMÖGEN 69

A. Herausgabeanspruch des Kindes bei Ende der elterlichen Sorge (§ 1698 I BGB) 70

B. Herausgabeanspruch des Mündels/Betreuten bei Ende der Vormundschaft/Betreuung (§§ 1890 S.1, 1908i I S.1 BGB) 70

C. Herausgabeanspruch des Nacherben gegen den Vorerben (§ 2130 BGB) 70

　　I. Voraussetzungen 70

　　II. Anspruchsinhalt 70

　　　　1. Herausgabe der Erbschaft 70
　　　　2. Herausgabe der Surrogate 70
　　　　3. Herausgabe im Zustand ordnungsmäßiger Verwaltung 72

　　III. Verhältnis zu anderen Ansprüchen 72

D. Erbschaftsanspruch (§ 2018 BGB) 73

I. Voraussetzungen 73

1. Anspruchsberechtigter 73
2. Anspruchsgegner 73
   a) "Etwas aus der Erbschaft erlangt" 73
   b) "Auf Grund eines ihm in Wirklichkeit nicht zustehenden Erbrechts" 74

II. Inhalt des Herausgabeanspruchs 74

1. Herausgabe des aus der Erbschaft Erlangten 74
2. Herausgabe der Surrogate 75

III. Verhältnis des Gesamtanspruchs aus § 2018 (i.V.m. § 2019 I) BGB zu anderen Ansprüchen 76

§ 9 ANSPRÜCHE AUF HERAUSGABE VON NUTZUNGEN 77

A. Allgemeines 77

I. Begriff der Nutzungen (§ 100 BGB) 77

II. "Herausgabe" von Nutzungen 78

1. Sachen als Nutzungen 78
2. Andere Nutzungen 78

III. Übersicht 79

B. Herausgabe von Nutzungen nach Rücktrittsrecht (§§ 346 I, 347 I BGB) 79

I. § 346 I BGB 79

II. § 347 I BGB 80

III. Besonderheiten beim gesetzlichen Rücktrittsrecht 80

C. Nutzungsherausgabe im Eigentümer-Besitzer-Verhältnis (§§ 987 ff. BGB) 81

I. Gutgläubiger, unverklagter Besitzer 82

1. Grundsatz des § 993 I, 2.Hs. BGB 82
2. Übermaßfrüchte 82
3. Deliktischer Besitzer (§ 992 BGB) 82
4. Unentgeltlicher Besitzer (§ 988 BGB) 82
   a) Gilt § 988 BGB auch für den Fremdbesitzer, der aufgrund eines (vermeintlichen) obligatorischen Besitzrechts besitzt? 83
   b) Ist § 988 BGB analog auf den rechtsgrundlosen Besitzer anwendbar? 83

II. Bösgläubiger oder verklagter Besitzer 85

1. § 987 I BGB 85
2. § 987 II BGB 85
3. Ausnahme des § 991 I BGB 85

III. Deliktischer Besitzer (§ 992 BGB) 86

D. Nutzungsherausgabe aus ungerechtfertigter Bereicherung 86

E. Nutzungsherausgabe im Erbrecht 87

I. §§ 2020 ff. BGB 87

1. Gutgläubiger, unverklagter Erbschaftsbesitzer 87
2. Verklagter oder bösgläubiger Erbschaftsbesitzer 88
3. Deliktischer Erbschaftsbesitzer 88
4. Verhältnis zu den Einzelansprüchen 88

II. § 2184 BGB 88

§ 10 PROZESSUALE BESONDERHEITEN 89

A. Erkenntnisverfahren 89

I. Bestimmte Bezeichnung des Herausgabegegenstandes im Klageantrag 89

II. Besondere und ausschließliche Gerichtsstände bei Herausgabeansprüchen 89

B. Zwangsvollstreckungsverfahren 90

I. Herausgabevollstreckung bei beweglichen Sachen 90

    1. Anwendungsbereich der §§ 883 f. ZPO 90

    2. Durchführung der Vollstreckung 91

II. Herausgabevollstreckung bei unbeweglichen Sachen 92

    1. Anwendungsbereich des § 885 ZPO 92

    2. Durchführung der Vollstreckung 93

    3. Räumungsschutz, Vollstreckungsschutz 94

§ 11 ANHANG: EXAMENSTYPISCHE KLAUSUR 96

Kommentare

Baumbach/Hopt Kommentar zum HGB

Erman Kommentar zum BGB
Band 1: §§ 1 - 853 BGB

Jauernig Kommentar zum BGB

Münchener Kommentar Kommentar zum BGB
Band 3: §§ 433 - 606 BGB

Band 4: §§ 607-704

Palandt Kommentar zum BGB

Soergel Kommentar zum BGB
Band 4/1: §§ 516- 651 BGB

Lehrbücher

Brox/Walker Besonderes Schuldrecht

Brox Handelsrecht

Larenz/Canaris Lehrbuch des Schuldrechts
Besonderer Teil
2. Band 2. Halbband

Medicus Bürgerliches Recht

Schuldrecht II
Besonderer Teil

Weitere Literatur siehe Fußnoten

§ 1 EINLEITUNG

A. Standort der Ansprüche im Gesetz

Herausgabeansprüche im gesamten BGB verteilt

Ansprüche auf Herausgabe finden sich über das gesamte BGB verstreut. Sie können sich aus Vertrag, vertragsähnlichen Schuldverhältnissen, aus Sachenrecht, Bereicherung oder Delikt ergeben; dazu treten einige Normen aus dem Familien- und Erbrecht.

Dementsprechend werden Herausgabeansprüche auch in der Literatur an ganz unterschiedlichen Stellen diskutiert, zusammenhängende Darstellungen gibt es kaum.[1]

Für den Examenskandidaten ist dies besonders misslich, da von ihm in dem im Rahmen des im Ersten Staatsexamen anzufertigenden Gutachten verlangt wird, *alle* einschlägigen oder auch nur nahe liegenden Anspruchsgrundlagen (wenn auch möglicherweise nur kurz) zu erörtern.

Mit Einzelwissen zu einer bestimmten Anspruchsgrundlage erreicht man also nicht viel. Wesentlich wichtiger ist es, das komplette System der Herausgabeansprüche vor Augen zu haben. Hier will das vorliegende Skriptum eine Hilfestellung bieten.

> **hemmer-Methode:** Lernen Sie nicht abstrakte Details zu bestimmten Anspruchsgrundlagen, sondern vergegenwärtigen Sie sich stets, wie und in welchem Zusammenhang diese in einem konkreten Examensfall auftauchen können.

Ein einfaches Beispiel mag das Gesagte illustrieren:

> *B nimmt dem E dessen 65. Auflage des PALANDT, KOMMENTAR ZUM BGB weg, um ihn bis zum Examen zu benutzen.*
>
> 1. Dass E einen Herausgabeanspruch aus § 985 BGB hat, liegt auf der Hand.
>
> 2. Aber oft werden die weiteren in Betracht kommenden Anspruchsgrundlagen vernachlässigt, so im vorliegenden Fall:
>
>   a) § 861 I BGB (verbotene Eigenmacht),
>
>   b) § 1007 I und II BGB (Anspruch des früheren Besitzers),
>
>   c) § 812 I S.1, 2.Alt. BGB (Eingriff in ein Recht zum Besitz[2])
>
>   d) sowie - jeweils i.V.m. § 249 I BGB - § 823 I BGB (Sachentziehung als Eigentumsverletzung), § 823 II i.V.m. § 858 BGB als Schutzgesetz[3] und § 826 BGB.

Diese Ansprüche können (und müssen!) in einem solch einfachen Fall natürlich rasch abgehandelt werden. Wer sie aber vergisst, verschenkt unnötig Punkte.

---

[1] Eine Ausnahme bilden die jeweils recht knappen Darstellungen bei MEDICUS, JuS 1985, 657 ff.; BELKE, Prüfungstraining I, S. 99 ff.; DIEDERICHSEN, BGB-Klausur, S. 41 ff.; OLZEN/WANK, Klausurenlehre, S. 49 f.

[2] Zu der Frage, inwieweit der Besitz als Gegenstand der Eingriffskondiktion in Betracht kommt, vgl. unten Rn. 130.

[3] Str., vgl. unten Rn. 135 ff.

B. Anspruchsinhalt bzw. Gegenstand der Herausgabe

Was bedeutet Herausgabe?

Wenn das Gesetz einen Anspruch auf Herausgabe gibt, so kann der Gegenstand der Herausgabe ganz verschieden sein.

I. Herausgabe von *Sachen*.

Der Inhalt des Herausgabeanspruchs hängt oft davon ab, in wessen Eigentum die Sache steht. Ist der Anspruchsberechtigte Eigentümer, kann Herausgabe nur Übertragung des unmittelbaren bzw. mittelbaren Besitzes bedeuten (z.B. bei der Vindikation gem. § 985 BGB).

Gehört die Sache bereits dem Herausgabeschuldner, ist dagegen unter Herausgabe die Übereignung der Sache an den Gläubiger zu verstehen; so etwa, wenn eine Sache in Erfüllung eines Kaufvertrags übereignet worden ist und nun lediglich das Verpflichtungsgeschäft angefochten wird. Der Herausgabeanspruch aus § 812 I S.2, 1.Alt. BGB (ebenso vertretbar wegen der ex-tunc-Wirkung der Anfechtung gem. § 142 I BGB ist § 812 I S.1, 1.Alt. BGB) ist dann gerichtet auf Übertragung von Besitz und Eigentum.

> **hemmer-Methode: In der Fallbearbeitung sollte man daher nicht lediglich von einem Anspruch auf Heraus- oder Rückgabe der Sache sprechen, sondern konkret bezeichnen, was genau geschuldet ist: Anspruch auf Rückübereignung; Besitzverschaffung etc..**

II. Herausgabe von sonstigen Gegenständen

Gegenstand der Herausgabe können aber nicht nur Eigentum und/oder Besitz an Sachen (und Sachgesamtheiten) sein, sondern auch Rechte, Leistungen und *jedes "etwas" im Sinne des § 812 I BGB bzw. jeder Gegenstand i.S.d. § 292 BGB*.

Dementsprechend kann auch der Begriff "Herausgabe" völlig verschiedene Bedeutungen haben. Bei Forderungen geschieht die "Herausgabe" durch Abtretung (§ 398 BGB), bei erlangten Buchpositionen durch die Einwilligung in die Grundbuchberichtigung usw.

C. Aufbau dieses Skriptums „Herausgabeansprüche"

Aufbau des Skriptums

Die meisten Ansprüche richten sich dabei auf Herausgabe einzelner Vorteile. Es gibt aber auch Gesamtansprüche, die auf die Herausgabe von Sondervermögen gerichtet sind (insbesondere der Erbschaftsanspruch gemäß § 2018 BGB).

Der Aufbau des Skriptums folgt dieser Unterscheidung:

1. Zunächst werden (in §§ 2-7) die Einzel-, dann (in § 8) die Gesamtansprüche auf Herausgabe besprochen.

2. Anschließend werden (in § 9) jene Ansprüche erörtert, die speziell für die Herausgabe von Nutzungen gelten.

3. Den Abschluss bildet (in § 10) eine Betrachtung der prozessualen Besonderheiten, die sich im Zusammenhang mit Herausgabeansprüchen ergeben.

D. Kurzübersicht über die verschiedenen Herausgabeansprüche

Eine Übersicht über die verschiedenen Herausgabeansprüche gibt folgendes Prüfungsschema. Für die Nutzungsansprüche findet sich eine entsprechende Übersicht bei Rn. 176 dieses Skriptums.

Übersicht

> **I. Vertragliche Herausgabeansprüche**
>
> 1. Rückgabepflicht nach Vertragsbeendigung
> 2. Rückgabepflicht bei Rückabwicklung des Vertrags (§§ 346 I, 355 ff., 312 I 1, 312 d, 485, 495 I; 499, 505 BGB)
> 3. Herausgabeanspruch auf das stellvertretende commodum (§ 285 I BGB)
> 4. § 280 I i.V.m. § 249 I BGB
>
> **II. Vertragsähnliche Herausgabeansprüche**
>
> 1. §§ 280 I, 311 II, 241 II, 249 I BGB
> 2. Herausgabeansprüche aus echter und unechter GoA
> 3. Herausgabeansprüche aus unechter GoA (Geschäftsanmaßung)
>
> **III. Sachenrechtliche Herausgabeansprüche**
>
> 1. Herausgabeanspruch aus dem Eigentum (§ 985 BGB)
> 2. Vindikation anderer dinglicher Berechtigter
> 3. Ansprüche aus früherem Besitz (§§ 861 I, 1007 I, II BGB)
>
> **IV. Herausgabeansprüche aus ungerechtfertigter Bereicherung**
>
> **V. Herausgabeansprüche aus unerlaubter Handlung**
>
> **VI. Spezielle Herausgabeansprüche (Vollmachtsurkunden, Schuld– und Erbscheine)**
>
> **VII. Gesamtansprüche auf Herausgabe von Sondervermögen**
>
> 1. Herausgabeanspruch des Kindes bei Ende der elterlichen Sorge (§ 1698 I BGB)
> 2. Herausgabeanspruch des Mündels/Betreuten bei Ende der Vormundschaft/Betreuung (§§ 1890 S.1, 1908i I S.1 BGB)
> 3. Herausgabeanspruch des Nacherben gegen den Vorerben (§ 2130 BGB)
> 4. <u>Wichtig</u>: Erbschaftsanspruch (§ 2018 BGB)

§ 2 VERTRAGLICHE HERAUSGABEANSPRÜCHE

A. Rückgabepflicht nach Vertragsbeendigung

Vertragliche Ansprüche auf Herausgabe einer zeitweise überlassenen Sache entstehen, wenn ein zum Besitz berechtigendes Vertragsverhältnis endet.

I. Überblick

Dies gilt für

- Miete, Pacht (§§ 546 I, 581 II BGB)

- Leihe (§ 604 I BGB)

- Verwahrung (§ 695 BGB)

- Auftrag (§ 667 BGB),

- Geschäftsbesorgung (§§ 675 I, 667 BGB)

- Sonstige Verweisungen auf § 667 BGB: §§ 27 III, 713 BGB

- Kommission (§ 384 II 2. Hs. HGB)

- Dienstvertrag (Herausgabe der überlassenen Arbeitsmittel aufgrund vertraglicher Nebenpflicht;[4] Rechtsgrundlage also § 611 i.V.m. § 242 BGB)

- Werkvertrag (Herausgabe der bearbeiteten Sache; Rechtsgrundlage § 631 I BGB - weil die Ablieferung ein Teil der Herstellung des Werkes ist).

- Gesellschaft bürgerlichen Rechts, OHG, KG (§ 732 BGB, §§ 105 II, 161 II HGB; Herausgabe der Gegenstände, die der ausscheidende Gesellschafter der Gesellschaft zur Benutzung überlassen hat).

II. Leistungsstörungen

Rückgabepflicht i.d.R. nicht im Synallagma

Die vertraglichen Rückgabeansprüche stehen zwar regelmäßig nicht im Gegenseitigkeitsverhältnis zu den Hauptpflichten gegenseitiger Gebrauchsüberlassungsverträge.[5]

Ausnahme: Ablieferungspflicht beim Werkvertrag nach h.M. Hauptpflicht

Eine Ausnahme gilt nach h.M.[6] für die Ablieferungspflicht beim Werkvertrag. Hier soll die Ablieferung im Synallagma mit der Zahlung des Werklohns stehen, wie § 641 BGB zeige. Folgt man dem, so sind bei Leistungsstörungen die §§ 320 ff. BGB anwendbar.

Angesichts der Parallelen zu den übrigen vertraglichen Rückgabeansprüchen lässt sich allerdings ebenso gut die Gegenauffassung vertreten, die auch in der Herausgabepflicht beim Werkvertrag eine Nebenleistungspflicht sieht.[7]

---

[4] Vgl. JAUERNIG, § 619, Anm. 3.

[5] BELKE, Prüfungstraining I, S. 102.

[6] STAUDINGER, § 631, Rn. 17.

[7] So etwa JAUERNIG, § 631, Anm. II 1 a.E.

Bei Leistungsstörungen kommt es jedoch nur auf die Unterscheidung leistungsbezogen / nicht leistungsbezogen an. Somit gelten die §§ 275 ff., 280 ff., 323 ff. BGB.

III. Verhältnis zu § 985 BGB

Anspruchskonkurrenz, falls Vermieter/Verleiher = Eigentümer

Ist der Vermieter, Verleiher usw. zugleich Eigentümer der Sache, besteht zwischen dem vertraglichen Herausgabeanspruch und der Vindikation gem. § 985 BGB Anspruchskonkurrenz.[8]

Kollision von vertraglichem Herausgabeanspruch und § 985 BGB

Sind Vermieter usw. und Eigentümer dagegen personenverschieden, können vertraglicher Herausgabeanspruch und Vindikation kollidieren.

> *Bsp.: V hat B einen Computer geliehen, der dem E gehört. Nach einer Woche verlangt V den Computer, wie vereinbart, zurück (aufgrund § 604 I BGB). Kurz darauf ruft E bei B an und fordert unter Hinweis auf sein Eigentum ebenfalls Herausgabe des Computers (aufgrund § 985 BGB). B ist ratlos, wem er den Computer herausgeben soll.*

Es sind bei der Lösung dieses Falls drei Konstellationen zu unterscheiden, von denen die ersten beiden unproblematisch sind.

1. V hatte gegenüber E ein Besitzrecht an dem Computer, hatte ihn also etwa seinerseits von E gemietet, und war auch befugt, den Besitz an einen Dritten, den B, zu übertragen.

In diesem Fall hat B ein abgeleitetes Besitzrecht gem. § 986 I S.1, 2.Alt. BGB. E steht dann gar kein Anspruch aus § 985 BGB zu, und B ist nur dem V zur Herausgabe verpflichtet.

2. V hatte zwar gegenüber E ein Besitzrecht, durfte den Computer aber nach seiner Vereinbarung mit E nicht an B weitergeben. In diesem Fall kann V gem. § 604 I BGB Herausgabe an sich und der E nach §§ 985, 986 I S.2 BGB ebenfalls nur Herausgabe an den V verlangen. Wenn B also den Computer an V zurückgibt, sind beide Ansprüche erfüllt.

3. Nun kommt die problematische Variante, in der B in eine Zwickmühle zu geraten scheint: V hat gegenüber E kein Besitzrecht.

Der Anspruch des V aus § 604 I BGB geht auf Herausgabe an V, der des E aus § 985 BGB auf Herausgabe an E. Dass der Anspruch des E aus § 985 BGB einredefrei besteht, ist unbestritten. Teile der Literatur[9] wollen aber B aus dem Dilemma helfen, indem sie ihm eine Einrede gegen den Herausgabeanspruch des V aus § 604 I BGB gewähren, nämlich die Einrede der unzulässigen Rechtsausübung (§ 242 BGB). Denn B sei der Gefahr von Schadensersatzansprüchen des E gem. §§ 989, 990 BGB ausgesetzt, wenn er die Sache an den V herausgebe. Nach Treu und Glauben könne V von B eine solche Selbstgefährdung nicht verlangen, weil er selbst den B durch die unerlaubte Leihe in diese Konfliktsituation gebracht und kein schützenswertes Interesse an der Wiedererlangung des Besitzes habe (er müsste diesen ja sogleich an E weiter übertragen). B schuldet danach also nur Herausgabe an E.

Anders entscheidet zu Recht die h.M.:[10] B hat in der Regel keinen Einblick in das Verhältnis V-E, kann also die Frage des Besitzrechts des V gar nicht beurteilen. Wenn er die Sache an seinen Vertragspartner zurückgibt, obwohl sie eigentlich dem E zusteht, trifft ihn deshalb kein Verschulden. Er ist also nicht dem Anspruch des E aus §§ 989, 990 BGB ausgesetzt; folglich besteht kein Grund, die Herausgabe an V als dem B unzumutbar anzusehen. B kann dem V somit nach h.M. *nicht* die Einrede des § 242 BGB entgegenhalten.[11]

---

8 Fast allgem. Meinung; anders nur die Lehre vom Vorrang des Vertragsverhältnisses, dazu unten bei § 985 BGB, Rn. 50.

9 Etwa MüKo, § 604, Rn. 8 m.w.N.

10 BGHZ 73, 317 (321 ff.); Soergel, § 604, Rn. 1; Palandt, § 604, Rn. 3.

11 B ist also tatsächlich Ansprüchen sowohl des E als auch des V ausgesetzt. Um eine echte Zwickmühle handelt es sich gleichwohl nicht: Denn B kann getrost einen der beiden Ansprüche erfüllen, ohne sich dem jeweils anderen schadensersatzpflichtig zu machen.

Anders verhält es sich nur, wenn B weiß, dass V gegenüber E nicht besitzberechtigt ist. Denn hier würden dem B tatsächlich Schadensersatzansprüche aus §§ 989, 990 BGB und ggf. § 826 BGB (vom EBV nicht gesperrt!) drohen.

> **hemmer-Methode:** Natürlich wird eine Kenntnis dieses Streitstands in der Examensklausur nicht verlangt. Aber das Problem (die Kollision der Herausgabeansprüche) muss erkannt und argumentativ behandelt werden. Schärfen Sie Ihr Problembewusstsein. Denn anders als im "normalen" Leben gilt bekanntlich: **Probleme schaffen, nicht wegschaffen!**

IV. Vertragliche Herausgabeansprüche gegen Dritte?

grds. nur relative Wirkung

Vertragliche Herausgabeansprüche verpflichten naturgemäß grundsätzlich nur den Vertragspartner. Doch bestimmt § 546 II BGB, dass der Vermieter die Sache nach der Beendigung des Mietverhältnisses auch von einem Dritten zurückfordern kann, dem der Mieter den Gebrauch der Sache überlassen hat.

Dasselbe normiert § 604 IV BGB für die Leihe; in Rechtsanalogie zu den §§ 546 II, 604 IV BGB gilt Entsprechendes auch für den Rückgabeanspruch bei der Verwahrung (§ 695 BGB).[12]

Wie man diese Ansprüche einordnet, ob als gesetzliche[13] oder als vertragliche Ansprüche besonderer Art,[14] ist müßig. Im Gutachten sollten sie jedenfalls grundsätzlich[15] vor den sachenrechtlichen Ansprüchen geprüft werden.

Problem: Der Dritte ist Eigentümer geworden

In diesem Zusammenhang stellt sich ein auch in Examensklausuren beliebtes Problem.[16]

> *Fall*: V hat B sein Mountainbike geliehen. D, der das Rad bei B sieht und diesen für den Eigentümer hält, findet an dem Rad Gefallen und macht B ein gutes Kaufangebot. B geht auf das Geschäft ein und übergibt dem D das Rad.
>
> *Hat V gegen D Ansprüche auf Herausgabe des Fahrrads?*

1. Anspruch auf Herausgabe gem. § 604 IV BGB

Fraglich ist, ob die Voraussetzungen des § 604 IV BGB vorliegen. Dazu müsste der Entleiher B das Rad einem Dritten D **den Gebrauch überlassen**.

Unter Gebrauchsüberlassung versteht aber grundsätzlich das gleiche wie bei § 540 BGB, nämlich die Einräumung des Besitzes[17]. Ob hierunter auch die komplette Veräußerung fällt, erscheint mehr als fraglich.

Dies Problem könnte jedoch offen gelassen werden, da ein Anspruch aus § 604 IV BGB jedenfalls aus anderen Gründen ausscheidet. Es ist nämlich zu berücksichtigen, dass D gem. §§ 929 S.1, 932 BGB gutgläubig Eigentum an dem Rad erworben hat. Gäbe D das Rad an V heraus, müsste dieser es dem D aufgrund § 985 BGB sofort wieder zurückgeben. Dem Anspruch aus § 604 IV BGB steht daher die Einrede der unzulässigen Rechtsausübung (§ 242 BGB) entgegen ("dolo agit, qui petit, quod statim redditurus est").

---

12 Allgem. Meinung; MüKo, § 695, Rn. 5.
13 Nachw. bei STAUDINGER, § 556, Rn. 50.
14 ERMAN, § 556, Rn. 14.
15 Vgl. aber das Folgende.
16 Vgl. etwa Aufgabe 1 der Ersten Juristischen Staatsprüfung 1991/II in Bayern.
17 vgl. PALANDT § 604 Rn. 8; § 603, Rn. 1; § 540 Rn. 4

2. V kann auch nicht aus sonstigen Rechtsgründen von D Herausgabe verlangen.

a) § 985 BGB scheitert, weil V nicht mehr Eigentümer ist.

b) § 861 I BGB scheidet ebenfalls aus, da keine verbotene Eigenmacht vorliegt.

c) § 1007 I BGB entfällt wegen der Gutgläubigkeit des D.

d) Für § 1007 II BGB fehlt es am Abhandenkommen der Sache; der unmittelbare Besitzer B hat den Besitz an dem Rad nicht unfreiwillig aufgegeben.

d) Ein Anspruch aus § 812 I S.1, 2.Alt. BGB besteht ebenfalls nicht. Zwar hat D das Eigentum des V erlangt. Doch geschah dies durch eine Leistung des B, weshalb ein Rückgriff auf die Nichtleistungskondiktion gesperrt ist (Vorrang der Leistungsbeziehung). Ansonsten wäre der gutgläubige Erwerb nicht kondiktionsfest.

d) Schließlich liegt auch kein Anspruch aus § 823 I i.V.m. § 249 I BGB vor. Zwar hat D dem V das Eigentum entzogen, doch ist der gutgläubige Erwerb nicht rechtswidrig.

---

hemmer-Methode: Die Eigentumslage wurde unter (1) inzident im Rahmen des Anspruchs aus § 604 IV BGB geprüft. Das entspricht unserer Empfehlung, die §§ 546 II, 604 IV BGB grundsätzlich vor den sachenrechtlichen Ansprüchen zu prüfen. Die Inzidentprüfung kann aber misslich sein, wenn die Eigentumslage (anders als im Fall) kompliziert ist. In einem solchen Fall erscheint es ratsam, eine umfangreiche Inzidentprüfung zu vermeiden und ausnahmsweise die Prüfung mit § 985 BGB zu beginnen, bevor auf § 546 II oder § 604 IV BGB eingegangen wird.

V. Besonderheiten bei der Herausgabe durch den Beauftragten (§ 667 BGB) und ähnlichen Fällen

1. Auftrag

Herausgabepflicht der Beauftragten

Eine gesonderte Betrachtung verdient schließlich noch die Herausgabepflicht des Beauftragten gem. § 667 BGB. Diese Vorschrift ist eine Folge des unentgeltlichen (vgl. § 662 BGB) Charakters des Auftrags: Der Beauftragte soll durch die Geschäftsbesorgung keinen Nachteil erleiden (daher erhält er nach § 670 BGB Aufwendungsersatz), aus ihr aber auch keinen Vorteil ziehen.

§ 667 BGB ist vor allem dann anwendbar, wenn der Auftrag dadurch endet, dass das betreffende Geschäft ausgeführt worden ist. Die Vorschrift greift aber auch ein, wenn der Auftrag durch Widerruf nach § 671 BGB beendet wird.[18]

§ 667 BGB unterscheidet zwei Alternativen. Zum einen muss der Beauftragte das zur Ausführung des Auftrags Erhaltene herausgeben, § 667, 1.Alt. BGB. Zum anderen schuldet er Herausgabe des aus der Geschäftsbesorgung Erlangten, § 667, 2.Alt. BGB.

a) Das zur Ausführung des Auftrags Erhaltene

Herausgabe des zur Geschäftsbesorgung Erhaltenen

Zur Ausführung des Auftrags erhalten i.S.d. § 667, 1.Alt. BGB hat der Beauftragte etwa Werkzeuge, Kundenadressen, Geschäftsunterlagen, vorschussweise gezahltes Geld (vgl. § 669 BGB), Urkunden usw.

---

[18] PALANDT, § 671, Rn. 2.

Diese Sachen wird der Auftraggeber in der Regel zu Besitz überlassen, so dass der Herausgabeanspruch nur auf Rückverschaffung des unmittelbaren Besitzes gerichtet ist.

Herausgabe von vorschussweise bezahltem Geld

Anders kann es bei vorschussweise gezahltem Geld liegen: Soweit dieses dem Beauftragten übereignet worden ist, muss der nicht verbrauchte Betrag zurückübereignet werden.

> **hemmer-Methode:** Zu beachten ist, dass der Anspruch aus § 667, 1.Alt. BGB bei Geld grds. auf Rückzahlung einer entsprechenden Geldsumme und nur bei besonderer Abrede auf Rückgabe gerade der hingegebenen Geldzeichen gerichtet ist.[19] Es handelt sich also regelmäßig um einen echten Zahlungsanspruch.[20] Dies bedeutet, dass sich die Vollstreckung nach §§ 803 ff. und nicht nach § 883 ZPO richtet![21]

Sondervorschrift für Vollmachtsurkunden: § 175 BGB

In Bezug auf Vollmachtsurkunden sollte man sich die Vorschrift des § 175 BGB merken.

Bsp.: A beauftragt B, für ihn ein bestimmtes Geschäft abzuschließen, erteilt ihm Vollmacht und händigt ihm eine entsprechende Vollmachtsurkunde aus. B schließt das Geschäft tatsächlich wie geplant im Namen des A ab. A verlangt nun Herausgabe der Vollmachtsurkunde, da die Vollmacht nach ihrem Inhalt (sie galt nur für das eine Geschäft) erloschen ist. B weigert sich, weil A ihm noch nicht die Telefonkosten ersetzt hat, die B für den Vertragsabschluss aufwenden musste.

Für das Verlangen des A stehen drei Anspruchsgrundlagen bereit, nämlich § 175, 1.Hs., § 667, 1.Alt.[22] und § 985 BGB, da A Eigentümer der Vollmachtsurkunde geblieben ist. Doch scheint B auf den ersten Blick gem. § 273 I BGB wegen seines Aufwendungsersatzanspruchs (§ 670 BGB) zur Zurückbehaltung berechtigt zu sein.

§ 175, 2.Hs. BGB schließt aber entgegen § 273 I BGB das Zurückbehaltungsrecht aus. Sinn dieser Regelung: Der Vollmachtgeber muss davor geschützt werden, dass der Bevollmächtigte die Urkunde nach Erlöschen der Vollmacht missbraucht.

Dieser Zweck wird nur erreicht, wenn der Ausschluss des Zurückbehaltungsrechts nicht nur auf den Anspruch aus § 175, 1.Hs. BGB, sondern auch auf andere Anspruchsgrundlagen (hier § 667, 1.Alt. und § 985 BGB) bezogen wird, die fast immer mit dem Anspruch aus § 175, 1.Hs. BGB konkurrieren werden.[23]

<u>Ergebnis:</u> B steht also wegen § 175, 2.Hs. BGB gegenüber keinem der drei Ansprüche ein Zurückbehaltungsrecht aus § 273 I BGB zu.

b) Das aus der Geschäftsbesorgung Erlangte

aa) Inhalt des Herausgabeanspruchs

Herausgabe des aus der Geschäftsbesorgung Erlangten

Der Kreis der Gegenstände, die der Herausgabepflicht nach § 667, 2.Alt. BGB unterliegen, umfasst Sachen und Rechte, die der Beauftragte in Ausführung des Auftrags von Dritten erworben hat.

Welche Rechtsposition der Beauftragte erlangt hat, hängt davon ab, wie er bei seinem Erwerb nach außen aufgetreten ist:

---

[19] MüKo, § 667, Rn. 6, h.M.
[20] Gleichwohl ist nach h.M. die Vorschrift des § 270 I BGB auf § 667 BGB nicht anwendbar; Medicus, JuS 1983, 897 (902); Palandt, § 270, Rn. 2.
[21] Vgl. näher dazu unten Rn. 207.
[22] Man kann auch die Auffassung vertreten, dass § 667, 1. Alt. BGB durch § 175, 1. Hs. BGB als lex specialis verdrängt wird; so Belke, Prüfungstraining I, S. 125 (Fn. 184), wo aber aufgrund eines Schreibfehlers statt § 667 irrtümlich der § 670 BGB genannt wird. Jedenfalls sollte man § 175 BGB als speziell für Vollmachtsurkunden geltenden Anspruch vor § 667 BGB prüfen.
[23] H.M.; Ermann, § 175, Rn. 3; Soergel, § 175, Rn. 2; a.A. Staudinger, § 175, Rn. 9.

- Ist er in eigenem Namen (also in mittelbarer Stellvertretung) tätig geworden, wird er selbst Rechtsinhaber, also z.B. Berechtigter eines Anspruchs nach § 433 BGB oder Eigentümer der zu erwerbenden Ware.

> **hemmer-Methode:** Es findet also ein Durchgangserwerb beim Beauftragten statt; dessen Gläubiger können folglich auf die Sache zugreifen. Beachte aber § 392 II HGB, dazu unter Rn. 22.

Der Herausgabeanspruch richtet sich dann auf Abtretung des erworbenen Anspruchs bzw. auf Übereignung der erworbenen Ware.

> **hemmer-Methode:** Die Übereignung geschieht in diesen Kommissionsfällen oft durch antezipierte Einigung und antezipiertes Besitzkonstitut (§§ 929, 930 BGB) oder Insichgeschäft (§§ 929, 930, 181 BGB)[24]. Daneben wird aber nach § 667, 2. Alt. BGB noch Verschaffung des unmittelbaren Besitzes geschuldet.

- Ist der Beauftragte dagegen im Namen des Geschäftsherrn (in unmittelbarer Stellvertretung, § 164 I BGB) aufgetreten, wird letzterer Rechtsinhaber.

> **hemmer-Methode:** Die Einigung zu seinen Gunsten (§ 929 S. 1 bzw. §§ 873, 925 BGB bzw. § 398 BGB) ist wegen § 164 I BGB unproblematisch. Beim Mobiliarerwerb ist mit Besitzerlangung durch den Beauftragten auch das Übergabeerfordernis des § 929 S. 1 BGB erfüllt; denn der Geschäftsherr erlangt sogleich mittelbaren Besitz (Auftrag als Besitzmittlungsverhältnis i.S.d. § 868 BGB). Bei Immobilien muss statt der Übergabe die Eintragung hinzukommen.

Der Beauftragte kann in diesem Fall allenfalls unmittelbaren Besitz an der für den Geschäftsherrn erworbenen Sache erlangt haben.

Herausgabe von erlangtem Geld

Ist Geld herauszugeben, muss beachtet werden, dass wie bei § 667, 1.Alt. BGB grundsätzlich nicht konkrete Geldzeichen, sondern der Betrag geschuldet wird.[25]

bb) Aus der Geschäftsbesorgung erlangt

Problem: Schmiergelder aus der Geschäftsbesorgung erlangt?

Der Vorteil ist aus der Geschäftsbesorgung erlangt, wenn er nicht nur bei Gelegenheit der Ausführung des Auftrags erzielt wurde, sondern dazu in einem inneren Zusammenhang steht.[26]

Schwierigkeiten bereitet dieser Prüfungspunkt lediglich bei *Schmiergeldern* und Geschenken, die der Dritte dem Beauftragten zuwendet. Heute besteht weitgehend Einigkeit, dass auch dies "aus der Geschäftsbesorgung erlangt" ist.[27] In der Tat lässt sich ein innerer Zusammenhang mit der Geschäftsbesorgung nicht leugnen; er ergibt sich aus der Gefahr, dass das Schmiergeld den Beauftragten veranlasst haben kann, die Interessen des Auftraggebers zu verletzen.[28]

---

24 naher dazu HEMMER/WÜST, Sachenrecht II, Rn. 41 ff.
25 Vgl. oben Rn. 13; § 270 I BGB ist gleichwohl wiederum nicht anwendbar; MEDICUS, JuS 1983, 897 (902).
26 Vgl. PALANDT, § 667, Rn. 3; MÜKO, § 667, Rn. 9.
27 Vgl. zuletzt BGH, NJW-RR 1992, 560; ferner PALANDT, § 667, Rn. 3; STAUDINGER, § 667, Rn. 9; MEDICUS, JuS 1985, 657 (662); a.A. MÜKO, § 667, Rn. 17, der lediglich Schadensersatzansprüche gewähren will, die aber den – oft schwer zu führenden – Nachweis eines Schadens voraussetzen.
28 Vgl. STAUDINGER, § 667, Rn. 9.

Anders bei Trinkgeldern

Dagegen ist diese Gefahr bei den üblichen Trinkgeldern nicht gegeben; sie sind nur bei Gelegenheit der Geschäftsbesorgung erlangt und daher nicht gem. § 667, 2.Alt. BGB an den Geschäftsherrn abzuführen.[29]

2. Erweiterungen des § 667 BGB

Verweisungen auf § 667 BGB

Auf § 667 BGB wird in zahlreichen Vorschriften des BGB verwiesen, vor allem in § 681 S.2 BGB für die Geschäftsführung ohne Auftrag.[30] Im Rahmen der *vertraglichen* Ansprüche sind die §§ 27 III, 675 und 713 BGB klausurrelevant.

a) Geschäftsführung des Vereinsvorstands, § 27 III BGB

§ 27 III BGB

Gemäß § 27 III BGB finden auf die Geschäftsführung des Vereinsvorstands die §§ 664 - 670 BGB über den Beauftragten entsprechende Anwendung.

Problematisch ist die Anwendung der §§ 27 III, 667 BGB z.B. in folgendem Fall:[31]

> G ist alleinvertretungsberechtigter Vorstandsvorsitzender des Tennisclubs Blau-Weiß e.V. Bei einem Turnier, das der Verein ausrichtet, erhält G von dem Vorstandsvorsitzenden eines anderen Tennisclubs einen Geschenkkarton mit der Aufschrift: "Dem TC Blau-Weiß in Freundschaft". G sieht den Karton, in dem sich 12 Flaschen Champagner befinden, als Dank für seine persönliche Organisationsarbeit an und nimmt die Flaschen nach dem Turnier mit nach Hause, wo er sie in seinen Weinkeller legt.
>
> Kann der TC Blau-Weiß (T) von G Herausgabe der Champagnerflaschen verlangen?

a) Ein Anspruch des T gegen G auf Herausgabe der Champagnerflaschen könnte sich zunächst aus **§ 985 BGB** ergeben.

> **hemmer-Methode:** § 985 BGB wird hier vor den vertraglichen Anspruchsgrundlagen geprüft, um die nicht unproblematische Eigentumslage vorab zu klären. So wird eine Inzidentprüfung der Eigentumslage bei den vertraglichen Ansprüchen vermieden. Ein anderer Aufbau ist aber sicher vertretbar.

Ein Anspruch aus § 985 BGB setzt voraus, dass T Eigentümer und G unrechtmäßiger Besitzer der Flaschen ist.

aa) Ursprünglich war der schenkende Verein Eigentümer.

bb) Mit der Aushändigung des Geschenkkartons an G könnte aber eine Übereignung gem. § 929 S.1 BGB an T erfolgt sein.

(1) In der Aushändigung des Kartons liegt, wie sich aus den Umständen, nämlich aus der Aufschrift "Dem TC Blau-Weiß in Freundschaft", ergibt, das Angebot einer (schenkweisen) Übereignung i.S. von § 929 S. 1 BGB an den T.

Zweifelhaft ist, ob eine entsprechende Annahmeerklärung seitens des Vereins T vorliegt. Denn möglicherweise verstand G tatsächlich die Erklärung als Angebot einer schenkweisen Übereignung an sich selbst und wollte dementsprechend eine Annahmeerklärung nicht im Namen des Vereins, sondern im eigenen Namen abgeben.

---

29 MüKo, § 667, Rn. 17; Staudinger, § 667, Rn. 9.
30 Dazu Rn. 38 ff.
31 Teil der Aufgabe 1 der Ersten Juristischen Staatsprüfung 1994/I in Bayern.

Die Annahmeerklärung ist eine Willenserklärung, für die die §§ 104 ff. BGB gelten. Es kommt daher nicht darauf an, was G innerlich wollte, sondern was er objektiv erklärt hat (§ 133 BGB) und wie der Empfänger die Erklärung verstehen konnte (Empfängersicht).

Da G den Karton lediglich entgegengenommen hat, war sein Verhalten vom Schenker (Tennisclub Radebeul) nur so zu verstehen, als wolle der G die Erklärung in seiner Eigenschaft als Vorstandsvorsitzender, also als Vertreter des Vereins abgeben (vgl. auch § 164 Abs. 1 S. 2 BGB, wollte also der G nicht im fremden Namen handeln, ist dieser Wille unbeachtlich, da er nicht objektiv erkennbar war). Eine dingliche Einigung zwischen dem Schenker und T, vertreten durch G, liegt somit vor.

> **hemmer-Methode:** Dass G das Angebot auf sich bezog, ist unerheblich. Entscheidend ist, dass aus der Sicht eines verständigen Empfängers angesichts der Aufschrift "Dem TC Blau-Weiß in Freundschaft" kein Zweifel daran bestehen konnte, dass sich das Einigungsangebot an T richtete.

(2) Auch eine Annahmeerklärung des T, vertreten durch G, liegt vor. Wiederum kommt es nicht darauf an, ob G möglicherweise innerlich für sich handeln wollte.

Maßgeblich ist das objektiv Erklärte. Nach den Umständen, vgl. § 164 I S.2 BGB, war das Verhalten des G so zu deuten, als wolle er die Annahmeerklärung in seiner Eigenschaft als Vorstandsvorsitzender, also als Vertreter des Vereins abgeben.

> **hemmer-Methode:** Nach umstrittener Ansicht kann G die Einigungserklärung auch nicht mit der Begründung anfechten, er habe für sich selbst handeln wollen, da § 164 II BGB, der den umgekehrten Fall betrifft, analog anzuwenden sei[32].
> Dem G würde im vorliegenden Fall eine Anfechtung auch letztlich gar nicht nutzen, da er nicht darauf hoffen kann, dass nach erfolgreicher Anfechtung der schenkende Verein nunmehr an ihn übereignen würde.

cc) Liegt somit eine Einigung zugunsten des T vor, so muss noch eine Übergabe an T hinzukommen. Auch dies ist mit der Aushändigung des Kartons an G erfolgt.

Denn den Besitz an den Flaschen erlangte G in seiner Funktion als Organ des T (sog. Organbesitz[33]). Erneut ist ein möglicherweise entgegenstehender Wille des G unbeachtlich, da dieser jedenfalls nicht nach außen getreten ist.[34]

T ist also gem. § 929 S.1 BGB Eigentümer der Champagnerflaschen geworden. G ist auch gegenwärtiger Besitzer; ein Besitzrecht (§ 986 I BGB) steht ihm nicht zu.

dd) Er hat dieses Eigentum auch nicht dadurch verloren, dass G den Karton "für sich behielt", d.h. in sein privates Vermögen überführt hat.

Denn selbst wenn man eine Übereignung vom Verein auf G annehmen wollte, wäre sie gemäß § 181 BGB (schwebend) unwirksam und die Verweigerung der Genehmigung wäre jedenfalls im Verlangen der Herausgabe zu erblicken gewesen.

T kann also nach § 985 BGB die Flaschen herausverlangen.

---

[32] vgl. HEMMER/WÜST, BGB-AT I, Rn. 214; PALANDT, § 164, Rn. 16:

[33] Zu den Besitzverhältnissen bei juristischen Personen unten Rn. 92 ff.

[34] PALANDT, § 855, Rn. 5.

b) Daneben könnte sich ein Anspruch des T gegen G aus §§ 27 III, 667, 2.Alt. BGB ergeben.

G war Vorstandsvorsitzender eines eingetragenen Vereins. Auf seine Geschäftsführung findet über § 27 III BGB die Vorschrift des § 667 BGB entsprechende Anwendung.

Fraglich ist aber, ob G die Champagnerflaschen "aus der Geschäftsbesorgung erlangt" hat.

Das zu besorgende Geschäft lag hier zunächst darin, das Einigungsangebot zugunsten des T zu akzeptieren und den Geschenkkarton entgegenzunehmen. Allein aus diesem Geschäft hat G zunächst nichts erlangt. Besitz und Eigentum waren ja auf den T übergegangen.

Allerdings gehörte es zu den weiteren Geschäftsführungspflichten des G, die entgegengenommenen Flaschen für den Verein als Organbesitzer zu verwahren. Das Verbringen der Flaschen in seinen privaten Weinkeller steht mit dieser Geschäftsführung für den Verein in einem inneren Zusammenhang.

G hat die Flaschen gerade in Ausführung seiner Geschäftsführungspflichten in Eigenbesitz gebracht. Voraussetzung für § 667, 2.Alt. BGB ist es nämlich nicht, dass es sich zwingend um eine *ordnungsgemäße* Geschäftsführung handeln muss.[35] Somit ist auch ein Anspruch aus §§ 27 III, 667, 2.Alt. BGB gegeben.

> **hemmer-Methode:** Hier erscheint auch die Auffassung vertretbar, dass T die Flaschen nur bei Gelegenheit der Geschäftsführung in Eigenbesitz gebracht hat, so dass es an dem für § 667, 2. Alt. BGB erforderlichen inneren Zusammenhang fehlen würde.
> Da der Karton zunächst in Besitz und Eigentum des T übergegangen war und damit die Geschäftsbesorgung beendet war, als G den Karton zu sich nach Hause nahm, führte er kein Geschäft des T mehr. Es handelte sich hierbei um eine sachlich und zeitlich von der Geschäftsführung getrennte Maßnahme, die allein dem eigenen Interesse diente. Hier war alles vertretbar, sofern die Problematik als solche nur erkannt wurde.

c) Ein **Herausgabeanspruch** des T ergibt sich auch **aus § 280 I, i.V.m. § 249 I BGB.**

Das Mitnehmen des Kartons stellt eine schuldhafte Pflichtverletzung gegenüber T dar. G hätte erkennen müssen, dass die Flaschen nicht für ihn bestimmt waren. Er handelte daher fahrlässig (§ 280 I S.2, 276 II BGB). Seine Rückgabepflicht ergibt sich aus § 249 I BGB.

d) T kann zudem möglicherweise aus **§ 861 I BGB** Herausgabe verlangen.

Dann müsste T der Besitz an den Flaschen durch verbotene Eigenmacht des G entzogen worden sein. Die Besitzentziehung müsste also ohne den Willen des unmittelbaren Besitzers geschehen sein.[36]

Unmittelbaren Besitz hatte hier zunächst allein der T, ausgeübt durch sein Organ G. G selbst hatte keinerlei besitzrechtliche Stellung inne; er war weder unmittelbarer Besitzer noch Besitzdiener.[37] Zweifelhaft ist nun, ob man sagen kann, dass T den unmittelbaren Besitz "ohne seinen Willen" verloren hat.

aa) Man könnte zunächst wie folgt argumentieren: Der Wille der vertretungsberechtigten Organperson (G) repräsentiert den Willen der juristischen Person (T). Wenn die Organperson den Organbesitz in Eigenbesitz umwandle, so geschehe dies folglich nicht ohne Willen der juristischen Person.

---

35 PALANDT, § 667, Rn. 3.

36 Näher zu den Anspruchsvoraussetzungen bei § 861 I BGB unten Rn. 86 ff.

37 Vgl. zur besitzrechtlichen Stellung der Organperson PALANDT, § 854, Rn. 12; näher unten Rn. 92 ff.

> **hemmer-Methode:** Mit dieser Begründung verneint die ganz h.M. auch ein Abhandenkommen im Sinne des § 935 I BGB, wenn eine vertretungsberechtigte Organperson eine im Besitz der juristischen Person befindliche Sache *an einen Dritten* weggibt.[38]

bb) Dagegen wird eine verbotene Eigenmacht der Organperson, die *sich selbst* Eigenbesitz verschafft, zumeist bejaht.[39] Begründen lässt sich das damit, dass insoweit die Organperson gar nicht vertretungsberechtigt ist (vgl. § 181 BGB), den Willen der juristischen Person also auch nicht repräsentieren kann.

Diese andere Auffassung würde nämlich die juristische Person schutzlos gegenüber „selbstherrlichem" Handeln ihrer Organe stellen.

Hinzukommt, dass eine Besitzentziehung "ohne" den Willen des Besitzers voraussetzt, dass sie "ohne eine irgendwie kundgegebene Zustimmung des Besitzers" erfolgt ist.

Die Kundgabe einer Zustimmung durch T, vertreten durch G, liegt hier nicht vor, da G diese Zustimmung zum einen nicht wirksam erklären konnte (§ 181 BGB oder Missbrauch der Vertretungsmacht) und zum anderen das Fortschaffen des Kartons in die eigene Wohnung nicht als Kundgabe einer Zustimmung zu werten ist.

Verbotene Eigenmacht ist daher zu bejahen[40].

Somit ist der Besitz des G gem. § 858 II S.1 BGB fehlerhaft. Damit ist der Anspruch aus § 861 I BGB gegeben.

e) Zudem besteht ein **Herausgabeanspruch nach § 1007 I BGB**.

Die Annahme des G, er sei zum Eigenbesitz der Flaschen berechtigt, muss man als grob fahrlässig ansehen. Hier ist nach den Umständen des Sachverhalts – Aufschrift auf dem Karton "dem TC Grün-Weiß in Freundschaft" - grobe Fahrlässigkeit des G im Hinblick auf den Erwerb des Eigentums und damit der Besitzberechtigung am Karton anzunehmen.

Er war daher bösgläubig im Sinne des § 932 II BGB analog (nicht direkt, da hier die Gutgläubigkeit nicht auf das Eigentum, sondern auf das Besitzrecht zu beziehen ist).

f) Gleichfalls erfüllt sind die Anspruchsvoraussetzungen des **§ 1007 II BGB**. Denn bei der Begründung des Eigenbesitzes konnte G den Willen des T nicht repräsentieren (vgl. oben ***d***)), so dass T den unmittelbaren Besitz ohne seinen Willen verloren hat. Damit liegt ein Abhandenkommen vor (a.A. vertretbar; s.o.).

g) T kann auch aus **§ 812 I S.1, 2.Alt. BGB** den Besitz an den Flaschen von G kondizieren.

aa) Jedenfalls der *berechtigte* Besitz, den T zunächst innehatte, hat einen Zuweisungsgehalt;[41] in diesen hat G eingegriffen.

bb) Die NLK ist vorliegend auch nicht susidiär, da G den Besitz am Karton mit den Flaschen nicht durch eine Leistung des T erlangt hat. G ging subjektiv davon aus, dass das Geschenk für ihn bestimmt war, also T überhaupt nicht Eigentum und Besitz erworben hat.

Sein Handeln ist außerdem weder objektiv noch subjektiv als Übertragung von Eigentum und Besitz vom Verein lauf ihn anzusehen.

---

38 Vgl. BHGZ 57, 166 (169); PALANDT, § 935, Rn. 9; ERMAN, § 935, Rn. 6; WESTERMANN, § 49 I 7.
39 Vgl. etwa PALANDT, § 854, Rn. 13; ERMAN, § 854, Rn. 6, jeweils ohne Begründung.
40 vgl. Erman, Rn. 6 zu § 854 BGB; a.A. vertretbar, vgl. Erman, Rn. 6 zu § 935 BGB.
41 Näher zum Besitz als Gegenstand der Eingriffskondiktion unten Rn. 130.

cc) Die Eingriffskondiktion wird auch nicht durch § 861 BGB verdrängt, weil der dem T entzogene Besitz kein schlichter, sondern mit dem Eigentum verbundener Besitz war und somit einen „Zuweisungsgehalt" aufwies[42]. G haftet daher aus § 812 Abs. 1 S. 1 2. Alt. BGB auf Herausgabe.

h) G haftet zudem aus **§ 823 I i.V.m. § 249 I BGB** auf Herausgabe. Das Wegschaffen der Champagnerflaschen stellt eine rechtswidrige und schuldhafte Eigentumsverletzung dar.

Das Fortschaffen des Kartons durch G stellt eine rechtswidrige, da die Rechtslage wegen der Umstände und der Aufschrift auf dem Karton für G erkennbar war, und auch schuldhafte, nämlich fahrlässige Eigentumsverletzung dar. Nach § 249 I BGB ist G daher zur Rückgabe verpflichtet.

i) Dagegen besteht kein Anspruch aus **§ 823 II BGB i.V.m. § 246 StGB**. Vorsatz kann dem G nämlich nicht unterstellt werden (a.A. vertretbar; Sachverhalt ist aber hierfür zu dünn).

j) Schließlich besteht ein Anspruch aus **§ 823 II BGB i.V.m. § 858 BGB** Eine verbotene Eigenmacht des G liegt nach der hier vertretenen Auffassung vor. Nach h.M. ist § 858 BGB auch als Schutzgesetz im Sinne des § 823 II BGB anzusehen.[43]

---

hemmer-Methode: Dieser Fall war *eine (!) von vier* Fragen einer Examensklausur im Jahre 1994 in Bayern. Eine derart ausführliche Lösung war daher auf keinen Fall zu erwarten. Dennoch haben wir hier einmal für Sie eine Musterlösung entworfen, da alle aufgeworfenen Probleme sehr lehrreich sind und jederzeit in anderen Klausuren wieder auftauchen können.

---

[42] vgl. BGH WM 1987, 181; Palandt/Bassenge, Rdnr. 12 zu § 861 BGB

[43] Dazu unten Rn. 135 ff.

b) Entgeltliche Geschäftsbesorgung, § 675 BGB

Entgeltliche Geschäftsbesorgung i.S.d. § 675 BGB

Auch hinsichtlich der entgeltlichen Geschäftsbesorgung (§ 675 BGB) wird auf § 667 BGB verwiesen.

Dort ist von Dienst- und Werkverträgen die Rede, die eine Geschäftsbesorgung zum Gegenstand haben. Diese Formulierung setzt ersichtlich voraus, dass es auch Dienst- und Werkverträge gibt, die *nicht* eine Geschäftsbesorgung zum Gegenstand haben. Das wäre aber nicht der Fall, wollte man den Ausdruck "Geschäftsbesorgung" wie beim Auftrag als jede Tätigkeit in fremdem Interesse verstehen.

Deshalb wird er im Rahmen des § 675 BGB enger interpretiert, nämlich in dem Sinne, den er auch in der Umgangssprache (ungefähr) hat. Geschäftsbesorgung i.S.d. § 675 BGB ist danach eine *selbständige Tätigkeit wirtschaftlicher Art*, die in fremdem Interesse vorgenommen wird.[44]

> **hemmer-Methode:** Diese Definition sollten Sie sich merken. Wichtig ist aber auch zu wissen, weshalb der Begriff Geschäftsbesorgung bei § 675 BGB enger verstanden wird als bei § 662 BGB. Denn nur wenn man den Sinn einer Definition verstanden hat, prägt sie sich auch ein. Bemühen Sie sich immer um das Verstehen, nicht nur um bloßes Auswendiglernen!

Wichtigste Anwendungsbeispiele des § 675 BGB sind der Anwaltsvertrag und der Bankvertrag.[45] Auch in diesen Fällen ist also an den Herausgabeanspruch gem. § 667 BGB zu denken.

c) Geschäftsführung in der Gesellschaft bürgerlichen Rechts, § 713 BGB

Geschäftsführung in der GbR

Auf die Geschäftsführung in der GbR sind gem. § 713 BGB ebenfalls die Vorschriften des Auftragsrechts und damit auch § 667 BGB analog anwendbar.

Anspruchsberechtigt sind nach traditioneller Auffassung[46] die Gesellschafter in ihrer gesamthänderischen Verbundenheit, nach neuerer Rechtsprechung, die die GbR für (teil-) rechtsfähig hält[47], die GbR selbst.

Der Anspruch richtet sich auf Herausgabe an die Gesamthand (einschließlich des herausgabepflichtigen Gesellschafters), nicht nur auf Herausgabe an die übrigen Gesellschafter.[48]

> **hemmer-Methode:** Der Anspruch auf Herausgabe steht also den Gesellschaftern in ihrer gesamthänderischen Bindung, bzw. bei Bejahung der Teilrechtsfähigkeit, der Gesellschaft selbst zu. Dennoch ist auch der einzelne Gesellschafter alleine berechtigt, den Anspruch geltend zu machen, soweit dieser auf Leistung an die Gesamthand gerichtet ist (sog. *actio pro socio*).[49]

---

[44] PALANDT, § 675, Rn. 3; LARENZ II/1, § 56 C m.w.N.
[45] Vgl. LARENZ II/1, § 56 V.
[46] Sehr str., vgl. PALANDT, § 705, Rn. 2 m.w.N.; HEMMER/WÜST, BGB-AT I, Rn. 29 ff.
[47] BGH Life&Law 2001, 216 ff.
[48] PALANDT, § 713, Rn. 8.
[49] Vgl. PALANDT, § 713, Rn. 8, 5; allgemein zur actio pro socio HEMMER/WÜST, Gesellschaftsrecht, Rn. 290 ff.

d) Geschäftsführung in der OHG und KG

Auf die OHG findet gemäß § 105 III HGB (auf die KG gemäß §§ 161 II, 105 III HGB) das Recht der GbR Anwendung, soweit nichts im HGB bestimmt ist.

Eine dem § 667 BGB vergleichbare Norm ist in den Vorschriften über die Geschäftsführung der OHG/KG nicht geregelt, sodass gem. §§ (161 II), 105 III HGB, 713 BGB auch auf die KG/OHG die Vorschrift des § 667 BGB anwendbar ist.

> **hemmer-Methode: Beachten Sie aber Folgendes:**
> § 111 HGB ist „lex specialis" zu §§ 713, 668 BGB.
> § 110 HGB ist „lex specialis" zu §§ 713, 670 BGB.

e) Vergleichbare Regelungen im Handelsrecht

Kommissionsverträge

Eine mit dem § 667, 2.Alt. BGB inhaltlich übereinstimmende Regelung enthält § 384 II a.E. HGB für das Kommissionsgeschäft.

Dagegen findet sich dort keine Entsprechung zu § 667, 1.Alt. BGB. Da es sich jedoch beim Kommissionsvertrag um einen Geschäftsbesorgungsvertrag i.S.d. § 675 BGB handelt,[50] sind §§ 675, 667, 1.Alt. BGB neben § 384 II HGB ergänzend anwendbar.

Wichtig: § 392 II HGB beachten

Eine wichtige Besonderheit des Kommissionsvertrags, die beim Speditionsvertrag in § 457 Satz 2 HGB eine Entsprechung gefunden hat, enthält § 392 II HGB.[51] Diese Vorschrift betrifft folgende Konstellation:

Der Kommissionär hat aus der Geschäftsbesorgung (dem sog. Ausführungsgeschäft) für einen anderen in eigenem Namen (vgl. § 383 HGB) eine Forderung erlangt, etwa eine Kaufpreisforderung aus einer Verkaufskommission. Solange er die Forderung noch nicht an den Kommitenten "herausgegeben" (d.h. abgetreten) hat, könnten nach allgemeinen Regeln die Gläubiger des Kommissionärs auf die Forderung zugreifen (Durchgangserwerb).

Hiervon bestimmt nun § 392 II HGB eine gesetzliche Ausnahme: Schon bevor der Kommissionär die Forderungen an den Kommitenten abgetreten hat, sollen diese im Verhältnis zwischen dem Kommitenten einerseits und dem Kommissionär und seinen Gläubigern andererseits "als Forderungen des Kommitenten gelten".

Folglich kann sich der Kommitent gegen eine Zwangsvollstreckung von Gläubigern des Kommissionärs nach § 771 ZPO mit der Drittwiderspruchsklage[52] wehren und die Forderungen gem. § 47 InsO aussondern.

Mit der Vorschrift des § 392 II HGB verbinden sich zwei examensrelevante Streitfragen:

Gilt § 392 II HGB auch gegenüber dem Vertragspartner des Kommissionärs?

aa) Zweifelhaft ist zunächst, ob die Vorschrift des § 392 II HGB auch zu Lasten des Vertragspartners des Kommissionärs geht, wenn dieser gegen die Forderung aus dem Ausführungsgeschäft aufrechnet (oder ein Zurückbehaltungsrecht geltend macht).

---

[50] BROX, Handelsrecht, Rn. 407.
[51] Vgl. allgemein zur Kommission HEMMER/WÜST, Handelsrecht, Rn. 389 ff.
[52] Allgemein zur Drittwiderspruchsklage HEMMER/WÜST, ZPO II, Rn. 254 ff.

§ 2 VERTRAGLICHE HERAUSGABEANSPRÜCHE

Bsp.: Kommissionär K hat aus dem Verkauf einer Sache des Kommitenten X eine Kaufpreisforderung gegen D erlangt. Der D, dem K noch aus einem anderen Geschäft etwas schuldet, zahlt den Kaufpreis nicht bar, sondern erklärt die Aufrechnung mit seiner Gegenforderung.

Steht § 392 II HGB dem entgegen?

Die Aufrechnung setzt nach § 387 BGB u.a. voraus, dass Haupt- und Gegenforderung im Gegenseitigkeitsverhältnis stehen.

Nach dem Wortlaut des § 392 II HGB scheint das hier nicht der Fall zu sein, weil danach die Kaufpreisforderung im Verhältnis zu den Gläubigern des K als Forderung des X anzusehen ist.

D ist aber nicht nur als Gläubiger des K, sondern auch als Vertragspartner betroffen. Auf diese "Doppelfunktion" ist § 392 II HGB nicht zugeschnitten. Die Vorschrift muss deshalb nach allgemeiner Meinung teleologisch reduziert werden. Sehr streitig ist allerdings, in welchem Umfang das zu geschehen hat.

Eine Auffassung[53] differenziert danach, ob die Gegenforderung aus dem Ausführungsgeschäft oder aus einem anderen Rechtsgrund stammt, d.h., ob es sich um eine konnexe oder nicht-konnexe Gegenforderung handelt. Bei nicht-konnexen Gegenforderungen stehe der Vertragspartner dem K wie jeder andere vertragsfremde Gläubiger gegenüber. Hier müsse es daher bei der Anwendung des § 392 II HGB bleiben.

Dagegen verneint die h.M.[54] die Anwendbarkeit des § 392 II HGB gegenüber dem Vertragspartner grundsätzlich auch bei nicht-konnexen Forderungen. Die Sicherheit und die Rechte des Vertragspartners dürften durch das Innenverhältnis zwischen Kommissionär und Kommitent nicht beeinträchtigt werden. Nach der Rechtsprechung des BGH gilt das sogar dann, wenn D über die Beziehungen im Innenverhältnis K - X Bescheid wusste.[55]

§ 392 II HGB analog,

bb) Die zweite wichtige Streitfrage im Rahmen des § 392 II HGB betrifft die Frage, inwieweit die Vorschrift einen allgemeinen Rechtsgedanken enthält, der auf vergleichbare Fälle zu übertragen ist.

wenn an die Stelle der abzutretenden Forderung eine herauszugebende Sache als Surrogat tritt?

Der Wortlaut des § 392 II HGB spricht nur von Forderungen. Fraglich ist nun, ob die Vorschrift darüber hinaus analog auf den Fall angewandt werden kann, dass diese Forderungen bereits erfüllt worden sind, so dass an ihre Stelle Sachgüter als Surrogate getreten sind.

Bsp.: Der Vertragspartner des Kommissionärs zahlt auf eine begründete Kaufpreisforderung (Verkaufskommission) oder liefert eine vom Kommissionär gekaufte Sache (Einkaufskommission). Damit erlöschen die Forderungen aus § 433 II bzw. § 433 I S.1 BGB. Statt dessen steht dem Kommissionär nun das Eigentum und der Besitz an dem gezahlten Geld bzw. an der gelieferten Kaufsache zu. Ist es den Gläubigern des Kommissionärs auch hier in analoger Anwendung des § 392 II HGB verwehrt, in das Geld bzw. in die Kaufsache zu vollstrecken?

Eine Mindermeinung[56] bejaht die Analogie: Der Kommitent sei hier in gleicher Weise schutzbedürftig. Solange das Surrogat der Forderung noch unterscheidbar im Vermögen des Kommissionärs vorhanden sei, setze sich der Schutz des § 392 II HGB an ihm fort. Andernfalls bliebe der Schutz des Kommittenten in einem wichtigen Punkt unvollständig.[57]

Die h.M.[58] beruft sich demgegenüber auf den klaren Wortlaut des § 392 II HGB und darauf, dass es sich bei § 392 II HGB um eine nicht analogiefähige Ausnahmevorschrift handele.

---

53 SCHLEGELBERGER, § 392, Rn. 24 m.w.N.; DRESSEL, NJW 1969, 655 (655 f.).
54 BGH NJW 1969, 276; CANARIS, Handelsrecht, § 30 V 2b m.w.N.
55 BGH NJW 1969, 276; auch insoweit zustimmend CANARIS, § 30 V 2b.
56 Etwa MEDICUS, JuS 1985, 657 (664); CANARIS, Handelsrecht, § 30 V 2c.
57 Vgl. m.w.N. HEMMER/WÜST, Handelsrecht, Rn. 398.
58 BGH, NJW 1974, 456 (457); BAUMBACH, § 329, Rn. 3.

Analoge Anwendung des § 392 II HGB im Auftragsrecht?

Hinzuweisen ist schließlich darauf, dass auch eine analoge Anwendung des § 392 II HGB außerhalb des Kommissions- und Speditionsrechts, also insbesondere im Auftragsrecht, allgemein abgelehnt wird.[59] Es handelt sich vielmehr um eine handelsrechtliche Sondervorschrift.

---

59   Medicus, JuS 1985, 657 (664).

§ 2 VERTRAGLICHE HERAUSGABEANSPRÜCHE

B. Rückgabepflicht bei Rückabwicklung des Vertrags (§§ 346 I, 355 ff. i.V.m. 312 I, 312 d, 485, 495, 499, 505 BGB)

I. Rücktritt vom Vertrag gem. §§ 346 ff. BGB

Der Rücktritt vom Vertrag gem. §§ 346 ff. BGB hat zwei Rechtsfolgen:

- Zum einen wird die weitere Durchführung des Vertrags beendet; die noch nicht erfüllten Leistungspflichten erlöschen.

Rücktritt führt zu Umwandlung in ein Rückgewährschuldverhältnis

- Zum anderen werden die schon erfüllten Leistungspflichten in ein Rückgewährschuldverhältnis umgewandelt. Es entstehen gem. § 346 I BGB Rückgewähransprüche, ev. Wertersatzansprüche gem. § 346 II 1 BGB.

1. Vertragliches und gesetzliches Rücktrittsrecht

Anwendungsbereich des § 346 S.1 BGB

Die §§ 346 ff. BGB gelten ausweislich ihres Wortlauts für das vertraglich vereinbarte und das gesetzliche Rücktrittsrecht.[60]

> **hemmer-Methode:** Ist der Eigentumsvorbehaltsverkäufer gem. § 323 BGB zurückgetreten und wird nach der Herausgabe der überlassenen Sache gefragt, ist neben § 985 BGB stets auch ein Anspruch aus § 346 I BGB zu prüfen. Zwischen beiden Ansprüchen besteht Anspruchskonkurrenz.[61]

2. Verweisungen auf die §§ 346 ff. BGB

Verweisungen auf § 346 S.1 BGB

Daneben wird in einigen Vorschriften auf die §§ 346 ff. BGB verwiesen, so in §§ 281 V, 326 IV, 439 IV, 441 IV, 635 IV, 638 IV BGB.

Anwendung der §§ 346 ff. BGB auf die SGG

Ein Rücktrittsrecht kann sich auch bei einer Störung der Geschäftsgrundlage ergeben, soweit eine Anpassung des Vertrags an die geänderten Verhältnisse nicht möglich ist, § 313 III 1 BGB.[62] Auf dieses Rücktrittsrecht finden (nunmehr) die §§ 346 ff. BGB Anwendung. Die Auflösung erfolgt durch Erklärung des Rücktritts (§ 313 III S.1 BGB) bzw. bei Dauerschuldverhältnisses durch Kündigung (§ 313 III S.2 BGB).

3. Umfang der Rückgewährpflicht

Gegenstand der Rückgewähr

Gegenstand der Rückgewähr können Eigentum und Besitz an Sachen, aber auch andere Leistungen sein. Geleistete Rechte sind zurückzuübertragen; für Dienstleistungen und Gebrauchsvorteile normiert § 346 II 1 Nr.1 BGB eine Wertersatzpflicht.

Herausgabe von Sachen

Was im Rückgewährschuldverhältnis die Herausgabe einer Sache bedeutet, hängt vom Inhalt derjenigen Leistungspflicht ab, deren Erfüllung rückgängig zu machen ist: War die Pflicht - wie beim Kauf - auf Übereignung der Sache gerichtet, so muss diese zurückübereignet werden. Ging dagegen die erfüllte Leistungspflicht bloß auf die Übertragung des Besitzes, so ist nur dieser zurückzuübertragen.

---

60 Vgl. allgemein dazu HEMMER/WÜST, BGB-AT III, Rn. 364 ff.; zu examensrelevanten Abgrenzungsfragen zwischen gesetzlichem und vertraglichem Rücktrittsrecht vgl. Life and Law 2005, 198 ff.
61 Zur Gegenansicht von RAISER vgl. Rn. 50.
62 MEDICUS, Bürgerliches Recht, Rn. 170.

Besonderheit: Rückerwerb des Nichtberechtigten

Allerdings kann der Fall auftreten, dass zwar Besitz und Eigentum an der Sache geleistet worden sind, gleichwohl aber Gegenstand des Rückgewähranspruchs nur der Besitz ist.

> Bsp.: V hat eine Sache des E dem gutgläubigen K verkauft und übergeben. Wegen eines Sachmangels tritt K vom Kaufvertrag zurück. K gibt die Sache dem V zurück.

V hat hier dem K sowohl Besitz als auch, weil K gutgläubig war, gem. §§ 929 S.1, 932 BGB Eigentum verschafft.

Die Rückabwicklung führt gleichwohl nicht dazu, dass nun V seinerseits Eigentümer wird. Zwar handelt es sich eigentlich um einen Erwerb vom Berechtigten (K). Doch lässt die wohl h.M.[63] nicht zu, dass der bösgläubige V sich auf dem Umweg über den Rückerwerb Eigentum verschaffen kann, jedenfalls dann nicht, wenn dies von vornherein geplant war oder – wie hier – der Rückerwerb auf bloßer Rückabwicklung beruht. Nur wenn er zufällig und aufgrund eines neuen *selbständigen Rechtsgeschäfts* erfolgt, soll der Rückerwerb möglich sein.

In unserem Fall wird dagegen die ursprüngliche Eigentumslage (mit E als Eigentümer) wieder hergestellt. Begründen lässt sich das mit der Erwägung, dass bei der Rückabwicklung ein Bedürfnis nach Verkehrsschutz, dem die §§ 932 ff. BGB dienen, nicht gegeben ist.[64]

Dies rechtfertigt es, den Gesamttatbestand (Verfügung und Rückabwicklung) aus dem Anwendungsbereich der Verkehrsschutznormen herauszunehmen.

Unmöglichkeit und Nebenfolgen der Herausgabe

Für den Fall der Unmöglichkeit der Herausgabe gilt § 346 II 1 Nr.1-3 BGB. Die Nebenfolgen der Rückgewährpflicht (Nutzungen,[65] Verwendungen) regeln §§ 346 I, 347 I sowie § 347 II 1 BGB.

Die Ersatzpflicht kann gem. § 346 III 1 Nr.1-3 entfallen.

II. Rückabwicklung nach Widerruf gem. §§ §§ 346 I, 355 ff. i.V.m. 312 I, 312 d, 485, 495, 499, 505 BGB

Eine auf § 346 BGB verweisende Vorschrift enthält § 357 BGB. Diese Vorschrift wird benötigt, um den Anforderungen von Verbraucherschutznormen Rechnung zu tragen, so für den Widerruf von Haustürgeschäften, § 312 I BGB; für den Widerruf von Verbraucherkreditgeschäften, § 495 BGB und den Widerruf von Fernabsatzgeschäften, § 312 d BGB.

> **hemmer-Methode: Beachten Sie auch die Widerrufsrechte in den Fällen der §§ 485, 499 ff., 505 BGB[66].**

C. Herausgabeanspruch auf das stellvertretende commodum (§ 285 I BGB)[67]

Stellvertrendes commodum

Ist dem Schuldner die Erfüllung eines Anspruchs unmöglich geworden, hat er aber infolge des Umstandes, welcher die Leistung unmöglich macht, einen Ersatzgegenstand (sog. stellvertretendes commodum) erhalten, muss er ihn gem. § 285 I BGB herausgeben.

---

[63] Etwa BAUR, § 52 IV 2 m.w.N. Die Gegenauffassung (PALANDT, § 932, Rn. 17) nimmt den Rückerwerb dagegen hin. Vgl. auch HEMMER/WÜST, Sachenrecht II, Rn. 109 ff.

[64] MEDICUS, JuS 1985, 657 (661); problematisch an dieser Argumentation ist allerdings, dass die §§ 932 ff BGB eigentlich gar nicht einschlägig sind, da K als Berechtigter veräußert.

[65] Dazu unten Rn. 206 ff.

[66] ausführlich hierzu HEMMER/WÜST, BGB-AT III, Rn. 540 ff.

[67] vgl. hierzu HEMMER/WÜST, Schuldrecht I, Rn. 341 ff.

Die Vorschrift ist grundsätzlich auf alle schuldrechtlichen Ansprüche anzuwenden.[68] Sie ist im Rahmen der vertraglichen Ansprüche zu prüfen, soweit die Erfüllung eines vertraglichen Anspruchs unmöglich geworden ist. Für gegenseitige Verträge ist die Verweisung in § 326 III BGB zu beachten.

Commodum ex negotiatione fällt unter § 285 BGB

Merken sollte man sich, dass als stellvertretendes commodum i.S.d. § 285 BGB auch das "commodum ex negotiatione" gilt, d.h. der Erlös, den der Schuldner durch die Veräußerung der geschuldeten Sache erzielt hat.

Bsp.: A hat dem B für € 8.500 eine Vase verkauft, die B am nächsten Tag abholen und bezahlen soll. Noch am selben Tag bietet K dem A € 12.000 für dieselbe Vase. Diesem Angebot kann A nicht widerstehen. Er verschweigt daher, dass er die Vase bereits an B verkauft hat und händigt sie dem K aus. Kann B von A die € 3.500 Differenz zwischen Erlös und Kaufpreis herausverlangen?

I. Als Anspruchsgrundlage kommen die §§ 285 I, 283, 275 IV BGB in Betracht.

Dem A ist die Übereignung der Kaufsache schuldhaft unmöglich geworden, da er die Vase bereits nach § 929 S.1 BGB an K übereignet hat.

Fraglich ist aber, ob A den Erlös *infolge* dieses Umstands erlangt hat. Streng genommen erlangte A den Erlös nicht aufgrund der Übereignung an K, sondern aufgrund des Kaufvertrages mit K. Der Abschluss des zweiten Kaufvertrages machte aber die Erfüllung des ersten noch nicht unmöglich. Folglich könnte man meinen, der Erlös sei nicht infolge des Umstands erlangt, der die Unmöglichkeit herbeigeführt hat.

Jedoch genügt bei § 285 BGB nach h.M. ein wirtschaftlicher Zusammenhang, und wirtschaftlich gesehen stellen Kauf und Übereignung eine Einheit, der Erlös somit das Surrogat des veräußerten Gegenstandes dar. § 285 BGB erfasst also auch den Verkaufserlös, das commodum ex negotiatione.[69]

B ist daher berechtigt, die € 12.000 Erlös herauszuverlangen, bleibt aber gem. §§ 326 III BGB seinerseits zur Zahlung des Kaufpreises verpflichtet. Nach Aufrechnung (§§ 387, 389 BGB) bleibt ein Anspruch auf Zahlung von € 3.500.

II. Ein Anspruch aus §§ 687 II S.1, 681 S.2, 667 BGB scheidet dagegen aus.

§ 687 II S.1 BGB setzt ein objektiv fremdes Geschäft voraus, an dem es hier fehlt.[70] A war im Zeitpunkt der Übereignung an K noch Berechtigter. Dass B bereits vorher von A gem. §§ 929, 930 BGB Eigentum erworben hatte, ist nicht anzunehmen. Es kann nicht unterstellt werden, dass A das Eigentum noch vor Erhalt des Kaufpreises übertragen wollte.

III. Aus demselben Grund scheitert auch ein Anspruch des B aus § 816 I S.1 BGB auf Herausgabe des Erlöses:[71] A hat nicht als Nichtberechtigter verfügt, sondern als Berechtigter.

Abwandlung: *Bsp.: Der steinreiche Graf D hat für die Zeit seines vierwöchigen Hawaii-Urlaubes seine Rassehündin „Ida" nach vorangegangenem Zeitungsinserat bei Student S „in Pflege" gegeben.*

Vertraglich wurde eine Vergütung von 500 €/Tag vereinbart. S nutzt die Gelegenheit und verkauft und übergibt das Tier für 25.000 € an den X. Kann D von S aufgrund § 285 BGB Herausgabe der 25.000 € verlangen?

---

68 Für das Bereicherungsrecht enthält § 818 II, III BGB allerdings eine Sonderregelung. Auf den verschärft haftenden Bereicherungsschuldner ist § 285 BGB dagegen als "allgemeine Vorschrift" i.S.d. §§ 818 IV, 819 I BGB nach h.M. anwendbar; PALANDT, § 281, Rn. 2.

69 Heute praktisch allgem. Meinung; PALANDT, § 281, Rn. 6.

70 Näher zu den Voraussetzungen des § 687 II S. 1 BGB i.V.m. §§ 681 S.2, 667 BGB unten vgl. Rn. 43.

71 Zum Streit um den Anspruchsinhalt bei § 816 I 1 BGB vgl. unten Rn. 133 und HEMMER/WÜST, Bereicherungsrecht, Rn. 382 ff.

1. § 285 I BGB setzt zunächst voraus, dass eine Leistungspflicht des Schuldners nach § 275 I-III BGB ausgeschlossen ist. S und D haben einen Verwahrungsvertrag i.S.d. §§ 688ff. BGB geschlossen; der hierzu erforderliche Rechtsbindungswille der Parteien ist zum einen aufgrund der besonderen Wichtigkeit der Primärleistung für D, zum anderen aufgrund der vereinbarten Vergütung unproblematisch anzunehmen.

Dem S steht hieraus gegen D ein Rückgabeanspruch nach § 695 BGB zu. Durch die Weggabe der Hündin durch S an den Dritten X wurde ihm die Rückgabe unmöglich, seine Leistungspflicht ist nach § 275 I BGB ausgeschlossen.

2. Fraglich ist allerdings, ob die von D verlangten 25.000 € als Ersatz i.S.d. § 285 I BGB für den geschuldeten Gegenstand anzusehen sind.

a) Unbeachtlich ist, dass S das Surrogat aufgrund einer rechtsgeschäftlichen Vereinbarung mit X erhalten hat. § 285 I BGB erfasst auch das sog. *commodum ex negotiatione*.

b) Jedoch muss zwischen dem Gegenstand, dessen Leistung nach § 275 I-III BGB ausgeschlossen ist, und dem Gegenstand, für den der Schuldner Ersatz erlangt hat, *Identität* bestehen. Hier hat S sich als Eigentümer der Hündin ausgegeben und das Tier an X zum Preis von 25.000 € verkauft. Zu der Vereinbarung dieser Summe war X bereit, um das Eigentum an der Hündin zu erlangen. Die 25.000 € stellen daher das Surrogat für das *Eigentum* an dem Tier dar.

Keine Identität bei Anspr. auf Besitzverschaffung und Eigentumssurrogat

Allerdings war S nicht zur Übereignung an D, sondern nur zur Rückgabe, d.h. zur *Besitzverschaffung* verpflichtet. Daher ist der Gegenstand der unmöglich gewordenen Leistung (Besitz) nicht identisch mit dem Gegenstand, für den das Surrogat erlangt wurde (Eigentum). Ein Anspruch des D auf Herausgabe der 25.000 € nach § 285 BGB scheidet daher aus[72].

> **hemmer-Methode:** In der Klausur müssten Sie freilich weitere Ansprüche prüfen: Unproblematisch ergibt sich ein Anspruch auf Herausgabe der 25.000 € aus angemaßter Eigengeschäftsführung, §§ 687 II 1, 681 S.1, 667 BGB. Beim Anspruch aus § 816 I 1 BGB wird in der Klausur regelmäßig problematisch sein, ob der Anspruch den erhaltenen Kaufpreis auch dann voll umfasst, wenn dieser höher ist als der Wert der verkauften Sache (so die h.M.). Des Weiteren ist beim Anspruch aus §§ 989, 990 I BGB zu problematisieren, ob aufgrund eines „Aufschwingens zum Eigenbesitzer" seitens des S eine Vindikationslage vorlag.

D. §§ 280 I, 249 I BGB

Pflichtverletzung i.V.m. Naturalrestitution (§ 249 I BGB) als Herausgabeanspruch

Hat ein Vertragspartner seine Pflichten aus dem Vertrag verletzt und hat er daraus etwas erlangt, so ist er aus § 280 I i.V.m. dem Grundsatz der Naturalrestitution (§ 249 I BGB) verpflichtet, das Erlangte herauszugeben.

Bsp.: In dem oben zu § 27 III BGB besprochenen Champagnerflaschen-Fall (§ 2 I 5 b aa) ist der Vereinsvorstand G u.a. aus § 280 I i.V.m. § 249 I BGB zur Herausgabe der Flaschen an den Verein T verpflichtet.

> **hemmer-Methode: Prägen Sie sich bitte ein:** Wegen § 249 I BGB kommen alle Schadensersatzansprüche auch als Herausgabeansprüche in Betracht (vgl. auch unten § 3, Rn. 37 ff., zu §§ 280 I, 241 II, 311 II BGB sowie § 5, Rn. 135 ff. zu den deliktischen Ansprüchen).

---

72 Vgl. dazu PALANDT § 285, Rn. 8

§ 3 VERTRAGSÄHNLICHE HERAUSGABEANSPRÜCHE

A. Herausgabeanspruch aus §§ 280 I, 241 II, 311 II i.V.m. § 249 I BGB

§§ 280 I, 241 II, 311 II BGB i.V.m. § 249 I BGB

Als vertragsähnlicher Herausgabeanspruch kommt zunächst ein Schadensersatzanspruch aus vorvertraglicher Pflichtverletzung in Betracht. Auch dieser kann wegen § 249 I BGB in der Rechtsfolge auf Herausgabe gerichtet sein.

Bsp.: Ladendieb A entwendet aus dem Kaufhaus des B eine CD.

I. Ein Herausgabeanspruch des B gegen A könnte sich zunächst aus §§ 280 I, 241 II, 311 II Nr. 2 i.V.m. § 249 I BGB ergeben.

Zwischen Kaufhausbesucher und Inhaber besteht ein geschäftlicher Kontakt, der ein pflichtenbegründendes Vertrauensverhältnis schafft. Daraus, dass A nichts kaufen wollte, ergibt sich nichts anderes, da dies objektiv nicht erkennbar war.[73] Auch dem nicht kaufwilligen A hat B im Vertrauen auf die Anbahnung eines Vertrags den Zugriff auf die Ware ermöglicht. A hat seine Verhaltenspflicht schuldhaft (vorsätzlich) verletzt; er ist dem B somit aus §§ 280 I, 241 II, 311 II, 249 I BGB zur Herausgabe der CD verpflichtet.

II. Des Weiteren bestehen die sachenrechtlichen Herausgabeansprüche aus § 985, § 861 I und § 1007 I, II BGB.

III. Ferner kann B wegen des Eingriffs in sein Recht zum Besitz gem. § 812 I, S.1 2.Alt. BGB kondizieren.[74]

IV. Schließlich hat er auch die deliktischen Ansprüche aus § 823 I BGB, § 823 II BGB i.V.m. § 242 StGB und § 858 BGB als Schutzgesetzen[75] sowie aus § 826 BGB; gem. § 249 I BGB sind auch diese Ansprüche auf Herausgabe gerichtet.

---

73 Vgl. MUSIELAK, JuS 1977, 531 (532); ferner PALANDT, § 311, Rn. 17 a.E.; begründen lässt sich dies mit dem Rechtsgedanken des § 116 BGB, nach dem geheime Vorbehalte unbeachtlich sind.

74 Zum Besitz als Gegenstand der Eingriffskondiktion vgl. unten Rn. 130.

75 Zu § 858 BGB als Schutzgesetz i.S.d. § 823 II BGB vgl. unten Rn. 136.

B. Herausgabeansprüche aus echter und unechter Geschäftsführung ohne Auftrag

Zu den vertragsähnlichen Herausgabeansprüchen zählen ferner die Ansprüche aus GoA. Dabei ist zwischen echter berechtigter, echter unberechtigter und unechter GoA zu unterscheiden.

I. (Echte) berechtigte GoA

Voraussetzungen

> **Voraussetzungen der (echten) berechtigten GoA:**
> 1. Es wird ein fremdes Geschäft
> 2. mit Fremdgeschäftsführungswillen
> 3. ohne Auftrag geführt, dessen Übernahme[76]
> 4. dem Interesse und wirklichen oder mutmaßlichen Willen des Geschäftsherrn entspricht (§§ 683, 679 BGB). Der berechtigten GoA steht die (echte) unberechtigte, später genehmigte GoA (§ 684 S.2 BGB) gleich.

Liegen diese Voraussetzungen vor, ist einerseits der Geschäftsführer ohne Auftrag wie ein Beauftragter zum Aufwendungsersatz berechtigt (§§ 683 S.1, 684 S.2, 670 BGB).

Herausgabeanspruch aus §§ 681 S.2, 667 BGB

Andererseits trifft den Geschäftsführer über § 681 S.2 BGB die Herausgabepflicht des § 667 BGB.[77]

II. (Echte) unberechtigte GoA

Voraussetzungen der (echten) unberechtigten GoA

Ist von den Erfordernissen der (echten) berechtigten GoA nur die Voraussetzung (4) nicht erfüllt, liegt eine (echte) unberechtigte GoA vor.

1. Anspruch des Geschäftsführers

Herausgabeanspruch des Geschäftsführers gegen den Geschäftsherrn nach Bereicherungsrecht (§§ 684 S.1, 818 BGB)

Befindet sich der Erfolg aus einer (echten) unberechtigten GoA beim Geschäftsherrn, so besteht gem. § 684 S.1 BGB ein Herausgabeanspruch des Geschäftsführers gegen den Geschäftsherrn auf das durch die Geschäftsführung Erlangte, und zwar nach Bereicherungsrecht.

Bei dieser Verweisung auf das Bereicherungsrecht handelt es sich nach h.M. lediglich um eine Rechtsfolgenverweisung.[78]

Allerdings ist eine solche Herausgabe in Natur praktisch vielfach unmöglich, etwa wenn der Geschäftsführer für den Geschäftsherrn eine Schuld getilgt oder etwas auf eine Sache des Geschäftsherrn verwendet hat. In solchen Fällen wird gem. §§ 684 S.1, 818 II BGB Wertersatz geschuldet.

---

[76] Unterscheide Übernahme und Ausführung der Geschäftsführung. Bei beiden spielen Wille und Interesse des Geschäftsherrn eine Rolle: Bei der Übernahme entscheidet der Wille des Geschäftsherrn darüber, ob eine berechtigte GoA vorliegt (§ 683 BGB). Bei der Ausführung der berechtigten GoA bestimmen Wille und Interesse des Geschäftsherrn die Pflichten des Geschäftsführers (§ 677 BGB), deren schuldhafte Verletzung ihn schadensersatzpflichtig macht (§§ 280 I BGB i.V.m. dem gesetzlichen Schuldverhältnis der GoA); vgl. MEDICUS, Bürgerliches Recht, Rn. 426.

[77] Dazu oben Rn. 12 ff.

[78] PALANDT, § 684, Rn. 1 m.w.N.; a.A. (Rechtsgrundverweisung) aber MÜKO, § 684, Rn. 4; MEDICUS, Bürgerliches Recht, Rn. 947.

§ 4 SACHENRECHTLICHE HERAUSGABEANSPRÜCHE

Es handelt sich jeweils um *partielle Rechtsgrundverweisungen* unter Ausschluss des Erfordernisses eines Fremdgeschäftsführungswillens.[90]

C. Herausgabeansprüche aus unechter GoA (Geschäftsanmaßung), § 687 II BGB

Begriff der Geschäftsanmaßung

Von der echten (berechtigten oder unberechtigten) GoA streng zu unterscheiden ist die unechte GoA oder Geschäftsanmaßung. Davon spricht man, wenn ein objektiv[91] fremdes Geschäft ohne Auftrag wissentlich in eigennütziger Absicht geführt wird.

43

Die für diesen Fall in § 687 II BGB vorgesehenen Ansprüche sind mehr deliktischen bzw. bereicherungsrechtlichen als vertragsähnlichen Charakters.

> **hemmer-Methode:** Wegen des Zusammenhangs mit der GoA werden diese Ansprüche hier gleichwohl im Abschnitt über die vertragsähnlichen Ansprüche dargestellt. Man kann sich daran auch im Gutachten halten. Mindestens ebenso gut kann man Ansprüche aus § 687 II BGB aber auch erst nach den sachenrechtlichen, bereicherungsrechtlichen und deliktischen Ansprüchen prüfen; eine feste Konvention in der Prüfungsreihenfolge hat sich hier nicht herausgebildet.

Im Hinblick auf die Herausgabeansprüche sind die Verweisungen des § 687 II S.1 BGB auf §§ 681 S.2, 667 BGB und des § 687 II S.2 BGB auf § 684 S.1 BGB von Bedeutung.

I. Herausgabeanspruch des Geschäftsherrn

Herausgabeanspruch des Geschäftsherrn

Gem. §§ 687 II S.1, 681 S.2, 667 BGB wird der Geschäftsanmaßer dem Geschäftsherrn wie ein Beauftragter zur Herausgabe verpflichtet.

44

> *Typisches Beispiel: Der soeben[92] zur echten, unberechtigten GoA gebildete Fall mit der Modifikation, dass GF nicht im Interesse des GH, sondern in eigennütziger Absicht handeln wollte, um den Erlös für sich behalten zu können.*

GH hat in diesem Fall neben dem Anspruch aus § 816 I S.1 BGB auch einen Anspruch aus §§ 687 II S.1, 681 S.2, 667 BGB auf Herausgabe des Erlöses. Denn GF hat ein objektiv fremdes Geschäft (Veräußerung fremder Sachen) ohne Auftrag wissentlich in eigener Absicht geführt.

Etwas schwieriger wird es in folgendem Fall:

> *D hat das Fahrrad des E gestohlen und für € 1.000 (Wert € 800) im eigenen Namen an B veräußert. Welche Erlösherausgabeansprüche stehen E zu?*

45

1. Auch hier liegen die Anspruchsvoraussetzungen des § 687 II S.1 i.V.m. §§ 681 S.2, 667 BGB vor.

Doch ist zu bedenken, dass D zugleich gem. § 311a II BGB dem B zum Schadensersatz verpflichtet ist, da er (wegen § 935 I BGB) diesem kein Eigentum verschaffen kann. Müsste er zudem noch den Erlös an E herausgeben, wäre D also doppelt belastet.

---

90 MÜKO, § 994, Rn. 19; SOERGEL, § 1959, Rn. 4.

91 Ein nur subjektiv fremdes Geschäft kommt hier natürlich nicht in Betracht, da dieses seinen Fremdcharakter erst durch den Fremdgeschäftsführungswillen erhält (MÜKO, § 677, Rn. 5), an dem es hier gerade fehlt.

92 Oben Rn. 41.

Umgekehrt wäre E doppelt begünstigt: Er könnte die Sache gem. § 985 BGB von B und zudem den Erlös von D herausverlangen.

Um dieses offensichtlich schiefe Ergebnis zu vermeiden, wird man Folgendes sagen können:

Solange D der Haftung gegenüber B ausgesetzt ist, hat er den Erlös noch nicht endgültig erlangt i.S.d. § 667 BGB.[93] Will E den Erlös herausverlangen, muss er also D zugleich von der Rechtsmängelhaftung freistellen, indem er dessen Verfügung gem. §§ 185 II S.1, 1. Fall, 184 I BGB genehmigt.[94]

Mit dem Herausgabeverlangen hinsichtlich des Erlöses wird man eine solche Genehmigung als konkludent erklärt ansehen können. E bringt damit zum Ausdruck, dass er die Folgen des Geschäfts an sich ziehen und die Verfügung des D als wirksam betrachten will. E kann also nach §§ 687 II S.1, 681 S.2, 667 BGB den Erlös herausverlangen.

2. In Betracht kommt noch ein Anspruch aus §§ 985, 285 BGB. Doch ist § 285 BGB nach h.M. auf § 985 BGB nicht anwendbar.[95]

3. Für den Anspruch aus § 816 I S.1 BGB fehlt es zunächst an der Wirksamkeit der Verfügung. Doch wird auch hier in dem Herausverlangen des Erlöses eine konkludente Genehmigung gesehen, die der Verfügung rückwirkend (§§ 185 II S.1, 1. Fall, 184 I BGB) zur Wirksamkeit verhilft.[96]

> **hemmer-Methode:** Das bei § 816 I S.1 BGB bekannte Problem, dass der durch eine unwirksame Verfügung erlangte Erlös nur dann herausverlangt werden kann, wenn die Verfügung genehmigt wird, stellt sich also auch im Rahmen der §§ 687 II S.1, 681 S.2, 667 BGB.
> Machen Sie sich nochmals die Begründung klar: E soll nicht die Sache nach § 985 BGB *und* den Erlös verlangen dürfen, D soll nicht B *und* E haften müssen. Behalten Sie bei Dreipersonenverhältnissen stets alle drei Rechtsbeziehungen unter den Beteiligten im Auge, auch wenn nur nach Ansprüchen zwischen zwei Beteiligten gefragt wird!

II. Anspruch des Geschäftsanmaßers aus §§ 687 II S.2, 684 S.1 BGB

Wenn der Geschäftsherr den Anspruch aus §§ 687 II S.1, 681 S.2, 667 BGB geltend macht, soll dieser dem böswilligen Eigengeschäftsführer seinerseits nach §§ 687 II S.2, 684 S.1 BGB verpflichtet sein.

Diese Verweisung ist missglückt, denn sie scheint in ein "juristisches Karussell"[97] zu führen:

Nach § 684 S.1 BGB soll ja der Geschäftsherr das durch die Geschäftsführung Erlangte an den Geschäftsführer herausgeben. Umgekehrt kann der Geschäftsherr aber nach §§ 687 II S.1, 681 S.2, 667 BGB das durch die Geschäftsführung Erlangte vom Geschäftsführer fordern!

Mit der Herausgabepflicht nach §§ 687 II S.2, 684 S.1 BGB kann daher bloß eine Pflicht des Geschäftsherrn zum Aufwendungsersatz nach Bereicherungsrecht gemeint sein.[98]

---

93 STAUDINGER, § 687, Rn. 15.
94 STAUDINGER, § 687, Rn. 15.
95 Näher unten Rn. 76.
96 Vgl. PALANDT, § 816, Rn. 9.
97 MEDICUS, Bürgerliches Recht, Rn. 419.
98 MEDICUS, Bürgerliches Recht, Rn. 419; MüKo, § 687, Rn. 11; allgem. Meinung.

Bsp.: G vermietet wissentlich unberechtigt das Wochenendhaus des H.

Gem. §§ 687 II S.1, 681 S.2, 667 BGB ist H zur Herausgabe des Mieterlöses verpflichtet. Nach § 687 II S.2, 684 S.1 BGB kann er nun nicht den Erlös wieder zurückfordern, sondern nur seine Aufwendungen (z.B. für die Zeitungsannonce, mit der er die Mieter geworben hat) ersetzt verlangen.

§ 4 SACHENRECHTLICHE HERAUSGABEANSPRÜCHE

Während bei den bisher behandelten Ansprüchen (insbes. bei § 667 und § 346 BGB) vielfach nicht nur Sachen, sondern auch Rechte und sonstige unkörperliche Vorteile als Herausgabegegenstand in Betracht kamen, betreffen die sachenrechtlichen Herausgabeansprüche naturgemäß nur Sachen.

A. Herausgabeanspruch aus dem Eigentum (§ 985 BGB) – Die sog. Vindikation

Der wichtigste sachenrechtliche Herausgabeanspruch ist der dingliche Anspruch des Eigentümers aus § 985 BGB.

I. Voraussetzungen

- **Anspruchsberechtigter ist (Mit-)Eigentümer**
  Als dinglicher Anspruch ist § 985 nach h.M. nicht abtretbar
  beachte: Vermutungswirkung des § 1006.

- **Anspruchsgegner ist un-/mittelbarer Besitzer**
  Besitzdiener kommt mangels Besitz (§ 855) nicht als Anspruchsgegner in Betracht.

- **kein Recht zum Besitz**
  - dingliche Rechte
  - schuldrechtliche Rechtsbeziehungen; Wirkung aber nur inter partes
  - abgeleitetes Besitzrecht, § 986 I 1 2.HS.
  - Sonderregelung des § 986 II
  - **beachte:** Zurückbehaltungsrechte, §§ 273, 1000, geben nach h.M. kein Recht zum Besitz, sondern lediglich ein Gegenrecht, das zur Verurteilung Zug um Zug führen kann.

- **kein Ausschluss gemäß § 241a I BGB**

> **hemmer-Methode:** Merken Sie sich unbedingt: Keine Prüfung des § 985 BGB ohne § 986 BGB!

1. Anspruchsberechtigter

Anspruchsberechtigter = Eigentümer

a) Der Herausverlangende muss (Mit-) Eigentümer sein.

> **hemmer-Methode:** Bei Miteigentümern ist § 1011 BGB zu beachten, wonach zwar jeder Miterbe allein den Anspruch geltend machen kann (gesetzliche Prozessstandschaft), aber eben nur auf Leistung an alle Miteigentümer, § 432 BGB

Der Anspruchssteller muss sein Eigentum als anspruchsbegründende Tatsache beweisen. Hierbei hilft ihm § 1006 BGB bzw. bei unbeweglichen Sachen § 891 BGB.

In der Klausur sollte man in aller Regel bei Prüfung der Eigentumslage den "historischen" Aufbau wählen.[99] Man nimmt also zunächst einen zeitlichen Ausgangspunkt, für den die Eigentumslage feststeht.

---

[99] Vgl. MEDICUS, Bürgerliches Recht, Rn. 18.

Dann werden chronologisch alle Ereignisse geprüft, welche die dingliche Rechtslage geändert haben können (Veräußerung, Verarbeitung, Bedingungseintritt usw.).

b) Der Anspruch aus § 985 BGB steht auch dem zugleich schuldrechtlich herausgabeberechtigten Eigentümer zu.[100]

Bsp.: Nach Ablauf der Mietzeit kann der Vermieter, der zugleich Eigentümer ist, Ansprüche sowohl aus § 546 I BGB als auch aus § 985 BGB herleiten.

Theorie vom Vorrang des Vertragsverhältnisses kaum noch vertreten

Anders entschied die heute kaum noch vertretene Theorie vom Vorrang des Vertragsverhältnisses (oder genauer: Schuldverhältnisses).[101]

Danach ist der Eigentumsherausgabeanspruch gegenüber Rückgabeansprüchen aus vertraglichen und gesetzlichen Schuldverhältnissen subsidiär, durch die der Besitzer gegenüber dem Eigentümer ein Recht zum Besitz (§ 986 BGB) erworben hatte. In unserem Beispiel sei also nur ein Anspruch aus § 546 I BGB gegeben.

Diese Auffassung ist abzulehnen: Für die Vindikation nach § 985 BGB bliebe danach Raum nur bei unfreiwilligem Besitzverlust. Hier hilft aber bei beweglichen Sachen schon § 1007 II BGB ohne Rücksicht auf das Eigentum. Die Vindikation verlöre also für bewegliche Sachen ihren Sinn. Das entspricht nicht der gesetzlichen Regelung.[102]

Geltendmachung durch Dritte

c) Der Anspruch aus § 985 BGB ist nach ganz h.M. nicht isoliert abtretbar.[103] Die unwirksame Abtretung kann aber i.d.R. in eine Einziehungsermächtigung umgedeutet (§ 140 BGB) werden.[104] Der zur Ausübung des fremden Vindikationsanspruchs ermächtigte Dritte kann diesen im Wege der gewillkürten Prozessstandschaft einklagen. Allerdings ist dafür nach den allgemeinen Regeln der gewillkürten Prozessstandschaft ein besonderes Interesse des Klägers an der Geltendmachung des fremden Rechts im eigenen Namen erforderlich.[105]

2. Anspruchsgegner

Anspruchsgegner ist der jeweilige Besitzer der Sache, ob unmittelbarer oder mittelbarer, Fremd- oder Eigen-, Teil- oder Mitbesitzer,[106] aber nicht der Besitzdiener.[107]

3. Kein Besitzrecht

§ 986 BGB Einwendung, nicht Einrede

Schließlich darf der Besitzer nicht gem. § 986 BGB zum Besitz berechtigt sein.

---

[100] Ganz h.M.; vgl. statt aller STAUDINGER, § 985, Rn. 22.
[101] Etwa WOLFF, § 84 I 2; SOERGEL, vor § 985, Rn. 6; weitere Nachweise bei PINGER/SCHARRELMANN/THEISEN, 1. Problem.
[102] MEDICUS, Bürgerliches Recht, Rn. 593.
[103] PALANDT, § 985, Rn. 1; STAUDINGER, § 985, Rn. 3 m.w.N.
[104] PALANDT, § 985, Rn. 1; STAUDINGER, § 985, Rn. 3.
[105] Vgl. THOMAS, § 51, Rn. 34; allgemein zur gewillkürten Prozessstandschaft HEMMER/WÜST, ZPO I, Rn. 220 ff.
[106] STAUDINGER, § 985, Rn. 31.
[107] STAUDINGER, § 985, Rn. 40.

> **hemmer-Methode:** Das Besitzrecht ist trotz der für eine Einrede typischen Formulierung "kann verweigern" nach h.M. Einwendung,[108] nicht Einrede, wird also vom Gericht von Amts wegen beachtet. Als Argument lässt sich anführen:[109] Angesichts der Verwandtschaft der Ansprüche aus § 985 BGB und § 1004 BGB ist eine harmonisierende Interpretation mit § 1004 BGB geboten; dort wird für § 1004 II BGB (fast) allgemein eine Einwendung angenommen.

a) Eigenes Besitzrecht nach § 986 I S.1, 1.Alt. BGB

Das Besitzrecht kann gem. § 986 I S.1, 1.Alt. BGB zunächst unmittelbar gegenüber dem Eigentümer bestehen. Als Besitzrechte kommen in Betracht:

aa) Dingliche (=gegenüber jedermann wirkende) **Besitzrechte**, z.B. Nießbrauch (§ 1036 I BGB), Pfandrecht an beweglichen Sachen (§§ 1205, 1227 BGB)

Str.: Anwartschaftsrecht als dingliches Besitzrecht

Nach wohl h.L.[110] ist auch das Anwartschaftsrecht des Vorbehaltskäufers als dingliches Besitzrecht anzuerkennen.

Dies wird aber von der Rechtsprechung[111] abgelehnt, die sich statt dessen im Einzelfall mit § 242 BGB (dolo agit qui petit quod statim redditurus est) behilft.[112]

Beispiel:[113] B übereignet eine Maschine nach §§ 929, 930 BGB an E. Danach verkauft B die Maschine unter Eigentumsvorbehalt gegen Ratenzahlung an K und übergibt sie ihm. Unmittelbar bevor die Zahlung der letzten Rate erfolgen soll, verlangt E die Maschine von K gem. § 985 BGB heraus.

E ist Eigentümer, K gegenwärtiger Besitzer der Maschine.

Möglicherweise ist aber K dem E gegenüber gem. § 986 I S.1, 1.Alt. BGB zum Besitz berechtigt. Ein solches Besitzrecht könnte daraus folgen, dass K analog §§ 929 S.1, 932 BGB ein Anwartschaftsrecht vom nichtberechtigten B gutgläubig erworben haben könnte.

Einigung und Übergabe zwischen B und K liegen vor. K war auch gutgläubig. Nicht entscheidend ist, ob er inzwischen von der Nichtberechtigung des B erfahren hat. Denn es kommt nur auf die Gutgläubigkeit im Zeitpunkt von Einigung und Übergabe an. Schon damit hatte K das Anwartschaftsrecht gutgläubig erworben; diese Rechtsposition kann durch das spätere Unredlichwerden nicht mehr nachträglich zerstört werden.[114] K hat also ein Anwartschaftsrecht erworben.

Nach h.L.[115] kann K dieses Anwartschaftsrecht dem Anspruch des E aus § 985 BGB als eigenes Besitzrecht (§ 986 I S.1, 1. Alt BGB) entgegenhalten.

Nach der Rechtsprechung[116] ist das Anwartschaftsrecht dagegen nicht als Besitzrecht i.S.d. § 986 I S.1, 1.Alt. BGB anzuerkennen. Danach wäre der Anspruch aus § 985 BGB an sich gegeben.

---

108 PALANDT, § 986, Rn. 1, STAUDINGER, § 986, Rn. 1. Streitstand bei PINGER/SCHARRELMANN/THISSEN, 5. Problem.
109 Nach STAUDINGER, § 986, Rn. 1.
110 Etwa PALANDT, § 929, Rn. 41 m.w.N.
111 BGHZ 10, 69 (71).
112 Vgl. dazu auch HEMMER/WÜST, Sachenrecht II, Rn. 166.
113 Nach MEDICUS, Bürgerliches Recht, Rn. 465.
114 Vgl. MEDICUS, Bürgerliches Recht, Rn. 465.
115 PALANDT, § 929, Rn. 41 m.w.N.
116 BGHZ 10, 69 (71).

§ 4 SACHENRECHTLICHE HERAUSGABEANSPRÜCHE

Jedoch ist im konkreten Fall die Geltendmachung des Anspruchs gem. § 242 BGB rechtsmissbräuchlich: Denn wenn bald die letzte Rate gezahlt wird, müsste E die Sache an den neuen Eigentümer K sofort wieder herausgeben (dolo agit qui petit quod statim redditurus est).

Im konkreten Fall kommen daher beide Auffassungen zum selben Ergebnis: E kann die Maschine nicht von K gem. § 985 BGB herausverlangen.

Anders wäre es, wenn die Zahlung der letzten Rate und damit der Eigentumserwerb des K nicht unmittelbar bevorstehen würden. Dann wäre K nur nach der h.L. geschützt. Die Rechtsprechung könnte sich dagegen hier nicht mit § 242 BGB behelfen, denn die Sache ist ja nicht *statim* redditurus (= *sofort* wieder herauszugeben).[117] Nach der Auffassung der Rechtsprechung müsste K also die Sache zunächst herausgeben; erst wenn er einige Zeit später die letzte Rate gezahlt hat, könnte er sie wieder von E zurückverlangen.

bb) Schuldrechtliche Besitzrechte (Miete, Leihe usw.). Diese wirken nur relativ gegenüber dem Vertragspartner. Dem Eigentümer kann man also grundsätzlich nicht entgegenhalten, dass man die Sache von einem Dritten gemietet hat.[118]

str., ob ZBR (§§ 273, 1000 BGB) Recht zum Besitz

Sehr str. ist, ob das Zurückbehaltungsrecht nach §§ 273, 1000 BGB ein Recht zum Besitz verleiht.

56

BGH bejaht dies, a.A. h.L.

Die Rechtsprechung[119] bejaht diese Frage teilweise, während die h.L.[120] sie verneint.[121]

57

Die besseren Argumente hat die h.L. für sich: Während das Besitzrecht zur Abweisung der Klage führt, erfolgt bei Geltendmachung eines Zurückbehaltungsrechts Verurteilung Zug-um-Zug (§ 274 I BGB).[122] Ein charakteristisches Merkmal des Besitzrechts aus § 986 BGB ist es auch, dass der Besitzer auf die Sache einwirken darf (er darf z.B. bei Miete/Leihe usw. die Sache nutzen), während der Zurückbehaltungsberechtigte die Sache in ständiger Leistungsbereitschaft halten muss.[123]

Gänzlich unhaltbar ist es jedenfalls, im Falle des § 1000 BGB das Zurückbehaltungsrecht als Besitzrecht anzusehen: Die erstmalige Vornahme einer nach §§ 994 ff. BGB erstattungsfähigen Verwendung würde sonst ja über das Zurückhaltungsrecht nach § 1000 BGB zu einem Besitzrecht führen und so bereits das Vorliegen eines Eigentümer-Besitzer-Verhältnisses beenden, was ein groteskes Ergebnis wäre.[124]

---

117 Vgl. auch MEDICUS, Bürgerliches Recht, Rn. 465.
118 Vgl. aber § 566 BGB und § 986 II BGB, dazu sogleich.
119 Etwa BGHZ 64, 122 (125).
120 STAUDINGER, § 986, Rn. 23 mit vielen Nachweisen; PALANDT, § 986, Rn. 6.
121 Streitstand bei PINGER/SCHARRELMANN/THISSEN, 6. Problem.
122 STAUDINGER, § 986, Rn.23.
123 DIEDERICHSEN, Recht zum Besitz, S. 19/21.
124 STAUDINGER, § 986, Rn. 23.

b) Abgeleitetes Besitzrecht nach § 986 I S.1, 2.Alt. BGB

Voraussetzungen

Dem Besitzer steht ein abgeleitetes Besitzrecht nach § 986 I S.1, 2.Alt. BGB zu, wenn er

- den Besitz von einem Dritten (Nichteigentümer) erhalten hat,
- der seinerseits gegenüber dem Eigentümer besitzberechtigt ist und
- auch die Befugnis hat, den Besitz weiterzugeben

Muss der Dritte, von dem der Besitzer den Besitz erworben hat, mittelbarer Besitzer sein?

In der Regel besteht zwischen dem Besitzer und dem Dritten, von dem er den Besitz erworben hat, ein Besitzmittlungsverhältnis i.S.d. § 868 BGB (z.B. der Vorbehaltskäufer gibt die Sache zur Reparatur an einen Werkunternehmer, Werkvertrag als Besitzmittlungsverhältnis); der Dritte ist also mittelbarer Besitzer.

Nach Wortlaut schon, aber Ausnahmen denkbar

Dies ist aber entgegen dem Wortlaut des § 986 I S.1, 2.Alt. BGB nicht zwingend erforderlich:[125] So steht bei einem Kettenverkauf eines Grundstücks von E an D an B, wobei D und B noch nicht im Grundbuch eingetragen sind, B aber schon im Besitz des Grundstücks ist, dem B ein abgeleitetes Besitzrecht zu, obwohl er D nicht den Besitz mittelt. Hier gilt also § 986 I S.1, 2.Alt. BGB analog.

Fehlt es von den genannten Erfordernissen für ein abgeleitetes Besitzrecht nur an der zuletzt genannten Voraussetzung, war also der Dritte nicht zur Weitergabe an den Besitzer befugt, gilt § 986 I S.2 BGB. Danach kann der Eigentümer Herausgabe nur an den Dritten (also i.d.R. an den mittelbaren Besitzer) verlangen, Herausgabe an sich dagegen nur, wenn der Dritte nicht bereit ist, den Besitz zu übernehmen.

c) § 986 II BGB

Schließlich kann sich ein Besitzrecht in dem Fall des § 986 II BGB ergeben.

Voraussetzungen

Diese Vorschrift ist anwendbar, wenn der neue Eigentümer durch Abtretung des Herausgabeanspruchs gem. §§ 929, 931 BGB Eigentum erworben hat. Der Besitzer kann dann seine Einwendungen gegen den Herausgabeanspruch gegen den Anspruch des neuen Eigentümers aus § 985 BGB geltend machen.

Folge: Sprengung der Relativität des Schuldverhältnisses

Das ist kein schlichter Anwendungsfall des § 404 BGB, denn bei der Veräußerung nach §§ 929, 931 BGB wird ja nicht der - nicht abtretbare (s.o.) - Anspruch aus § 985 BGB abgetreten, sondern der Herausgabeanspruch aus dem Besitzmittlungsverhältnis. § 986 II BGB bedeutet vielmehr eine echte Sprengung der Relativität des Schuldverhältnisses.[126]

Bsp: E vermietet sein Auto für einen Monat an B. Nach einer Woche verkauft er das Auto an D und übereignet es sogleich nach §§ 929, 931 BGB, indem er diesem den Herausgabeanspruch aus dem Mietvertrag (§ 546 BGB) abtritt. Kann D das Auto sofort von B gem. § 985 BGB herausverlangen?

---

125 Vgl. Soergel, § 986, Rn. 5.
126 Staudinger, § 986, Rn. 40.

Das Besitzrecht des B aus dem Mietvertrag mit E wirkt grundsätzlich nur diesem gegenüber (Relativität des Schuldverhältnisses); ein Fall des § 986 I S.1, 1.Alt. BGB liegt also nicht vor. B hat auch kein abgeleitetes Besitzrecht aus § 986 I S.1, 2.Alt. BGB, da E seinerseits gegenüber D nicht mehr besitzberechtigt ist. Hier hilft § 986 II BGB, wonach B - entgegen der Relativität des Schuldverhältnisses - sein Besitzrecht aus dem Mietvertrag mit E auch dem D entgegenhalten kann.

Bei dinglichen Besitzrechten hilft schon § 986 I S.1, 1.Alt. BGB

Bei dinglichen Besitzrechten, die dem Besitzer nicht vom jetzigen Eigentümer, sondern einem Rechtsvorgänger eingeräumt worden sind, bedarf es einer Anwendung des § 986 II BGB dagegen nicht. Hier schützen bereits die §§ 986 I S.1, 1.Alt., 936 III BGB.

Bsp: E hat sein Auto bei B in Reparatur gegeben. Während der Wagen in der Werkstatt ist, übereignet E diesen gem. §§ 929, 931 BGB an D. D verlangt den Wagen von B nach § 985 BGB heraus.

B hatte E gegenüber ein Werkunternehmerpfandrecht aus § 647 BGB, das wegen § 936 III BGB durch die Übereignung des Autos an D nicht erloschen ist. B ist also auch dem D gegenüber gem. § 986 I S.1, 1.Alt. BGB zum Besitz berechtigt.

§ 986 II BGB gilt nicht bei unbeweglichen Sachen

Da § 986 II BGB eine Veräußerung nach §§ 929, 931 BGB voraussetzt, die §§ 929 ff. BGB aber nur für bewegliche Sachen gelten, greift § 986 II BGB bei unbeweglichen Sachen nicht ein. Für Grundstücke sind aber bei Miete und Pacht die §§ 566, 578, 581 II BGB zu beachten, die einen vergleichbaren Schutz bieten.

Analog Anwendung auf Veräußerung nach §§ 929, 930 BGB

Nach allgemeiner Meinung[127] ist eine analoge Anwendung des § 986 II BGB auf Fälle der Veräußerung nach §§ 929, 930 BGB geboten.

Bsp: Sicherungsübereignung einer vermieteten Sache.[128]

Der Grundgedanke des § 986 II BGB besteht darin, den unmittelbaren Besitzer im Fall der Eigentumsübertragung zu schützen. Die ihm gegenüber dem bisherigen Eigentümer zustehenden Rechte soll er auch gegenüber dem Rechtsnachfolger geltend machen können.

Für diesen Grundgedanken kann es aber doch keinen Unterschied machen, ob – was oft dem Zufall überlassen ist – das Eigentum mittels Abtretung des (u.U. behaupteten) Herausgabeanspruches (§§ 929, 931 BGB) oder mittels Besitzkonstitut gem. §§ 929, 930 BGB) übertragen wird.

4. Kein Ausschluss gemäß § 241a I BGB[129]

Wird von einem Unternehmer an einen Verbraucher eine unbestellte Sache geliefert, so wird gemäß § 241a I BGB kein Anspruch gegen den Verbraucher begründet.

---

127 vgl. dazu BGH Z 111, 142 = NJW 1990, 1914; KRÜGER in JuS 1993, 12 ff.; PALANDT § 986 Rn. 8; STAUDINGER, § 986, Rn. 46 m.w.N.

128 Für § 930 BGB ist es genügend, dass der Veräußerer mittelbarer Besitzer ist; vgl. PALANDT, § 930, Rn. 5, sog. mehrstufiger mittelbarer Besitz.

129 Mit der Intention einer effektiven Unterbindung und Sanktionierung wettbewerbswidriger Marketingmethoden hat der Gesetzgeber im Zuge der Umsetzung der Richtlinie 97/7/EG durch das Fernabsatzgesetz den § 241 a BGB eingefügt. Damit trat in den Fällen „reißerischer Werbung" durch unbestellte Leistungen neben die prinzipiell einschlägigen §§ 1, 3, 13 II UWG und Normen des GWB eine Verbraucherschutzvorschrift, die seit ihrem Inkrafttreten am 30.06.2000 in der Literatur heftig ins Kreuzfeuer geraten ist; vgl. zusammenfassend auch Life and Law 2003, 883 ff..

> **hemmer-Methode:** Der sachliche Anwendungsbereich ist eröffnet, wenn im konkreten Fall eine „unbestellte Leistung" vorliegt. Hierunter versteht man nicht nur die bewusste Lieferung unbestellter Sachen, sondern darüber hinaus die gewollte Erbringung sonstiger Leistungen, welche gewöhnlich Gegenstand eines Werk-, Dienst- oder Maklervertrages sind. Eine Leistung ist unbestellt, wenn sie dem Verbraucher ohne eine ihm zurechenbare Aufforderung zugeht, d.h. weder eine ausdrückliche oder nachträgliche Vertragsofferte vorliegt, noch der Empfänger die Sendung in sonstiger zurechenbarer Weise veranlasst hat[130].
>
> Ein Umkehrschluss aus § 241a II und III BGB ergibt, dass § 241a I BGB auch bei irrtümlich erfolgten Leistungen anwendbar ist, sofern der Empfänger den Umstand der Fehllieferung i.S.v. § 241a II BGB nicht erkannt hat und bei Anwendung der im Verkehr erforderlichen Sorgfalt auch nicht hätte erkennen können[131]. Dasselbe gilt, wenn der Unternehmer dem Verbraucher bewusst statt der bestellten eine nach Qualität und Preis gleichwertige Leistung anbietet, jedoch nicht darauf hinweist, dass der Verbraucher zur Annahme nicht verpflichtet ist und die Kosten der Rücksendung nicht zu tragen hat, § 241a III BGB[132]

Ausgangsfall: Verbraucher R hat auf dem Postweg seine bei Händler H bestellte Kaffeemaschine erhalten. Im Lieferumfang ist auch ein unbestellter designgleicher Dosenöffner zum Preis von 12 € enthalten. Auf dem Lieferschein weist H darauf hin, dass wenn er nichts mehr von R höre auch ein Kaufvertrag über den Dosenöffner zustande komme. R will sich nicht darauf einzulassen. Er findet jedoch Gefallen am Dosenöffner und benutzt diesen mehrmals. H verlangt nach gewisser Zeit die Zahlung von 12 €.

Abwandlung 1: Kann H zumindest die Rückgabe des bewusst gelieferten Dosenöffners verlangen?

Abwandlung 2: Aufgrund kontinuierlicher von R verschuldeter Falschnutzung des Dosenöffners gibt dieser alsbald „seinen Geist auf". Stehen dem H Schadensersatzansprüche zu?

Abwandlung 3: R gibt dem Ersuchen seines guten Freundes F nach und verkauft ihm den Dosenöffner für 8 €. Kann H von R die Herausgabe des Verkaufserlöses verlangen?

Abwandlung 4: H fragt sich, ob er, wenn er schon nicht den Verkaufserlös von R bekommen kann, zumindest von F seinen Dosenöffner herausverlangen kann. Was ändert sich an der Fallbeurteilung bei Bösgläubigkeit des F?

Abwandlung 5: Wie wäre der Fall zu entscheiden, wenn der H gar nicht Eigentümer der an F verkauften Sache war, sondern ihm lediglich unter Eigentumsvorbehalt geliefert worden war? Hat der Vorbehaltsverkäufer gegen F als Dritten direkt einen Vindikationsanspruch aus § 985 BGB?

Abwandlung 6: R feiert sein bestandenes Examen mit ein paar Freunden bei sich zuhause. Aus Unachtsamkeit des Kommilitonen K fällt der Dosenöffner zu Boden und geht zu Bruch. Welche Ansprüche hat H gegen R? Welche R gegen K?

---

130 Palandt: § 241a BGB, Rn. 2; Mü/Ko: § 241a BGB, Rn. 6 f.

131 Es wird vertreten, dass dem kundigen Verbraucher gem. § 242 eine Benachrichtigungs- und Aufbewahrungs-, nicht aber eine Rücksendungspflicht aufzuerlegen ist; Mü/Ko: § 241 a, Rn. 16

132 Mü/Ko: § 241 a, Rn. 7

§ 4 SACHENRECHTLICHE HERAUSGABEANSPRÜCHE

Lösung Ausgangsfall:

H könnte einen Anspruch aus § 433 II BGB haben. Voraussetzung wäre ein wirksamer Kaufvertrag, § 433 BGB. Das Angebot des H ist in der Zusendung des Dosenöffners zu sehen, § 145 BGB. R hat dieses Angebot weder ausdrücklich angenommen, noch kann sein Schweigen einer Annahmeerklärung gleichgesetzt werden. Dies gilt trotz ausdrücklichen Hinweises des H, der Vertrag gelte bei Nichtablehnung, bzw. Nichtrücksendung als geschlossen[133].

Fragen des konkludenten Vertragsschlusses

Hier könnte jedoch infolge der alleinigen Ingebrauchnahme des Küchengerätes an eine konkludente Annahmeerklärung unter Verzicht des Zuganges der Annahme, § 151 BGB zu denken sein.

Da hier eine Lieferung von einem Unternehmer an einen Verbraucher vorliegt, stellt sich die Frage, ob sich aus § 241a BGB nicht etwas anderes ergibt.

Verhindert werden soll, wie der § 241a I BGB eindeutig klarstellt, dass der tatenlos abwartende Verbraucher Ansprüchen des Unternehmers ausgesetzt ist, die unmittelbar „durch die Lieferung" einer unbestellten Sache entstehen können, wie z.B. Ansprüche auf Kaufpreiszahlung bei Untätigbleiben des Verbrauchers. Mittelbare Rechtsfolgen, also solche, die aufgrund einer zeitlich und sachlich gerechtfertigten Zäsur eindeutig von der Lieferung der Ware getrennt werden können und zudem von einem eigenen unbeeinflussten Handlungswillen getragen werden, sollen grds. nicht durch einen Anspruchsausschluss nach § 241a BGB eingeschränkt werden, solange sie den Verbraucher nicht in wettbewerbswidriger Weise belästigen und nicht mehr mit dem Schutzzweck des § 241a BGB übereinstimmen. Ob dies der Fall ist, muss für jeden einzelnen Anspruch spezifisch durch Auslegung bestimmt werden.

Der Anspruch auf Kaufpreiszahlung infolge eines konkludenten Vertragsschlusses ist eine mittelbare Rechtsfolge. Er basiert nicht direkt auf der Lieferung, sondern ist abhängig von der selbständigen und nachträglichen Betätigung eines entsprechenden Annahmewillens. Unter Achtung der Privatautonomie darf grds. ein auf diese Weise zustande gekommener Vertrag nicht einfach durch den Ausschlusstatbestand des § 241a BGB ausgeschaltet werden.

Zu dieser Folge kommt es hier aber nicht, da schon der auf einen Vertragsschluss gerichtete Annahmewille nicht vorliegt und auch nicht ohne weiteres unterstellt werden darf.

R war zu keinem Zeitpunkt bereit, sich auf einen Vertragsschluss einzulassen und wollte auch den Kaufpreis nicht bezahlen. Des Weiteren ist davon auszugehen, dass R als gut ausgebildeter Rechtsreferendar von der neuen Rechtslage, bzw. von der Existenz des § 241a BGB und damit verbunden von seiner umfassenden Nutzungs- und Gebrauchsberechtigung am Dosenöffner, wusste. Es wäre folglich eine Farce einen Willen bzgl. eines Vertragsschlusses anzunehmen, obwohl der Betroffene ganz genau weiß, dass er die Sache risiko- und kostenlos benutzen darf[134]. (M.a.W.: Wer schließt schon einen Kaufvertrag über eine Sache ab, die er auch ohne Gegenleitung benutzen darf?) Mangels Rechtsbindungswillens ist ein Vertragsschluss durch konkludentes Verhalten des R zu verneinen.

> **hemmer-Methode:** Wie Sie sehen, ist es auch trotz der Regelung des § 241 a BGB durchaus möglich einen Vertragsschluss über unbestellte Sachen zustandezubringen. Allerdings ist es bei der Kenntnis der Leistungsadressaten von der Verbraucherschutznorm des § 241 a BGB nicht mehr möglich, einfach nur anhand des Gebrauchs der Ware einen entsprechenden Annahmewillen anzunehmen. Ein Vertragsschluss kommt deshalb hauptsächlich nur noch bei ausdrücklicher Annahmeerklärung oder Kaufpreiszahlung in Betracht.

---

[133] Palandt: § 241 a BGB, Rn. 3; Berger JuS 2001, S. 650
[134] Dazu auch Link in NJW 2003, S. 2811

Lösung Abwandlung 1:

Vindikations- und Kondikionsausschluss

a) Ein entsprechender Herausgabeanspruch könnte sich im vorliegenden Fall aus § 985 BGB ergeben. R hat das aufschiebend bedinge Übereignungsangebot des H gem. §§ 929 S. 1, 158 I BGB nicht angenommen. H ist deshalb Eigentümer geblieben. R ist unmittelbarer Besitzer und spätestens im Zeitpunkt des Herausgabeverlangens nicht mehr zum Besitz berechtigt, § 986 BGB. R kann jedoch gegen den vorliegenden Vindikationsanspruch wirksam eine Einwendung geltend machen. Wie bereits erwähnt, schließt § 241a I BGB (evtl. ersichtlich aus einem Umkehrschluss aus § 241a II BGB) nicht nur vertragliche, sondern auch alle gesetzlichen Ansprüche aus, die sich unmittelbar aus der Lieferung unbestellter Waren ergeben. Dazu gehört auch der Anspruch aus § 985 BGB.

> **hemmer-Methode:** Der Gesetzgeber hat im Zuge der Normierung des § 241a BGB sämtliche verfassungsrechtlichen Bedenken zurückgewiesen und hält sogar entgegen vieler Kritiker ein dauerhaftes Auseinanderfallen von Eigentum und Besitz für gerechtfertigt[135].

b) R hat durch eine Leistung des H einen Gegenstand ohne einen ersichtlichen Rechtsgrund erlangt. Allerdings wird auch eine Leistungskondiktion gem. den § 812 I 1 1. Alt, genauso wie Ansprüche aus der GoA vom Anwendungsbereich des § 241a BGB erfasst[136].

Lösung Abwandlung 2:

keine Gewährung von Schadensersatz

Ein Schadensersatzanspruch des H könnte sich in erster Linie aus den §§ 989, 990 BGB ergeben. Einzig problematisch ist erneut die Frage, ob auch sämtliche Sekundäransprüche unter den Ausschlusstatbestand des § 241a BGB subsumierbar sind.

> **hemmer-Methode:** An dieser Stelle geht es nicht um Ansprüche, der direkt „durch die Lieferung" hervorgerufen wird. Die Beschädigung der zugestellten Sache ist ein eigenes Ereignis und hat nur mittelbar mit der Lieferung zu tun. Da ein Sekundäranspruch demzufolge nicht unmittelbar vom Wortlaut des §241a I BGB erfasst wird, ist danach zu fragen, ob der Umfang des Anspruchsausschlusses eher weit auszulegen ist.

Während die teleologische oder verfassungskonforme Auslegung gegen einen Anspruchsauschluss spricht, ist aufgrund der überzeugenderen grammatikalischen, historischen, systematischen aber auch richtlinienkonformen Gesichtspunkte[137] i.S.d. weiten Auslegung des § 241a BGB zu entscheiden. Nur sie entspricht dem Willen des Gesetzgebers, der eine Sanktion für wettbewerbliches Fehlverhalten erreichen, aber auch den Verbraucher von Pflichten oder Belästigungen, die in jeglichem Zusammenhang mit der ungebetenen Zustellung des Gegenstandes stehen, befreien wollte, sog. **umfassender Anspruchsausschluss**. Letzterer kann in tatsächlicher Hinsicht nur dann gewährleistet werden, wenn der Verbraucher die Sache ohne Haftungsrisiko benutzen und unter Umständen sogar wegwerfen darf[138].

---

[135] Als bestes Beispiel lesen Sie Casper in ZIP 2000, S. 1606; der Autor versucht über eine teleologische Reduktion des § 241a I BGB einen Anspruch aus § 985 BGB zu gewähren.

[136] Ausschluss vertraglicher und gesetzlicher Ansprüche: Mü/Ko: § 241a BGB, Rn. 13;

[137] Sämtliche Auslegungsmethoden hat Prof. Dr. Günter Christian Schwarz in beeindruckender Weise in seinem Beitrag in Jura 2001 S. 361 ff. erläutert.

[138] Derselben Ansicht ist auch Berger in JuS 2001, S. 653

§ 4 SACHENRECHTLICHE HERAUSGABEANSPRÜCHE

Lösung Abwandlung 3:

keine Gewährung von Erlösherausgabeansprüchen

Ein (mittelbarer) Anspruch des H gegen den R auf Herausgabe des Verkaufserlöses gem. §§ 816 I 1 BGB, bzw. 687 II 1, 681 S. 2, 667 BGB scheidet hier aus. Legt man erneut den reinen Wortlaut i.S.d. allumfassenden Anspruchsausschlusses aus, so müssen auch Erlösherausgabeansprüche, die den Verbraucher zwar nur mittelbar, aber nicht unerheblich belasten, ausgeschlossen werden[139].

> **hemmer-Methode:** Natürlich ist in dieser Abwandlung eine andere Ansicht vertretbar. Der umfassende Anspruchsausschluss erscheint gerade hinsichtlich der Herausgabe des Verkaufserlöses als unbillig. Das Argument der Intention des Gesetzgebers ließe sich hier durchaus auch in einem anderen Licht beleuchten: Hauptzweck des § 241a BGB soll es eigentlich sein, den Verbraucher vor der Lästigkeit des Aufbewahrens des Gegenstandes und vor wettbewerbswidrigen Übergriffen zu bewahren. Der Verkauf der Ware basiert aber auf Eigeninitiative des Verbrauchers, der just in diesem Moment des Schutzes durch eine Verbraucherschutzvorschrift eigentlich nicht mehr bedarf. Es erscheint außerdem nicht gerechtfertigt, dass sich der Verbraucher als „wirtschaftlicher Eigentümer" den Wert der Sache aneignen kann.

Lösung Abwandlung 4:

Auswirkungen des § 241a BGB auf Drei-Personen-Verhältnisse

a) H könnte gegen F einen Anspruch aus § 985 BGB haben. Voraussetzung wäre, dass er noch Eigentümer ist und der F als unmittelbarer Besitzer kein Recht zum Besitz hat, § 986 BGB. Infolge der Tatsache, dass der Versender H trotz Verschickens der Ware zunächst Eigentümer bleibt (s.o.) handelte R insoweit als Nichtberechtigter. Ob F nunmehr als Eigentümer in Frage kommt, hängt alleine davon ab, ob er gutgläubig bzgl. des Eigentums des R gewesen ist. Da dies grds. der Fall ist, wird F neuer Eigentümer der Ware, ein Anspruch des H aus § 985 BGB entfällt.

An dieser Stelle muss nun die Frage entschieden werden, ob der Leistende mangels eigener Anspruchsgrundlagen gegen den Dritten, zumindest gegen den Verbraucher aus § 816 I 1 BGB vorgehen kann. Dies ist zu verneinen. Bzgl. der Argumentation kann nach oben verwiesen werden.

b) Ist der Dritte allerdings bösgläubig, kann der Versendende gegen diesen nach § 985 BGB vorgehen. Daran ändert auch die Regelung des § 241a BGB nichts, die auf das Rechtsverhältnis des Unternehmers zum Dritten weder vom klaren Wortlaut, noch vom Gesetzeszweck her, Anwendung findet.

> **hemmer-Methode:** Hat der Verbraucher die Ware an einen Dritten verschenkt, so kann der Versender die Ware allerdings auch von einem Gutgläubigen zurückverlangen, § 816 I 2 BGB[140]!

Lösung Abwandlung 5:

Bislang hat sich der Gesetzgeber noch nicht zu dieser Fallkonstellation geäußert. In der Literatur finden sich indessen zwei Erklärungsansätze, die zu genau gegensätzlichen Ergebnissen führen[141].

Es erscheint billig, Ansprüche Dritter aus § 985 BGB nicht von § 241a BGB als erfasst anzusehen. Neben der Tatsache, dass ein Dritter schon vom Wortlaut nicht erfasst wird, ergibt sich anhand einer restriktiven Auslegung des §241a BGB unter strenger Berücksichtigung der angestrebten Sanktionsrichtung, das Ergebnis, dass nur Ansprüche der Unternehmer ausgeschlossen werden sollen, die im unmittelbaren Verhältnis zum Verbraucher auch tatsächlich wettbewerbswidrig handeln.

---

139 Andere Ansicht: Berger JuS 2001,649; Sosnitza BB 2000, 2322

140 vgl. hierzu Sosnitza in BB 2000, S. 2322

141 e.A.: Berger in JuS 2001, S. 649 ff.; a.A. Krebs in AnwKomm: §241a BGB, Rn. 18.

Auf Dritte, die nicht auf unlautere Marketingmethoden zurückgreifen und lediglich den absoluten Schutz ihrer Rechtsgüter begehren, dürfen die Rechtsfolgen des § 241a BGB nicht angewandt werden.

Für den vorliegenden Fall bedeutet dies folgendes: Zur Vermeidung der vollständigen Entwertung der Rechte des Eigentumsvorbehaltsverkäufers an seiner Ware, muss diesem auch hinsichtlich seines ordnungsgemäßen Verhaltens ein Vindikationsanspruch verbleiben[142].

Lösung Abwandlung 6:

1. Ansprüche des Unternehmers gegen R

Aufgrund des umfassenden Haftungsausschlusses kommen keine Ansprüche des H gegen R in Betracht (s.o.).

2. Ansprüche des H gegen den K

Ein Anspruch könnte sich aus § 823 I BGB ergeben. H ist trotz dauerhaften Auseinanderfallens seines Eigentums und des Besitzes weiterhin Eigentümer des Küchengerätes geblieben. Aufgrund einer unachtsamen Handbewegung wurde sein Rechtsgut Eigentum durch den K verletzt. Die haftungsbegründende Kausalität liegt vor, ebenso wie ein rechtswidriges und schuldhaftes Verhalten.

Als schwierig erscheint einzig die Feststellung eines ersatzfähigen Schadens. Stellt man alleinig auf die nachteilige Veränderung ab, die am verletzten Rechtsgut entstanden ist, so käme man in diesem Fall eindeutig zu einem unmittelbaren Objektsschaden, der bei Zerstörung eines Rechtsgutes und bei Geldersatz sämtliche Wiederbeschaffungskosten umfasst.

Diese Vorgehensweise entspricht aber keineswegs den Besonderheiten des Falles. Zu berücksichtigen ist, dass bei der ungebetenen Zustellung eines Gegenstandes ein vollständiges Nutzungs- und Ge-brauchsrecht des Verbrauchers entsteht. Dieses ist, wie oben dargestellt, infolge des umfassenden Anspruchsausschlusses vindikations- und kondiktionssicher, d.h. der Eigentümer kann nur noch formal auf sein Rechtsgut zugreifen. Da deshalb das Eigentum für ihn in wirtschaftlicher Hinsicht völlig wertlos[143] geworden ist, muss folgerichtig beim Versender das Entstehen eines Schadens verneint werden.

Ein Schaden ist vielmehr bei dem Verbraucher eingetreten. Zwar gibt der § 241a BGB kein Recht zum Besitz. Der Leistungsadressat darf jedoch mit der Sache verfahren wie er es für richtig hält, d.h. diese also verbrauchen, nutzen oder sie sogar entschädigungsfrei wegwerfen. Durch die Zerstörung ist diese vorteilhafte Vermögensposition an der Sache dem Verbraucher entzogen worden.

I.E. muss festgestellt werden, dass mangels Schadens in der Person des H kein Anspruch gegen den K aus § 823 I BGB besteht.

3. Ansprüche des R gegen den K

Aufgrund dieser Schadenszuordnung könnten dem Verbraucher R Ansprüche aus § 823 I BGB zustehen. Dies ist hier aber bereits deshalb zu verneinen, weil die unbestellt gesendete Sache kein schützenswertes Rechtsgut des R darstellt. Es ist richtig, dass durch den § 823 I BGB auch der Schaden, der durch den Eingriff in das Recht zum Besitz, Gebrauch oder Nutzung verursacht wird, ersetzt werden soll[144]. Damit gewollt ist jedoch wie schon der Wortlaut aussagt, der Schutz sämtlicher Besitzrechte und nicht des bloßen Besitzes, der wegen § 241a BGB völlig abgelöst von einem Recht am Besitz entstanden ist.

---

142 Vgl. hierzu auch Berger in JuS 2001 S. 653 unter Punkt 2. Wird die Sache jedoch in dieser Fallkonstellation beschädigt, dürfen dem EV-Verkäufer keine Schadensersatzansprüche entstehen, da sonst der Schutz des Verbrauchers durch § 241a BGB völlig entwertet würde.

143 Vgl. Schwarz NJW 2001, 1449 und Link NJW 2003, 2812

144 Palandt: § 823, Rn. 13

4. Lösungsansatz innerhalb der Literatur

a) Stellungnahmen, wie die Falllösung an diesem Scheideweg vorangetrieben werden könnte, sind innerhalb der Literatur eher selten. Größtenteils wird lediglich festgestellt, dass mangels Schadens kein Anspruch des Unternehmers, mangels Rechtsgutverletzung kein Anspruch des Verbrauchers besteht.

b) Eine neue Ansicht versucht diesen Fall über die Grundsätze einer Drittschadensliquidation zu lösen. Folge wäre, dass der Unternehmer den Schaden des Verbrauchers liquidieren könnte, diesen Anspruch jedoch an den Verbraucher gem. § 285 BGB analog abtreten müsste. Grds. liegen die Voraussetzungen einer Drittschadensliquidation[145] vor:

- H hat als Eigentümer zwar einen Anspruch aber keinen Schaden, da die Sache für ihn wirtschaftlich wertlos ist,
- R als Verbraucher hat, da ihm die Nutzungsrechte zustehen einen Schaden, jedoch mangels Rechtsgutverletzung keinen Anspruch,
- Grds. tritt ein derartiger Schaden beim Eigentümer ein, hat sich aber wegen § 241a BGB rein zufällig auf den Verbraucher verlagert.

Dieses Ergebnis hält auch allen denkbaren Wertungsgesichtspunkten stand. Ziel der Drittschadensliquidation ist, dass der Schädiger aus der zufälligen Schadensverlagerung keinen Vorteil ziehen kann, was hier grds. gewährleistet ist.

Zudem dürfen auch keine Wertungsgegensätze zu den Grundregelungen des § 241a BGB entstehen. Ein ausreichender Schutz des Verbrauchers könnte nur dann in Zweifel zu ziehen sein, wenn durch die Drittschadensliquidation Ansprüche des Unternehmers gegen die Beteiligten anzunehmen wären.

Der vorliegende Fall verhält sich jedoch so, dass der Anspruchsinhaber H zwar den Schaden des R liquidieren kann, er somit vom Schädiger Leistung an sich oder an den Verbraucher verlangen kann. Letzterem steht aber das Recht zu, vom Unternehmer als Anspruchsinhaber die Abtretung des Schadensersatzanspruches zu verlangen. Ist dieser schon erfüllt, kann er gemäß § 285 BGB auch das Erlangte herausverlangen. Dies entspricht dem Willen des Gesetzgebers. Der Verbraucher ist vor belästigenden Eingriffen von außen umfassend geschützt, erhält darüber hinaus sogar eine gestärkte Rechtsposition. Der Unternehmer hingegen geht leer aus, wodurch sich hinsichtlich der Sanktion wettbewerbswidrigen Verhaltens sein Verlustrisiko weiterhin steigert.

> **hemmer-Methode:** Aber Achtung bei der Anwendung der Drittschadensliquidation!! Halten Sie sich vor Augen, dass diese immer nur dann angewandt werden darf, wenn dem Geschädigten kein eigener Anspruch zusteht. Bestehen folglich zwischen dem Geschädigten und dem Schädiger selbständig zu beurteilende Rechtsbeziehungen, wie z.B. Leihe oder Miete, so ist zunächst danach zu fragen, ob sich aus diesen unmittelbar für den Geschädigten vertragsspezifische Sekundäransprüche ergeben können.

II. Anspruchsinhalt bei § 985 BGB

1. Allgemeines

Herausgabe

Der Anspruch aus § 985 BGB ist auf Herausgabe der beweglichen oder *unbeweglichen* Sache gerichtet. Bei der Herausgabe von Grundstücken spricht man auch von "Räumung".

---

[145] Zu dem Problemfeld der Drittschadensliquidation lesen Sie bitte Hemmer/Wüst Schadensersatzrecht III, Rn. 221 ff.

> **hemmer-Methode:** Vermeiden Sie den Anfängerfehler, § 985 BGB nur bei beweglichen Sachen in Betracht zu ziehen. Auch Grundstücke können "herausgegeben" werden; man muss sich also von einem allzu wörtlichen Verständnis des Herausgebens frei machen.

Herausgabe bedeutet Übertragung des Besitzes; Eigentum hat der Anspruchsberechtigte bereits.

Ist dieser lediglich Miteigentümer, kann er die Übertragung des Mitbesitzes oder die Herausgabe der Sache an alle Miteigentümer (§§ 1011, 432 BGB) verlangen.

2. § 986 I S.2 BGB

§ 986 I S.2 BGB

Eine Besonderheit besteht, wenn ein berechtigter Besitzer die Sache unbefugterweise an einen Dritten weitergegeben hat. Hier richtet sich der Anspruchsinhalt nach § 986 I S.2 BGB, d.h., der Eigentümer kann grundsätzlich nur Herausgabe an den berechtigten Besitzer verlangen.[146]

> **hemmer-Methode:** Besitzrechtlich wird durch § 985 BGB der „status quo ex ante" hergestellt.

3. Geld als Herausgabegegenstand

Gegenstand der Herausgabe können auch bestimmte Geldzeichen sein

Gegenstand der Herausgabe können auch bestimmte Geldscheine oder -münzen sein. Auch dies sind Sachen i.S.d. § 90 BGB.[147]

Aber praktisch oft wegen Vermischung nicht § 985 BGB, sondern §§ 951 I, 812 I S.1, 2.Alt. BGB

Meistens wird jedoch das Eigentum an den Geldzeichen in der Zwischenzeit auf einen anderen als den ursprünglichen Eigentümer übergegangen sein, etwa auf den Besitzer, wenn diesem das Geld übereignet wurde bzw. (ohne vorherige Übereignung) dieser die Geldzeichen in seiner Kasse vermischt hat (§§ 948, 947 II BGB),[148] oder auf Dritte, bei denen der Besitzer das Geld eingetauscht hat usw.[149]

Der Anspruch aus § 985 BGB auf Herausgabe von Geldzeichen wird daher praktisch nur selten gegeben sein, sondern allenfalls Schadensersatzansprüche gem. §§ 989, 990 BGB und Bereicherungsansprüche aus § 816 I S.1 BGB oder §§ 951 I, 812 I S.1, 2.Alt. BGB.

Lehre von der Geldwertvindikation

Demgegenüber wollte die von H. WESTERMANN begründete mittlerweile aber nicht mehr vertretene Lehre von der Geldwertvindikation[150] auch in diesen Fällen den Anspruch aus § 985 BGB bejahen. Das Leistungsinteresse gehe bei Geld nicht auf die Sache (die konkreten Scheine) als solche, sondern auf den in ihr verkörperten Wert. Daher bleibe die Vindikation als Wertvindikation bestehen, solange sich der Geldwert noch beim Besitzer befinde.

---

146 Vgl. dazu bereits oben Rn. 60

147 Dies lässt sich auch dem § 935 II BGB entnehmen

148 Nach vorzugswürdiger, aber bestrittener Auffassung ist der Kassenbestand stets Hauptsache i.S.d. §§ 947 II, 948 BGB, unabhängig davon, wie viel bereits vorher in der Kasse lag; vgl. dazu den unten besprochenen Beispielsfall.

149 Falls nicht konkrete gegenteilige Anhaltspunkte im Sachverhalt der Examensklausur angegeben sind, ist bei lebensnaher Sachverhaltsauslegung davon auszugehen, dass die Geldscheine oder -münzen nicht mehr unterscheidbar beim Herausgabeschuldner vorhanden sind; OLZEN/WANK, Klausurenlehre, S. 50, vgl. auch HEMMER/WÜST, Sachenrecht II, Rn. 272.

150 WESTERMANN, Sachenrecht (5. Aufl.), § 30 V; ihm folgend WESTERMANN/PINGER, § 30 V 3.

§ 4 SACHENRECHTLICHE HERAUSGABEANSPRÜCHE

Das bejahte WESTERMANN z. B. auch nach dem Wechseln des Geldes in andere Geldzeichen, nach der Einzahlung auf ein Konto und nach der Vermengung mit anderen Geldzeichen. Die Wertvindikation soll aber erlöschen, wenn der Besitzer "den der Identität nach gleichen Geldwert" ausgibt, z.B. für die Bezahlung einer Kaufpreisschuld.

Ganz h.M. lehnt Lehre von der Geldwertvindikation ab

Die ganz h.M.[151] hat die Lehre von der Geldwertvindikation jedoch zu Recht stets abgelehnt. Sie führt insbesondere in der Insolvenz (§ 47 InsO) zu einer kaum zu rechtfertigenden Privilegierung des Geldeigentümers vor dem Eigentümer sonstiger Sachen. Zudem zieht sie eine wenig sachgerechte Verstärkung der Verschiedenbehandlung von Bargeld und Buchgeld nach sich. Denn wer mit Buchgeld (durch Überweisung) zahlt, kann überhaupt nicht vindizieren und ist ganz auf Bereicherungsansprüche angewiesen.[152]

Bsp. zur Lehre von der Geldwertvindikation: Der 16-jährige M hat von seinem Onkel X einen 5-€-Schein mit der Maßgabe geschenkt bekommen, sich davon ein Buch zu kaufen. Tags darauf kauft sich M am Kiosk des B, der den M für volljährig hält, Süßigkeiten und bezahlt mit dem 5-€-Schein. B legt den 5-€-Schein in seine Kasse. Am nächsten Tag verlangen die Eltern des M in dessen Namen den Geldschein von B heraus.

a) M könnte ein Anspruch auf Herausgabe des 5-€-Scheins aus § 985 BGB zustehen.

Ursprünglich war M Eigentümer. Durch die Übereignung an B gem. § 929 S.1 BGB hat sich daran nichts geändert. Denn diese Übereignung war gem. § 108 I BGB (zunächst schwebend) unwirksam. Mit dem Herausgabeverlangen haben die Eltern die Genehmigung konkludent verweigert.

Auch § 110 BGB greift nicht ein, da das Geld für einen anderen Zweck gedacht war.

Möglicherweise hat M aber das Eigentum an dem 5-€-Schein gem. §§ 947 II, 948 BGB dadurch verloren, dass B den Schein in seiner Kasse mit anderem Geld vermischt hat.

Nach der Verkehrsauffassung ist die Kasse richtigerweise als Hauptsache i.S.d. § 947 II BGB anzusehen, und zwar unabhängig davon, wie viel Geld sich sonst noch in der Kasse befindet; B erwirbt damit Alleineigentum an dem 5-€-Schein. Die Annahme von Miteigentum nach §§ 947 I, 948 BGB wäre äußerst unpraktikabel, da die Miteigentumsanteile bei jeder Veränderung im Kassenbestand neu zu berechnen sind, was kaum nachzuweisen ist.[153]

Ein Anspruch aus § 985 BGB müsste danach ausscheiden.

> **hemmer-Methode:** Hier hatte die Lehre von der Geldwertvindikation, nicht auf den konkreten Geldschein abgestellt, sondern auf den darin verkörperten Wert an. Dieser Wert sei bei B noch unterscheidbar vorhanden (er hat 5 € mehr in der Kasse), so dass die Vindikation zulässig sei. Diese Lehre ist aber aus o.g. Gründen abzulehnen.
> Da die Lehre von der Geldwertvindikation nicht mehr vertreten und daher in der Klausur niemals eines der Hauptprobleme des Falles bilden wird, sollten Sie diese Lehre daher (maximal) mit zwei Sätzen erwähnen und sogleich ablehnen; weitere Ausführungen würden den Korrektor verärgern, und Ihnen würde - zu Recht - falsche Schwerpunktsetzung vorgeworfen.

b) Nach h.M. bleibt M somit nur ein Anspruch aus §§ 951 I, 812 I S.1, 2.Alt., 818 II BGB auf Wertersatz in Höhe von 5 €.

---

[151] PALANDT, § 985, Rn. 7; STAUDINGER, § 985, Rn. 66; MEDICUS, JuS 1983, 897 (900) m.w.N.
[152] MEDICUS, JuS 1983, 897 (900).
[153] MEDICUS, JuS 1983, 897 (899 f.) mit Nachweisen auch zur Gegenauffassung.

4. Anspruchsinhalt bei der Vindikation gegen den mittelbaren Besitzer

Anspruchsinhalt bei der Vindikation gegen den mittelbaren Besitzer

Auch der mittelbare Besitzer ist für die Vindikation passivlegitimiert. In diesem Fall richtet sich der Anspruch aus § 985 BGB jedenfalls auf Übertragung des mittelbaren Besitzes durch Abtretung des Herausgabeanspruchs gegen den unmittelbaren Besitzer aus dem Besitzmittlungsverhältnis, vgl. § 870 BGB.

Umstritten ist dagegen, ob der Anspruch gegen den mittelbaren Besitzer auch direkt auf Herausgabe des unmittelbaren Besitzes gerichtet sein kann.[154]

Die h.M.[155] bejaht einen solchen Anspruch aus vollstreckungsrechtlichen Erwägungen. Hat der Eigentümer E gegen den unmittelbaren Besitzer U ein Herausgabeurteil und gegen den mittelbaren Besitzer M ein Urteil auf Übertragung des mittelbaren Besitzes erstritten, werden beide Urteile bedeutungslos, wenn U dem M die Sache zurückgibt:

- Die Vollstreckung gegen U scheitert nach § 883 ZPO, da dieser nicht mehr Besitzer ist. Eine Titelumschreibung nach § 727 ZPO scheitert regelmäßig, da die erforderlichen Nachweise (durch öffentliche oder öffentlich beglaubigte Urkunden, vgl. § 727 I ZPO a.E.) nicht erbracht werden können.

- Eine Vollstreckung des Urteils gegen M nach § 894 ZPO (Fiktion der Abgabe der Abtretungserklärung hinsichtlich des Herausgabeanspruchs M-U) scheidet ebenfalls aus, da der Herausgabeanspruch des M gegen U durch die Rückgabe der Sache erloschen ist und so eine Übertragung des mittelbaren Besitzes, zu der M verurteilt ist, nicht mehr möglich ist.

Um zu vermeiden, dass E in einen solchen Fall unter Umständen zweimal die Vindikationsklage gegen M erheben muss, ist mit der h.M. die Verurteilung des M schlechthin zur Herausgabe als zulässig anzusehen. Ein solches Urteil erlaubt die Vollstreckung nach § 883 ZPO durch Wegnahme der Sache, soweit U die Sache an M zurückgegeben hat. Ist die Sache dagegen noch bei U, kann nach § 886 ZPO oder – sofern der unmittelbare Besitzer herausgabebereit ist – nach § 809 ZPO vollstreckt werden.

> **hemmer-Methode:** Der BGH[156] hatte sich in einem Fall zu einer Einschränkung dieser h.M. veranlasst gesehen: dies betraf jedoch die Rechtslage vor der Schuldrechtsreform und den inzwischen aufgehobenen § 283 BGB. Die Rechtsprechung ist daher obsolet.

III. Anwendbarkeit der Vorschriften des allgemeinen Schuldrechts

§ 242 BGB

Fraglich ist, inwieweit Vorschriften des allgemeinen Schuldrechts auf den sachenrechtlichen Anspruch nach § 985 BGB Anwendung finden können.

Fest steht zunächst, dass der Grundsatz von Treu und Glauben (§ 242 BGB) auch für den Anspruch aus § 985 BGB Geltung beansprucht.[157]

---

154 HEMMER/WÜST, Sachenrecht I, Rn. 285 ff.
155 Etwa PALANDT, § 985, Rn. 3; STAUDINGER, § 985, Rn. 53; MEDICUS, Bürgerliches Recht, Rn. 448.
156 Z 53, 29 ff.; dazu PALANDT, § 985, Rn. 3; MEDICUS, Bürgerliches Recht, Rn. 448.
157 PALANDT, § 242, Rn. 79.

§ 285 BGB nach ganz h.M. nicht anwendbar

Ein Problem, mit dem man vertraut sein sollte, ist die Frage, ob auf § 985 BGB die Vorschrift des § 285 BGB anzuwenden ist. Diese Frage lässt sich am besten an einem bereits oben[158] besprochenen Fall darlegen.

D stiehlt das Auto des E und verkauft es für 5.000 € an B (Wert 4.000 €). E verlangt Herausgabe des Erlöses (Schadensersatzansprüche sind nicht zu prüfen).

1. Bereits oben wurde ausgeführt, dass E die 5.000 € nach §§ 687 II S.1, 681 S.2, 667 BGB und § 816 I S.1 BGB herausverlangen kann, wenn er die (wegen § 935 I BGB unwirksame) Verfügung des D genehmigt.

2. Eine weitere Anspruchsgrundlage für das Begehren des E könnte sich aus den §§ 985, 285 I BGB ergeben. Als D den Wagen an B veräußerte, bestand ein Anspruch des E gegen D aus § 985 BGB. Dessen Erfüllung ist dem D nun unmöglich. Infolge der Veräußerung hat D die € 5.000 erlangt (commodum ex negotiatione ist Surrogat i.S.d. § 285 I BGB[159]). Fraglich ist aber, ob die schuldrechtliche Vorschrift des § 285 I BGB auf den sachenrechtlichen Anspruch aus § 985 BGB überhaupt (analog) anwendbar ist.

Nach ganz h.M.[160] ist das zu verneinen. Die §§ 987 ff. BGB enthalten für Leistungsstörungen beim Vindikationsanspruch eine Sonderregelung, die gegenüber den §§ 275 ff. BGB abschließend ist.[161]

Eine Anwendung würde zum einen zu einer Anspruchshäufung beim Eigentümer führen, der gegen jeden früheren Besitzer aus §§ 985, 285 BGB und den jetzigen Besitzer aus § 985 BGB vorgehen könnte.

Zum anderen wäre der Anspruchsgegner doppelt belastet und die gesetzliche Opfergrenze überschritten: einmal aus §§ 985, 285 BGB gegenüber dem Eigentümer sowie aus § 311a II BGB gegenüber dem jetzigen Besitzer als seinem Vertragspartner.

Zudem bilden die §§ 989, 990 BGB eine abschließende Regelung für den Fall, dass die Sache nicht mehr herausgegeben werden kann. Über §§ 985, 285 BGB erhielte der Eigentümer auch ein Surrogat für das Eigentum. § 985 BGB will dagegen nur den Besitz wiederverschaffen. Darüber hinaus erfordert § 285 BGB gerade ein Schuldverhältnis, das trotz Unmöglichkeit weiterbesteht. § 985 BGB erlischt hingegen mit dem Besitzverlust des Anspruchsgegners. Im Ergebnis ist daher die Anwendung des § 285 BGB auf § 985 BGB abzulehnen.

> **hemmer-Methode:** Die Anwendung des § 285 BGB auf § 985 BGB wird heute kaum noch vertreten. Die §§ 985, 285 BGB sollten daher allenfalls der Vollständigkeit halber geprüft werden, um den Rahmen der Klausur voll auszuschöpfen. Einen Schwerpunkt darf man hier nicht setzen, vielmehr sollte der Anspruch möglichst schnell abgelehnt werden.

B. Vindikation anderer dinglich Berechtigter

I. Verweisungen auf § 985 BGB

Die "für die Ansprüche aus dem Eigentum geltenden Vorschriften", zu denen auch § 985 BGB gehört, werden auf den

- Nießbraucher, § 1065 BGB

---

[158] Vgl. Rn. 45.
[159] Vgl. oben Rn. 35.
[160] Etwa WIELING, Sachenrecht I, § 1 I 3 (S. 8); SOERGEL, § 985, Rn. 20.
[161] Vgl. dazu auch HEMMER/WÜST, Sachenrecht I, Rn. 309 f.; MEDICUS, BR, Rn. 448; MüKo-MEDICUS, § 985 Rn. 33.

- Mobiliarpfandgläubiger, § 1227 BGB

- und den Erbbauberechtigten, § 11 I S.1 ErbbauVO

für entsprechend anwendbar erklärt. Dass bei weiteren beschränkt dinglichen Rechten eine solche Verweisung auf § 985 BGB fehlt, beruht darauf, dass diese keinen Anspruch auf den Besitz gewähren. Das gilt insbesondere für Grund- und beschränkte persönliche Dienstbarkeiten, für das Vorkaufsrecht, die Reallast sowie Hypothek, Grund- und Rentenschuld. Auf diese Rechte darf § 985 BGB also auch nicht etwa durch Analogie erstreckt werden.[162]

II. Der Herausgabeanspruch des Pfandgläubigers

1. Vertragliches Pfandrecht

Besonders wichtig ist in diesem Zusammenhang die Vorschrift des § 1227 BGB. Verliert der Pfandgläubiger den Besitz an der Pfandsache, kann er ihn nach §§ 1227, 985 BGB wiedererlangen.

§ 1251 I BGB hat lediglich klarstellende Funktion

Lediglich eine Klarstellung gegenüber den §§ 1227, 985 BGB enthält § 1251 I BGB.[163]

Bsp.: A tritt eine durch Mobiliarpfandrecht gesicherte Forderung gem. § 398 BGB an B ab. B verlangt nun Herausgabe der Pfandsache von A.

Gem. § 1250 I S.1 BGB ist mit der Übertragung der Forderung auch das akzessorische Pfandrecht auf B übergegangen. B hat deshalb nach §§ 1227, 985 BGB einen Anspruch auf Herausgabe der Pfandsache gegen A; § 1251 I BGB stellt dies nur noch einmal ausdrücklich klar.

Herausgabe bedeutet hier übrigens Verschaffung derjenigen Besitzstellung, die der bisherige Pfandgläubiger selbst hatte.[164]

2. Gesetzliches Pfandrecht

Über § 1257 BGB gilt § 1227 BGB auch für das gesetzliche Pfandrecht

Große Examensrelevanz erhält die Vorschrift des § 1227 BGB insbesondere dadurch, dass sie nicht nur für das vertragliche, sondern über § 1257 BGB auch für das gesetzliche Mobiliarpfandrecht gilt.

Vermieterpfandrecht

Insbesondere das Vermieterpfandrecht (§ 562 BGB) erfreut sich in Examensklausuren großer Beliebtheit. Der Herausgabeanspruch aus §§ 1227, 985 BGB wird dabei durch § 562 b II S.1 BGB lediglich modifiziert.

> **hemmer-Methode:** § 562 b II S.1 BGB stellt nach umstrittener Ansicht keine eigene Anspruchsgrundlage neben den §§ 1227, 985 BGB dar. Letztlich handelt es sich dabei aber lediglich um einen rein akademischen Streit[165].

Beispiel: Mieter M ist seinem Hausherrn V gegenüber mit einigen Monatsmieten im Rückstand. Als V eines Abends bei M erscheint und die Miete eintreiben will, bemerkt er, dass M eine Vase, die im Eigentum des M steht, aus der Wohnung entfernt hat. V protestiert und verlangt, die Vase müsse als letzte Sicherheit für seine Forderung in der Wohnung bleiben. V fordert nun von F, der Freundin des M, bei der M die Vase untergestellt hat, die Herausgabe der Vase.

---

162 MEDICUS, JuS 1985, 657 (659).
163 STAUDINGER, § 1251, Rn. 1.
164 STAUDINGER, § 1251, Rn. 3; allgem. Meinung.
165 Vgl. dazu auch STAUDINGER, § 561, Rn. 27; PALANDT, § 561, Rn. 8.

Anspruchsgrundlage für das Herausgabeverlangen des V sind die §§ 562, 1257, 1227, 985 und bzw. modifiziert durch § 562b II S.1 BGB.

V hat an der Vase als einer eingebrachten Sache des Mieters M ein Vermieterpfandrecht gem. § 562 BGB erworben. Das Vermieterpfandrecht ist auch nicht nach § 562 a BGB erloschen.

Über § 1257 BGB steht dem V der Herausgabeanspruch des Pfandgläubigers gem. § 1227, 985 BGB zu. Der Inhalt dieses Anspruchs wird durch § 562 b II S.1 BGB genau bezeichnet und für das (besitzlose) Vermieterpfandrecht modifiziert: Solange M noch in dem Haus des V wohnt, kann Herausgabe nur zum Zwecke der Zurückschaffung in das Grundstück verlangt werden; ansonsten kann V Herausgabe an sich verlangen.

> **hemmer-Methode:** Die gesetzlichen Pfandrechte sind sehr klausurrelevant. Prägen Sie sich daher die Anspruchskette über §§ 1257, 1227, 985 BGB gut ein!

Abwandlung: Wie wäre es, wenn M die Vase bei E unter Eigentumsvorbehalt gekauft und erst einige Raten gezahlt hätte?

Das Vermieterpfandrecht entsteht gem. § 562 S.1 BGB nur an Sachen *des Mieters*. Ein gutgläubiger Erwerb des Vermieterpfandrechts ist *unstreitig* nicht möglich, da es nicht, wie der Erwerb eines vertraglichen Pfandrechts, an den Besitzerwerb geknüpft ist, weshalb § 1207 BGB auch nicht analog anwendbar ist.[166]

V hat aber ein Vermieterpfandrecht am Anwartschaftsrecht des M erworben. Denn § 562 BGB erfasst auch Anwartschaftsrechte als wesensgleiches Minus zum Eigentum.[167] Dieses Pfandrecht ist wiederum nicht nach § 562 a BGB erloschen.

Doch verleiht das Vermieterpfandrecht am Anwartschaftsrecht keinen Herausgabeanspruch nach §§ 562, 1257, 1227, 985, 562 b II S.1 BGB gegen den Besitzer der Sache (die F).

Die rechtliche Bedeutung des Vermieterpfandrechts am Anwartschaftsrecht liegt nur darin, dass es sich analog § 1287 BGB in ein Pfandrecht an der Sache verwandelt, wenn der Anwartschaftsberechtigte das Eigentum an der Sache erwirbt.[168]

Den Eigentumserwerb des M kann V herbeiführen, indem er die ausstehenden Raten an E zahlt (§ 267 I BGB).[169] Dieser Zahlung kann der M aufgrund des Vermieterpfandrechts des V am Anwartschaftsrecht nicht widersprechen i.S.d. § 267 II BGB.[170]

Erst dann besteht der Herausgabeanspruch des V gegen F aus §§ 562, 1257, 1227, 985, 562 b II S.1 BGB.

---

166 Sehr str. ist dagegen, ob, § 1207 BGB auf gesetzliche Pfandrechte, die mit einem Besitzerwerb verbunden sind, wie z.B. das Werkunternehmerpfandrecht (§ 647 BGB), entsprechend anzuwenden ist; vgl. dazu PALANDT, § 1257, Rn. 2 m.w.N. Dieser Streit gilt nicht für das besitzlose Vermieter- bzw. Verpächterpfandrecht gem., §§ 562, 581 II BGB.

167 PALANDT, § 559, Rn. 9. Strenggenommen handelt es sich um eine analoge Anwendung des, § 562 BGB.

168 Vgl. PALANDT, § 559, Rn. 9; HEMMER/WÜST, Kreditsicherungsrecht, Rn. 77 f.

169 E kann freilich gem. § 267 II BGB die Zahlung ablehnen, falls M widerspricht.

170 PALANDT, § 267, Rn. 5, dort ist zwar nur von einem Pfändungspfandrecht die Rede, für ein sonstiges Pfandrecht am Anwartschaftsrecht muss aber das Gleiche gelten.

> **hemmer-Methode:** Das Pfandrecht am Anwartschaftsrecht ist ein beliebtes Prüfungsthema. Mit der analogen Anwendung des § 1287 BGB muss man daher unbedingt vertraut sein.
>
> § 1287 BGB regelt einen Fall der sog. dinglichen Surrogation. Davon spricht man, wenn sich ein einmal entstandenes Recht an einem Gegenstand an einem anderen Gegenstand (dem Surrogat) fortsetzt. Examensrelevante Vorschriften, die eine dingliche Surrogation enthalten, sind neben § 1287 BGB die §§ 1247 S.2, 1370, 2019 I, 2041 und 2111 BGB.[171] Sie sind Ausnahmen von dem im BGB grundsätzlich geltenden Surrogationsverbot.

3. Pfändungspfandrecht

Anwendbarkeit der §§ 1227, 985 BGB auf das Pfändungspfandrecht (§ 804 I ZPO)

Die Anwendbarkeit der §§ 1227, 985 BGB auf das Pfändungspfandrecht nach § 804 I ZPO folgt nicht - wie vielfach angenommen wird - schon unmittelbar aus § 804 II, 1.Hs. ZPO. Denn nach dieser Vorschrift gewährt das Pfändungspfandrecht lediglich „im Verhältnis zu anderen Gläubigern" dieselben Rechte wie ein vertraglich vereinbartes Faustpfandrecht. Bei der Anwendung der §§ 1227, 985 BGB geht es jedoch nicht um das Verhältnis zu anderen Gläubigern, sondern um den Herausgabeanspruch gegen den Besitzer.

Fraglich ist, inwieweit die §§ 1227, 985 BGB auch auf das Pfändungspfandrecht nach § 804 I ZPO anzuwenden sind.

Bsp.: Gerichtsvollzieher GV pfändet aufgrund eines Zahlungstitels des Gl das Auto des Schuldners S. Tags darauf vermietet S das Auto an M. Dieser weigert sich, den Wagen an den GV zur Verwertung herauszugeben. Hat Gl gegen M einen Anspruch auf Herausgabe des Autos an GV?

Gl könnte gegen M einen Herausgabeanspruch nach §§ 1227, 985 BGB haben. Als Pfandrecht kommt hier das Pfändungspfandrecht in Betracht, das Gl durch die wirksame Pfändung in das schuldnereigene Auto erworben hat (§ 804 I ZPO).

Das Pfändungspfandrecht gewährt gemäß § 804 II, 1.Hs. ZPO „im Verhältnis zu anderen Gläubigern" dieselben Rechte wie ein vertraglich vereinbartes Faustpfandrecht. Bei der Anwendung der §§ 1227, 985 BGB geht es jedoch nicht um das Verhältnis zu anderen Gläubigern, sondern um den Herausgabeanspruch gegen den Besitzer. Es ist daher zweifelhaft, ob diese Bestimmungen ohne weiteres herangezogen werden können. Die Antwort auf diese Frage fällt unterschiedlich leicht, je nachdem welchen Charakter man dem Pfändungspfandrecht beilegt. Hierfür muss auf die unterschiedlichen Pfändungspfandrechtstheorien zurückgegriffen werden:[172]

Rein privatrechtliche Theorie

Nach der heute nicht mehr vertretenen rein privatrechtlichen Theorie wäre die Anwendbarkeit der §§ 1227, 985 BGB unproblematisch zu bejahen. Nach dieser Auffassung ist das Pfändungspfandrecht nichts anderes als eine dritte Art des privatrechtlichen Pfandrechts (neben dem vertraglichen und dem gesetzlichen). Der Pfändungsakt ersetzt den rechtsgeschäftlichen Bestellungsakt; im Übrigen sind die §§ 1204 ff. BGB neben den Vorschriften der ZPO unmittelbar anzuwenden.

Gemischt privatrechtlich-öffentlichrechtliche Theorie (h.M.)

Ebenfalls zur Anwendbarkeit der §§ 1227, 985 BGB auf das Pfändungspfandrecht gelangt die herrschende gemischt privatrechtlich-öffentlichrechtliche Theorie.[173] Diese Auffassung ordnet zwar die Verstrickung ganz dem öffentlichen Recht zu; das Pfändungspfandrecht soll dagegen privatrechtlichen Charakters sein und den Regeln der §§ 1204 ff. BGB unterstehen.

---

171 Zu § 2019 I BGB unten Rn. 165, zu § 2111 BGB unten Rn. 149
172 Vgl. dazu ausführlich HEMMER/WÜST, ZPO II, Rn. 130 ff.
173 BAUR/STÜRNER, ZwVR, Rn. 436; LIPPROSS, Vollstreckungsrecht, Fall 43.

Öffentlich-rechtliche Theorie

Problematisch erscheint indes, ob auch die Vertreter der öffentlich-rechtlichen Theorie §§ 1227, 985 BGB anwenden können. Denn nach dieser Auffassung ist das Pfändungspfandrecht ein vom Pfandrecht des BGB wesensverschiedenes Recht, das im öffentlichen Recht wurzele und mit der öffentlich-rechtlichen Verstrickung unlösbar verknüpft sei. Doch wird im Einzelfall zur Ausfüllung einer Gesetzeslücke eine Analogie zu den §§ 1204 ff. BGB durchaus für möglich gehalten. Vorliegend bejahen die Vertreter dieser Theorie überwiegend eine solche Gesetzeslücke und wenden § 1227 BGB sinngemäß an.[174]

Anders entscheidet lediglich Lüke:[175] Die Durchführung der Verwertung im Zwangsvollstreckungsverfahren sei allein Sache des Staates; folglich müsse auch die Herausgabe der Sache, die der Durchführung der Verwertung diene, Privaten entzogen sein.[176]

Nach (auch unter den Anhängern der öffentlich-rechtlichen Theorie) ganz überwiegender Auffassung kann also Gl von M die Herausgabe des Autos verlangen, allerdings gemäß § 986 I S.2 BGB nicht an sich selbst, sondern nur an den GV.

Abwandlung: Wie im Ausgangsfall, nur gehörte der gepfändete Wagen nicht dem Schuldner S, sondern einem Dritten D. Kann Gl auch in diesem Fall von M verlangen, dass er das Auto an GV herausgibt?

Zwar sind nach dem soeben Gesagten die §§ 1227, 985 BGB auch auf das Pfändungspfandrecht anwendbar. Doch muss natürlich überhaupt ein Pfändungspfandrecht entstanden sein. Dies ist in der Abwandlung nach der privatrechtlichen und der gemischten Theorie *nicht* der Fall: Denn das privatrechtliche Pfandrecht entsteht nur an den eigenen Sachen des Verpfänders; eine Ausnahme gilt nur für den gutgläubigen Erwerb nach § 1207 BGB, der aber einen rechtsgeschäftlichen Erwerbstatbestand voraussetzt, der hier nicht vorliegt. Anders ist es nach der öffentlich-rechtlichen Theorie: Sie lässt das Pfändungspfandrecht auch an schuldnerfremden Sachen entstehen, soweit nur eine wirksame Verstrickung gegeben ist.[177]

Für die Lösung der Abwandlung bedeutet dies: Nur nach der öffentlich-rechtlichen Theorie ist der Herausgabeanspruch des Gl aus §§ 1227, 985 BGB gegeben. Herauszugeben ist gemäß § 986 I S.2 BGB wiederum an den GV.

hemmer-Methode: Der Herausgabeanspruch aus §§ 1227, 985 BGB eignet sich also hervorragend als Aufhänger für die verschiedenen, sehr examensrelevanten Pfändungspfandrechtstheorien.

C. Herausgabeansprüche aus früherem Besitz (§§ 861 I, 1007 I, II BGB)

Sachenrechtliche Herausgabeansprüche können nicht nur aus Eigentum und beschränkt dinglichen Rechten, sondern auch aus früherem Besitz hergeleitet werden. Die hiermit angesprochenen Vorschriften des § 861 BGB und des § 1007 BGB werden sehr oft mit dem Herausgabeanspruch aus dem Eigentum (§ 985 BGB) konkurrieren.

hemmer-Methode: Denken Sie also neben § 985 BGB immer auch an § 861 BGB und § 1007 BGB. Insbesondere wenn man den Eigentumsherausgabeanspruch bereits bejaht hat, werden diese Anspruchsgrundlagen leicht vergessen.

---

174 THOMAS, § 804, Rn. 6; BL, § 804, Rn. 8.

175 LÜKE, JZ 1955, 484 (485).

176 Für den Anspruch des Gl. aus §§ 1227, 985 BGB auf Herausgabe an den GV bestehe auch kein Bedürfnis, da dem GV selbst ein sog. Verfolgungsrecht gegen den M zustehe. Letzteres wird indes in neuerer Zeit heftig bestritten, vgl. LIPPROSS, Vollstreckungsrecht, Fall 42.

177 Näher dazu HEMMER/WÜST, ZPO II, Rn. 130 ff.

Possessorische und petitorische Ansprüche

Während § 861 BGB einen *possessorischen* Besitzherausgabeanspruch darstellt, spricht man bei § 1007 BGB von einem *petitorischen* Anspruch.

Mit dieser Terminologie wird ausgedrückt, dass der Anspruch aus § 861 BGB aus dem *Besitz als solchem* abgeleitet wird; ein *Recht zum Besitz* ist dagegen sowohl für den Anspruch als auch für die Verteidigung (vgl. § 863 BGB) grundsätzlich[178] unerheblich. Das ist bei § 1007 BGB anders (vgl. §§ 1007 III, 986 BGB).

I. Der possessorische Besitzherausgabeanspruch aus § 861 I BGB

1. Voraussetzungen

Voraussetzungen des Anspruches aus § 861 I BGB:

1. Besitzentziehung durch verbotene Eigenmacht, § 858 I BGB
2. Anspruchssteller war Besitzer
3. Anspruchsgegner ist fehlerhafter Besitzer, § 858 II BGB
4. Kein Ausschluss nach § 861 II BGB
5. Kein Erlöschen nach § 864 BGB

---

a) Besitzentziehung durch verbotene Eigenmacht, § 858 I BGB

Verbotene Eingemacht, § 858 I BGB

Die verbotene Eigenmacht ist in § 858 I BGB legaldefiniert; danach muss die Besitzentziehung (oder -störung[179]) ohne (nicht notwendig gegen) den Willen des Besitzers erfolgen und darf nicht durch Gesetz gestattet sein.

aa) Besitzer i.S.d. § 858 I BGB

Besitzer i.S.d. § 858 I BGB ist nur der unmittelbare Besitzer

Besitzer i.S.d. § 858 I BGB ist nur der unmittelbare Besitzer. Weil es allein auf seinen Willen ankommt, gilt es, im Rahmen des § 861 I BGB stets ganz genau die Besitzlage zu klären.

Zustimmung des Besitzdieners schließt verbotene Eigenmacht nicht aus

(1) Da nur auf den unmittelbaren Besitzer abzustellen ist, liegt verbotene Eigenmacht vor, wenn lediglich der Besitzdiener der Besitzentziehung zustimmt.

> *Bsp.: Die Hausangestellte H gestattet es anstelle des abwesenden Hausherrn, dass ein Nachbar N sich dessen noch im Garten stehenden Rasenmäher "ausborgt". N hat hier den Besitz durch verbotene Eigenmacht erlangt.*

Man kann sich in diesen Fällen der Besitzerlangung vom Besitzdiener fragen, wer genau die verbotene Eigenmacht verübt hat, ob der Besitzdiener (die H) oder der neue Besitzer (der Nachbar N). Während manche stets den neuen Besitzer als denjenigen ansehen, der die verbotene Eigenmacht begeht, unterscheiden andere danach, ob ein Nehmen mit Erlaubnis des Besitzdieners (dann Eigenmacht des N) oder ein Geben durch den Besitzdiener (dann Eigenmacht der H) vorliegt.[180] Diese Differenzierung hat aber keine praktische Auswirkungen.[181]

---

178 Vgl. aber § 864 II BGB. dazu sogleich unten Rn. 105 f.
179 Sie zieht den hier nicht interessierenden Anspruch aus § 862 BGB nach sich.
180 Vgl. zu den verschiedenen Auffassungen WESTERMANN, § 22 II.
181 Vgl. unten cc Rn. 100 f.

§ 4 SACHENRECHTLICHE HERAUSGABEANSPRÜCHE

Erbenbesitz, § 857 BGB

(2) Gemäß § 857 BGB rückt der wahre Erbe kraft Fiktion in genau dieselbe Besitzstellung ein, die der Erblasser vor seinem Tod innehatte.

Hatte der Erblasser unmittelbaren Besitz, so gilt mit dem Todeszeitpunkt der wahre Erbe als unmittelbarer Besitzer, und zwar ganz unabhängig davon, ob er schon von der Erbschaft weiß. Für das Vorliegen einer verbotenen Eigenmacht kommt es daher nun auf den Willen des wahren Erben an.

> *Bsp.: Nimmt ein Nichterbe ohne den Willen des wahren Erben einen Nachlassgegenstand an sich, an dem der Erblasser unmittelbaren Besitz hatte, so liegt eine verbotene Eigenmacht vor.*

> **hemmer-Methode:** Bedeutung erlangt diese verbotene Eigenmacht insbesondere dann, wenn der Nichterbe die Sache an einen Dritten veräußert. Hier scheitert ein gutgläubiger Erwerb daran, dass die Sache dem wahren Erben abhanden gekommen ist i.S.d. § 935 I BGB. Ein Eigentumserwerb ist deshalb von einem Nichterben nur möglich, soweit sich dieser im Besitz eines Erbscheins befindet, § 2365, 2366 BGB. Der Dritte wird dann so gestellt, wie wenn er vom wahren Erben erwerben würde.[182]

Besitz von juristischen Personen und Personengesellschaften

(3) Der Anspruch aus § 861 I BGB bietet vielfach den Aufhänger für das Problem der Besitzverhältnisse in juristischen Personen und Personengesellschaften.

Juristische Personen

Juristische Personen (e.V., AG, GmbH, e.G.) sind nur durch ihre Organe handlungsfähig. Der Besitz der Organe wird der juristischen Person unmittelbar zugerechnet. Die juristische Person erwirbt somit selbst Besitz, den sie durch ihre Organe ausübt (sog. Organbesitz).

Die Organpersonen selbst sind dabei weder Besitzdiener noch Besitzmittler, sie haben keinerlei besitzrechtliche Stellung.[183]

Gleichwohl liegt keine verbotene Eigenmacht vor, wenn ein vertretungsberechtigtes Organ eine im unmittelbaren Besitz der juristischen Person befindliche Sache an einen Dritten weggibt. Denn dieses Organ repräsentiert den Willen der juristischen Person; der Besitzverlust erfolgt also nicht ohne ihren Willen. Die Sache ist dieser daher auch nicht i.S.d. § 935 I BGB abhanden gekommen.[184]

Nimmt dagegen eine Organperson eine im Organbesitz befindliche Sache in Eigenbesitz, entscheidet die h.M.[185] anders. Hier soll verbotene Eigenmacht vorliegen. Begründen lässt sich das wohl nur damit, dass insoweit das Organ die juristische Person nicht vertreten (vgl. § 181 BGB) und folglich auch nicht ihren Willen repräsentieren kann.

> **hemmer-Methode:** Verdeutlichen Sie sich diese Problematik nochmals anhand des oben besprochenen Champagnerflaschen-Falls![186]

Gesellschaft bürgerlichen Rechts

Die **Gesellschaft bürgerlichen Rechts** kam nach traditioneller Ansicht, wohl mangels (Teil-) Rechtsfähigkeit nicht selbst als Besitzer in Betracht; Besitzer konnten vielmehr nur die einzelnen Gesellschafter sein.

---

182 Vgl. dazu HEMMER/WÜST, Erbrecht, Rn. 228 f.
183 Ganz h.M.; vgl. PALANDT, § 854, Rn. 13; ausführlich WESTERMANN, § 20 II.
184 BGHZ 57, 166 (169); PALANDT, § 935, Rn. 9; ERMAN, § 935, Rn. 6; WESTERMANN, § 49 I 7.
185 ERMAN, § 854, Rn. 6 (ohne Begründung).
186 Rn. 18

Sofern die Sachherrschaft nicht tatsächlich nur einzelnen Gesellschaftern überlassen ist, liegt Mitbesitz aller Gesellschafter nach § 866 BGB vor.[187] Von der Geschäftsführung ausgeschlossenen Gesellschaftern fehlt die tatsächliche Gewalt; es ist dann unmittelbarer Alleinbesitz des geschäftsführenden (bzw. unmittelbarer Mitbesitz der geschäftsführenden) und mittelbarer Eigenbesitz aller Gesellschafter gegeben.[188]

Nimmt einer der Mitbesitzer die Sache an sich, so liegt darin eine verbotene Eigenmacht, soweit die anderen unmittelbaren Mitbesitzer nicht zustimmen. Den Gesellschaftern in ihrer Verbundenheit als Gesamthändern steht dann der Anspruch aus § 861 I BGB zu. § 866 BGB steht bei völliger Besitzentziehung nicht entgegen.[189]

Für die GbR ist das seit der Entscheidung des BGH vom 29.01.2001[190], in der die Rechts- wie Parteifähigkeit der (Außen)GbR ausdrücklich anerkannt wurde, bedenklich.

Sieht man die GbR mit der h.M. und Rechtsprechung des BGH als (teil-) rechtsfähig an, so kann die Gesellschaft selbst Besitzer sein. Dieser Besitz wird durch die "Organe", d.h. die geschäftsführenden und vertretungsberechtigten Gesellschafter, ausgeübt.[191]

> **hemmer-Methode:** Folgt man dieser neueren Auffassung, so gilt für die Besitzverhältnisse das oben zur juristischen Person Gesagte entsprechend. Eventuelle Besitzschutzansprüche stehen dann der Gesellschaft selbst zu.

Die **Erbengemeinschaft** hat als solche grundsätzlich keinen Besitz. Besitzer sind die einzelnen Miterben als Mitbesitzer gem. § 866 BGB. Wegen der gesamthänderischen Bindung liegt regelmäßig qualifizierter Mitbesitz vor.[192]

Personengesellschaften des Handelsrechts (OHG, KG)

Sehr streitig sind auch die Besitzverhältnisse bei den Personengesellschaften des Handelsrechts (**OHG / KG**).

Nach §§ 124, 161 II HGB können sie selbst Träger von Rechten und Pflichten sein; sie sind damit einer juristischen Person stark angenähert.

Die wohl h.M.[193] folgert daraus, dass in Bezug auf die Besitzverhältnisse dasselbe gelte wie bei juristischen Personen: Die OHG/KG kann danach also selbst Besitzer sein; dieser Besitz wird durch die Organe (die geschäftsführenden und vertretungsberechtigten Gesellschafter) ausgeübt.

Die Gegenansicht[194] lehnt dagegen einen Organbesitz der OHG/KG mangels körperschaftlicher Organisation ab. Hinsichtlich der Besitzverhältnisse fänden vielmehr dieselben Regeln Anwendung, die auch für die GbR (nach traditioneller Auffassung) gelten.

---

187 PALANDT, § 854, Rn. 14; WESTERMANN, § 20 III 1.

188 WESTERMANN, § 20 III 1.

189 Vgl. PALANDT, § 866, Rn. 8.; WESTERMANN, § 25, 2.

190 vgl. BGH NJW 2001, 1056 ff. = Life & Law 2001, 216 ff.; vgl. ausführlich zur Rechtsfähigkeit der GbR Hemmer/Wüst, Gesellschaftsrecht

191 Vgl. WESTERMANN, § 20 III 1; PALANDT § 854 Rn. 14.

192 Vgl. BAUR/STÜRNER, § 7 D II 1b; vgl. auch Rn. 134.

193 vgl. PALANDT § 854 Rn. 15 sowie BGH JZ 1968, 69; WESTERMANN § 20 III 2 m.w.N.; MüKo, § 854, Rn. 38. Ebenso natürlich alle diejenigen, die sogar der GbR Besitz zusprechen.

194 PALANDT, § 854, Rn. 16.

§ 4 SACHENRECHTLICHE HERAUSGABEANSPRÜCHE

> **hemmer-Methode:** Überzeugend ist es letztlich nur, wenn man wegen §§ 161 II, 124 I HGB für die OHG/KG und für die GbR seit der Anerkennung ihrer Rechtsfähigkeit die gleichen Grundsätze anwendet wie für die juristischen Personen.
>
> Stellen Sie aber in einer Klausur dar, welche Streitfragen bei OHG/KG und GbR diskutiert werden.

bb) Entziehung ohne den Willen des Berechtigten

Entziehung ohne, nicht notwendig gegen den Willen des unmittelbaren Besitzers

Da § 858 I BGB lediglich verlangt, dass die Beeinträchtigung ohne (nicht auch gegen) den Willen des unmittelbaren Besitzers erfolgt ist, kann nur eine Zustimmung des Besitzers dem Eingriff in den Besitz den Charakter verbotener Eigenmacht nehmen.

Nach h.M.[195] ist die Zustimmung nicht rechtsgeschäftlicher Natur, sondern Ausdruck eines natürlichen Willens; sie erfordert daher nicht Geschäftsfähigkeit, sondern nur natürliche Willensfähigkeit, die etwa bei einem beschränkt Geschäftsfähigen anzunehmen ist.[196]

cc) Keine gesetzliche Gestattung

Keine Gestattung durch Gesetz

Gesetzlich gestattet und damit keine verbotene Eigenmacht ist die Besitzentziehung vor allem bei Notwehr- und Selbsthilfebefugnissen (etwa §§ 227, 229, 562 b I, 859, 904 BGB) und Vollstreckungsakten des Gerichtsvollziehers (§§ 808 ff., 883 ff. ZPO).

> **Beispiel:** V hat Moped an seinen Freund F verkauft. Danach ficht V den Kaufvertrag wegen arglistiger Täuschung an und verweigert die Lieferung des Mopeds. Auf die Klage des F hin wird V vom Amtsgericht rechtskräftig dazu verurteilt, das Moped an F herauszugeben und es ihm zu übereignen. Das Urteil wird für vorläufig vollstreckbar erklärt.
>
> F geht aus dem Urteil gegen V vor und veranlasst, dass das Moped dem V durch den Gerichtsvollzieher weggenommen und ihm übergeben wird. Anschließend veräußert er das Moped unter gleichzeitiger Übergabe an D, der von den Vorgängen wusste.
>
> Hat V gegen D einen Anspruch aus § 861 BGB?[197]

in Anspruch aus § 861 BGB setzt voraus, dass gegenüber V verbotene Eigenmacht verübt wurde und D gegenüber V fehlerhaft besitzt.

Da D von den Vorgängen wusste, wäre sein Besitz gemäß § 858 II 2 BGB fehlerhaft, wenn F gegenüber V seinerseits verbotene Eigenmacht verübt hätte.

Es liegt nämlich ein rechtmäßiger hoheitlicher Eingriff vor, der als gesetzliche Gestattung der Wegnahme i.S.d. § 858 I BGB. Der Gerichtsvollzieher war nämlich aufgrund des Urteils befugt, das Moped wegzunehmen, § 897 ZPO.

Gegenüber V wurde aber keine verbotene Eigenmacht ausgeübt. Die durch den Gerichtsvollzieher gemäß § 897 ZPO lässt einen Anspruch aus § 861 entfallen.

b) Anspruchsberechtigter

Anspruchsberechtigter = Unmittelbarer Besitzer

Anspruchsberechtigt ist zunächst der bisherige unmittelbare Besitzer.

---

[195] PALANDT, § 858, Rn. 2; STAUDINGER, § 858, Rn. 18 m.w.N.; a.A. etwa BAUR, § 9 I 2a.

[196] STAUDINGER, § 858, Rn. 18 i.V.m. § 854, Rn. 17. Auch im Parallelfall des § 935 BGB stellt die h.M. auf diese natürliche Willensfähigkeit ab, vgl. WESTERMANN, § 49 I 3.

[197] In einer Klausur wären auch Ansprüche aus § 985 BGB und § 812 I BGB zu prüfen.

Mittelbarer Besitzer, § 869 S.1+2 BGB

Mittelte der unmittelbare Besitzer, gegen den die verbotene Eigenmacht verübt wurde, einem anderen den Besitz, so steht über § 869 S.1 BGB der Anspruch aus § 861 BGB auch dem mittelbaren Besitzer zu.

Der mittelbare Besitzer kann aber nach § 869 S.2 BGB regelmäßig nur die Wiedereinräumung des Besitzes an den bisherigen unmittelbaren Besitzer verlangen. § 869 S.2 BGB ist damit die Parallelvorschrift zu § 986 I S.2 BGB.

c) Anspruchsverpflichteter

Anspruchsverpflichteter = der gegenwärtig fehlerhaft Besitzende

Anspruchsgegner ist der dem Anspruchsberechtigten gegenüber fehlerhaft Besitzende. Der Anspruch aus § 861 BGB richtet sich also gegen den zur Zeit der Klageerhebung Besitzenden,[198] der die verbotene Eigenmacht selbst verübt hat oder als Besitznachfolger eines Eigenmächtigen nach Maßgabe des § 858 II BGB fehlerhaft besitzt.

Fehlerhafter Besitz bei Erwerb vom Besitzdiener

Manche sehen in der unbefugten Weggabe der Sache durch den Besitzdiener an den neuen Besitzer eine verbotene Eigenmacht des Besitzdieners und nicht des neuen Besitzers.[199] Dennoch gilt dann für die Fehlerhaftigkeit des Besitzes des neuen Besitzers nicht § 858 II S.2 BGB, sondern § 858 II S.1 BGB.

Denn der Besitzdiener hat durch das Aushändigen keinen transitorischen eigenen Besitz begründet; der neue Besitzer ist daher kein Besitznachfolger, für den § 858 II S.2 BGB gilt, sondern hat den Besitz unmittelbar durch verbotene Eigenmacht erlangt. Auch wenn der neue Besitzer von der verbotenen Eigenmacht des Besitzdieners keine Kenntnis hat, besitzt er also fehlerhaft.[200]

Mittelbarer Besitzer als Anspruchsgegner

Anspruchsgegner kann natürlich auch der ursprünglich mittelbare Besitzer sein, der seinem Besitzmittler die Sache weggenommen hat und nun unmittelbarer Besitzer ist (Beispiel: der Vermieter nimmt seinem Mieter die Sache weg, um sie wieder selbst nutzen zu können).

Schließlich kann sich der Anspruch auch gegen einen gegenwärtigen mittelbaren Besitzer richten, wenn dieser fehlerhaft unmittelbaren Besitz erworben hat und diesen auf einen anderen übertragen hat, der ihm jetzt den Besitz mittelt.

> *Beispiel: D stiehlt das Fahrrad des E und vermietet es an den gutgläubigen B.*
>
> Gegen den gegenwärtigen unmittelbaren Besitzer B hat E keinen Anspruch aus § 861 I BGB, da der gutgläubige B gem. § 858 II S.2 BGB nicht fehlerhaft besitzt.
>
> Wohl aber besteht ein Anspruch aus § 861 I BGB gegen den gegenwärtigen mittelbaren Besitzer D. Der Anspruch ist hier nicht wie sonst auf Verschaffung unmittelbaren, sondern auf die Übertragung mittelbaren Besitzes nach § 870 BGB gerichtet.[201]

d) Ausschluss nach § 861 II BGB

§ 861 II BGB

Der Anspruch aus § 861 I BGB ist nach Abs. II ausgeschlossen, wenn der Besitz des Klägers dem Beklagten gegenüber fehlerhaft war *und* der fehlerhafte Besitz des Klägers innerhalb einer Jahresfrist vor seiner Entsetzung erlangt war.

---

198 Ist die Sache vor Klageerhebung von dem Besitzentzieher schon wieder weitergegeben worden, kommen nur Schadensersatzansprüche in Betracht.
199 Vgl. Rn. 90.
200 WESTERMANN, § 22 IV.
201 STAUDINGER, § 861, Rn. 9.

Es handelt sich dabei nicht um eine Einrede, sondern eine rechtshindernde Einwendung, die das Gericht von Amts wegen berücksichtigen muss[202] (arg. e "ist ausgeschlossen").

e) Erlöschensgründe nach § 864 BGB

Zwei Erlöschensgründe für den Anspruch aus § 861 I BGB enthält § 864 BGB.

§ 864 I BGB

So erlischt nach § 864 I BGB der Anspruch aus § 861 I BGB mit dem Ablauf eines Jahres nach der Verübung der verbotenen Eigenmacht, wenn nicht vorher der Anspruch im Wege der Klage geltend gemacht worden ist. Dies ist keine Verjährungs-, sondern eine Ausschlussfrist, die wiederum von Amts wegen zu beachten ist.[203]

§ 864 II BGB

Nach § 864 II BGB geht der Anspruch auch dann unter, wenn nach der Verübung der verbotenen Eigenmacht durch rechtskräftiges Urteil festgestellt wird, dass dem eigenmächtig Handelnden ein Recht zum Besitz an der Sache zusteht. In diesem Fall verdrängt also das petitorische Recht das possessorische.

Analoge Anwendung des § 864 II BGB?

Gemäß dem Wortlaut des § 864 II BGB muss dabei das Urteil *nach* der Verübung der verbotenen Eigenmacht rechtskräftig geworden sein.

Eine entsprechende Anwendung auf den Fall, dass das Urteil schon *vorher* rechtskräftig wurde, lehnt die h.M.[204] ab. Argument: Andernfalls gebe man einen Anreiz, das Urteil nicht im Wege der Zwangsvollstreckung, sondern mit dem Faustrecht durchzusetzen. Zudem könne sich die Rechtslage inzwischen ja geändert haben.

Eine starke Mindermeinung[205] hält dem entgegen: Derjenige, der das ihm günstige Urteil abwarte und erst nach Rechtskraft selbstherrlich durchsetze, dürfe doch nicht schlechter stehen als derjenige, der das ohne Urteil mache.

f) Ausschluss petitorischer Einwendungen, § 863 BGB

§ 863 BGB

§ 863 BGB schließt den Einwand des Beklagten aus, er sei zum Besitz berechtigt; darin liegt gerade der Charakter als possessorischer Anspruch.

Folgerichtig dringt auch der Einwand, der Kläger handle arglistig, wenn er die Sache aus § 861 I BGB herausverlange, die er aufgrund des Rechts des Beklagten sofort wieder herausgeben müsste ("dolo agit qui petit quod statim redditurus est"; § 242 BGB) nicht durch.[206]

Die Besitzschutzansprüche sind vom Gesetz bewusst so ausgestaltet, dass sie den zum Besitz Berechtigten von einer eigenmächtigen Durchsetzung seines Rechts abschrecken sollen.

Zulassung einer petitorischen Widerklage

Die h.M.[207] lässt aber eine petitorische Widerklage (§ 33 ZPO) zu. Die Regelung des § 863 BGB verliert dadurch nicht ihre Bedeutung, da über die in der Regel zunächst entscheidungsreife Besitzschutzklage durch Teilurteil (§ 301 ZPO) zu entscheiden ist.

---

202 PALANDT, § 861, Rn. 5 a.E.
203 PALANDT, § 864, Rn. 1.
204 PALANDT, § 864, Rn. 5 m.w.N.
205 WESTERMANN, § 24 II 6 m.w.N.
206 WESTERMANN, § 24 II 4.
207 PALANDT, § 863, Rn. 3; LOPAU, JuS 1980, 501 (504) m.w.N.; a.A. etwa WESTERMANN, § 24 II 4.

Bei gleichzeitiger Entscheidungsreife ist die Besitzschutzklage allerdings zur Vermeidung widersprüchlicher Urteile entsprechend § 864 II BGB abzuweisen, und zwar unabhängig davon, ob die Entscheidung sogleich rechtskräftig wird (wie bei letztinstanzlichen Entscheidungen) oder nicht.[208]

> **hemmer-Methode: Bei § 861 I BGB kommt dabei als Widerklage nur eine Feststellungsklage in Betracht (keine Leistungsklage, da der Widerkläger ja bereits im Besitz der Sache ist).[209]**

Beispiel: A klagt aus § 861 I BGB, weil E ihm eine Sache weggenommen hat. E hält dem entgegen, er sei Eigentümer der Sache, die ihm vor zwei Jahren gestohlen worden sei.

E kann sein Eigentum wegen § 863 BGB nicht als Einwendung gegenüber dem Anspruch des A aus § 861 I BGB geltend machen. Er kann aber nach h.M. eine Widerklage (§ 33 ZPO) auf Feststellung seines Eigentums erheben. Ist diese Widerklage zeitgleich mit der Besitzschutzklage entscheidungsreif, ist letztere analog § 864 II BGB abzuweisen.

> **hemmer-Methode: Die Zulassung der petitorischen Widerklage ist *das* Standardproblem bei den possessorischen Ansprüchen. Sie sollten daher den vorstehenden Gedankengang unbedingt verinnerlichen.**

2. Anspruchsinhalt

Anspruchsinhalt ist regelmäßig die Verschaffung unmittelbaren Besitzes. Ist der Anspruchs*berechtigte* ein mittelbarer Besitzer,[210] kann grundsätzlich nur Herausgabe an den bisherigen unmittelbaren Besitzer verlangt werden, § 869 S.2 BGB.

Ist umgekehrt der Anspruchs*gegner* ausnahmsweise ein mittelbarer Besitzer,[211] richtet sich naturgemäß auch der Anspruch nur auf Übertragung dieses mittelbaren Besitzes (vgl. § 870 BGB).

> **hemmer-Methode: § 867 ergänzt den Anspruch aus §§ 861, 862. Er gewährt dem Besitzer einen Anspruch auf Abholung der Sache, nicht aber ein Recht zum Betreten des Grundstücks. Nach allg. Meinung ist § 867 analog anzuwenden, wenn die Sache nicht auf ein Grundstück, sondern in eine andere bewegliche Sache (z.B. einen PKW) gelangt ist; dies ist aufgrund der Gleichheit der Interessenlage geboten.**

II. Die petitorischen Besitzherausgabeansprüche aus § 1007 BGB

§ 1007 I und II BGB zwei selbständige Anspruchsgrundlagen

§ 1007 BGB enthält in seinen Absätzen I und II *zwei selbständige Anspruchsgrundlagen* auf Herausgabe. § 1007 I BGB regelt die Herausgabepflicht von beweglichen Sachen des bei Besitzerwerb bösgläubigen Besitzers, § 1007 II BGB die Herausgabepflicht auch des gutgläubigen Besitzers, wenn die Sache dem früheren Besitzer abhanden gekommen war. Ist der neue Besitzer bösgläubig und war die Sache abhanden gekommen, stehen dem früheren Besitzer beide Ansprüche zu.

---

208 PALANDT, § 863, Rn. 3.

209 Vgl. allgemein zur Widerklage HEMMER/WÜST, ZPO I, Rn. 368 ff.

210 Dazu oben Rn. 99

211 Dazu oben Rn. 102

§ 4 SACHENRECHTLICHE HERAUSGABEANSPRÜCHE

> § 1007 BGB enthält in seinen Absätzen 1 und 2 zwei selbständige Anspruchsgrundlagen auf Herausgabe.
>
> **Voraussetzungen des § 1007 I**
> - bewegliche Sache
> - früherer Besitz des Anspruchstellers; jetziger Besitz des Anspruchsgegners
> - Bösgläubigkeit beim Besitzerwerb, § 932 II
> - kein Anspruchsausschluss: beim Anspruch-steller § 1007 III 1; beim Anspruchsgegner § 1007 III 2
>
> **Voraussetzungen des § 1007 II**
> - bewegliche Sache
> - früherer Besitz des Anspruchstellers; jetziger Besitz des Anspruchsgegners
> - Abhandenkommen beim Anspruchsteller, d.h. unfreiwilliger Verlust des unmittelbaren Besitzes
> - kein Anspruchsausschluss: beim Anspruchsteller § 1007 III 1; beim Anspruchsgegner § 1007 III 2

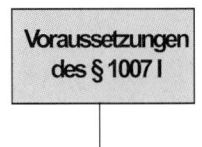

Bedeutung in der Praxis

Die *praktische* Bedeutung des § 1007 BGB ist gering, da zumeist schon Ansprüche aus §§ 985, 861, 812 oder § 823 I BGB i.V.m. § 249 I BGB oder möglicherweise auch aus Vertrag (z.B. § 546 I BGB) gegeben sein werden.

Dass § 1007 BGB gegenüber § 985 BGB nicht mehr praktische Bedeutung erlangt hat, mag auf den ersten Blick erstaunlich sein, weil man glauben könnte, dass die Voraussetzungen des § 985 BGB schwerer zu beweisen sind. Doch ergibt sich zum einen aus § 1006 BGB eine erhebliche Beweiserleichterung für § 985 BGB. Zum anderen ist die im Rahmen des § 1007 I BGB vorausgesetzte Bösgläubigkeit des Besitzers schwer nachzuweisen.

Bedeutung in der Klausur

Die Bedeutung des § 1007 BGB *in der Klausur* ist dagegen nicht zu unterschätzen. Denn die Ansprüche aus § 1007 BGB können mit den anderen o.g. Ansprüchen konkurrieren und sind im Gutachten auch dann zu prüfen, wenn andere Anspruchsgrundlagen bereits bejaht wurden.

1. Voraussetzungen des § 1007 I BGB

Voraussetzungen des § 1007 I BGB

> **Voraussetzungen des Anspruchs aus § 1007 I BGB:**
>
> 1. bewegliche Sache
> 2. Anspruchssteller war früher Besitzer
> 3. Anspruchsgegner hat gegenwärtig Besitz
> 4. Anspruchsgegner war bei Besitzerwerb bösgläubig (§ 932 II BGB analog)
> 5. kein Anspruchsausschluss nach § 1007 III BGB

111

a) Bewegliche Sache

Bewegliche Sache

Ausweislich seines Wortlautes gilt § 1007 BGB nur für *bewegliche* Sachen.

b) Anspruchsberechtigter

Besitz i.S.d. § 1007 = jegliche Besitzform

Anspruchsberechtigt ist der frühere Besitzer, unabhängig davon, ob er Eigen-, Fremd-, Mit-, Teil-, unmittelbarer oder mittelbarer Besitzer war, nicht aber der Besitzdiener.[212]

c) Anspruchsgegner gegenwärtig Besitzer

Auch auf Seiten des Anspruchsgegners ist die Besitzform wie beim Anspruchsberechtigten unerheblich.[213]

d) Anspruchsgegner bei Besitzerwerb bösgläubig

Bösgläubigkeit bei Besitzerwerb

Der Anspruchsgegner muss bei Besitzerwerb bösgläubig gewesen sein. Maßstab ist § 932 II BGB analog:[214] analog deshalb, weil sich der gute Glaub auf das auf das Besitzrecht beziehen muss.

Der gegenwärtige Besitzer ist also bösgläubig, wenn er beim Besitzerwerb erkannt hat, dass er nicht besitzberechtigt ist oder dies zumindest grob fahrlässig verkannt hat.

> **hemmer-Methode:** Achtung: Die Bösgläubigkeit muss „bei dem Erwerbe des Besitzes" vorliegen; die später erlangte Kenntnis der Nichtberechtigung schadet hier – anders als bei § 990 I S.2 BGB – nicht.[215]

e) Kein Anspruchsausschluss nach § 1007 III BGB

§ 1007 III BGB

Wichtig sind die Ausschlussgründe des § 1007 III BGB.

Ausschlussgründe auf Seiten des Anspruchsberechtigten

aa) Ausschlussgründe auf Seiten des Anspruchsberechtigten sind in § 1007 III S.1 BGB normiert.

Nach der 1.Alt. darf der Anspruchsteller seinerseits beim Erwerb des Besitzes nicht bösgläubig gewesen sein.

Zudem darf er nach der 2.Alt. den Besitz nicht aufgegeben haben.

"Besitzaufgabe" (=willentliche Lösung jeder besitzrechtlichen Beziehung zur Sache) und "Abhandenkommen" i.S.d. § 935 I BGB sind dabei nicht genaue Gegensätze: Eine freiwillige Weggabe durch den Besitzmittler bedeutet für den mittelbaren Besitzer, der mit der Weggabe nicht einverstanden ist, kein Abhandenkommen,[216] aber auch keine Besitzaufgabe.[217]

Komplementärbegriffe sind Besitzaufgabe und Abhandenkommen also nur, wenn der Anspruchsberechtigte unmittelbarer Besitzer war.

---

212 PALANDT, § 1007, Rn. 2.
213 PALANDT, § 1007, Rn. 2.
214 Vgl. MÜKO, § 1007, Rn. 5.
215 MÜKO, § 1007, Rn. 5.
216 Abhandenkommen ist ja der unfreiwillige Besitzverlust des unmittelbaren Besitzes.
217 MÜKO, § 1007, Rn. 6; STAUDINGER, § 1007, Rn. 14.

§ 4 SACHENRECHTLICHE HERAUSGABEANSPRÜCHE

§ 1007 III S.1, 1. und 2.Alt. BGB sind rechtshindernde Einwendungen

Nach der Formulierung des § 1007 III S.1 BGB ("ist ausgeschlossen, wenn") handelt es sich in beiden Alternativen um eine rechtshindernde Einwendung (nicht Einrede), die von Amts wegen zu beachten und vom Anspruchsgegner bewiesen werden muss.[218]

117

Ausschlussgründe auf Seiten des Anspruchsgegners

bb) Als Ausschlussgrund auf Seiten des Anspruchsgegners ist vor allem § 1007 III S.2 i.V.m. § 986 BGB zu beachten.

118

> **hemmer-Methode:** Anders als beim possessorischen Anspruch (vgl. § 863 BGB) führt also hier ein Recht zum Besitz zur Abweisung der Klage.[219]

Erforderlich ist jedoch immer, dass das Besitzrecht gerade auch gegenüber dem Kläger wirkt. Selbst das Eigentum nützt dem Beklagten insoweit nichts, wenn dem Kläger z.B. ein Pfandrecht zusteht. Man spricht in diesem Fall davon, der Pfandgläubiger habe ein "besseres" Recht zum Besitz.

cc) Umstritten ist, ob auch die Ausschlussgründe des § 1007 II S.1, letzter Hs. BGB auf den Anspruch aus Abs.1 (analog) anzuwenden sind.

119

Für den Ausschlussgrund des § 1007 II S.1, letzter Hs., 1. Fall (Anspruchsgegner ist Eigentümer) ist das sicher zu verneinen: Diese Regelung wird schon in ihrem unmittelbaren Anwendungsbereich in § 1007 II BGB als überflüssig (wegen §§ 1007 III S.2, 986 BGB) und irreführend empfunden.

Diskutiert wird aber, ob man § 1007 I BGB als ausgeschlossen erachten soll, wenn die Sache dem gegenwärtigen Besitzer selbst vor der Besitzzeit des Klägers abhanden gekommen ist (§ 1007 II S.1, letzter Hs., 2. Fall). Die Analogie wird hier teils bejaht, teils abgelehnt.[220]

2. Voraussetzungen des § 1007 II BGB

Voraussetzungen des § 1007 II BGB

> **Voraussetzungen des Anspruchs aus § 1007 II BGB:**
>
> 1. bewegliche Sache
> 2. Anspruchssteller früher Besitzer
> 3. Anspruchsgegner gegenwärtiger Besitzer
> 4. Abhandenkommen beim Anspruchssteller
> 5. kein Anspruchsausschluss nach § 1007 II S.1 letzter Hs., II S.2 oder § 1007 III BGB.

120

Hinsichtlich der ersten drei Voraussetzungen gilt das zu § 1007 I BGB Gesagte. Nur muss hier der Anspruchsgegner nicht bei Besitzerwerb bösgläubig gewesen sein.

---

[218] PALANDT, § 1007, Rn. 6, 7.
[219] Ob es sich dabei um eine Einwendung oder eine Einrede handelt, hängt von dem Streit zu § 986 BGB ab, dazu oben Rn. 53.
[220] Eine h.M. ist nicht auszumachen; vgl. STAUDINGER, § 1007, Rn. 32 m.w.N.

Abhandenkommen

Abhandenkommen i.S.d. § 1007 II BGB bedeutet dasselbe wie in § 935 I BGB, also einen unfreiwilligen Verlust des *unmittelbaren* Besitzes.[221] In analoger Anwendung des § 935 I S.2 BGB muss es ausreichen, wenn die Sache dem Besitzmittler des Anspruchsinhabers abhanden gekommen ist.[222]

Ausschlussgründe des § 1007 II S.1 BGB

Nach § 1007 II S.1, letzter Hs., 1. Fall BGB ist der Anspruch ausgeschlossen, wenn der Anspruchsgegner Eigentümer der Sache ist. Diese Vorschrift ist überflüssig und irreführend zugleich:[223] überflüssig deshalb, weil das Eigentum ein Recht zum Besitz gibt und der Anspruch damit in der Regel schon nach §§ 1007 III S.2, 986 BGB ausgeschlossen ist.

Allerdings gilt dies nur in der Regel; dagegen dringt die Berufung des Beklagten auf sein Eigentum wie gesehen[224] nicht durch, wenn dieser - wie etwa der Pfandgläubiger gegenüber dem Eigentümer - ein besseres Recht zum Besitz hat.

Daran will aber auch § 1007 II S.1, letzter Hs., 1. Fall BGB nichts ändern; insoweit ist die Vorschrift irreführend. Auch im Rahmen des § 1007 II BGB kann man also den Einwand des Beklagten, er sei Eigentümer, durch den Hinweis auf ein besseres Besitzrecht zerstreuen.[225]

Nach § 1007 II S.1, letzter Hs., 2. Fall BGB ist der Anspruch ferner ausgeschlossen, wenn die Sache dem jetzigen Besitzer vor der Besitzzeit des Anspruchsstellers abhanden gekommen ist. Dieser Einwand erklärt sich daraus, dass der Anspruchsgegner die von ihm herauszugebende Sache aufgrund seines früheren Verlustes seinerseits sofort wieder nach § 1007 II BGB herausverlangen könnte.[226]

§ 1007 II S.2 BGB

Der Anspruch aus § 1007 II S.2 BGB ist ferner bei Geld und Inhaberpapieren ausgeschlossen, § 1007 II S.2 BGB. Dies beruht auf demselben Gedanken wie die Vorschrift des § 935 II BGB (Steigerung des Verkehrsschutzes).

§ 1007 III BGB

Hinsichtlich der Ausschlussgründe des § 1007 III BGB gilt das bereits zum Anspruch des § 1007 I BGB Gesagte.

3. Anspruchsinhalt bei § 1007 I und II BGB

Der Ansprüche aus § 1007 I bzw. II BGB richten sich jeweils auf Verschaffung des unmittelbaren Besitzes, soweit der Anspruchsberechtigte früher unmittelbarer Besitzer war.

War er lediglich *mittelbarer Besitzer*, kann er analog § 869 S.2 BGB regelmäßig bloß Herausgabe an den bisherigen unmittelbaren Besitzer verlangen, an sich selbst dagegen nur, falls letzterer den Besitz nicht wieder übernehmen kann oder will.[227]

Wer eine bewegliche Sache in *Mitbesitz* gehabt hat, kann nur Einräumung von Mitbesitz oder analog §§ 1011, 432 BGB Herausgabe an alle früheren Mitbesitzer verlangen.[228]

---

221 MüKo, § 1007, Rn. 10; Staudinger, § 1007, Rn. 27.
222 Staudinger, § 1007, Rn. 27.
223 Palandt, § 1007, Rn. 11; Staudinger, § 1007, Rn. 33.
224 Oben Rn. 18.
225 Palandt, § 1007, Rn. 11; Staudinger, § 1007, Rn. 33.
226 Staudinger, § 1007, Rn. 31.
227 Palandt, § 1007, Rn. 2, h.M. Ebenso vertretbar ist die analoge Anwendung des § 986 I 2 BGB; dafür Staudinger, § 1007, Rn. 23.
228 Palandt, § 1007, Rn. 2; Staudinger, § 1007, Rn. 24.

§ 5 HERAUSGABEANSPRÜCHE AUS UNGERECHTFERTIGTER BEREICHERUNG

Es ist hier nicht der Ort, alle Voraussetzungen eines Anspruchs aus ungerechtfertigter Bereicherung zu erörtern.[229] Angesprochen werden nur die in Bezug auf die Herausgabeansprüche relevanten Aspekte.

Überblick über die Anspruchsgrundlagen

Leistungskondiktionen

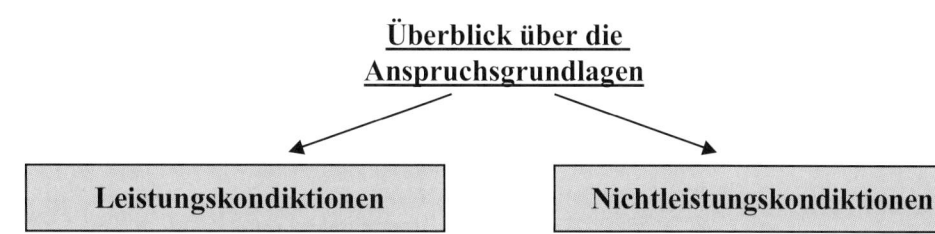

- § 812 I 1 1.Alt.
  (condictio indebiti)
- § 812 I 2 1.Alt.
  (condictio ob causam finitam)
- § 812 I 2 2.Alt.
  (condictio ob rem)
- § 817 S.1
  (condictio ob turpem vel iniustam causam)

Nichtleistungskondiktionen

- § 812 I 1 2.Alt.
- § 816 I 1
- § 816 I 2
- § 816 II
- § 822 (str.)

Die Kondiktion richtet sich nach § 812 I S.1 BGB auf Herausgabe des von dem Bereicherungsschuldner erlangten "etwas". Dieses ist nicht selten eine körperliche Sache, so dass sich auch aus dem Bereicherungsrecht Herausgabeansprüche ergeben können.[230]

A. Herausgabe des Sacheigentums

I. Während die soeben besprochenen sachenrechtlichen Herausgabeansprüche stets auf Übertragung *des Besitzes* gerichtet sind, wird mit der Kondiktion vielfach neben dem Besitz auch *das Eigentum* verlangt.

Oft ist der Gläubiger gerade deshalb auf die Kondiktion angewiesen, weil er das Eigentum und damit den Anspruch aus § 985 BGB verloren hat.

> **hemmer-Methode:** Grund dafür ist das Abstraktionsprinzip: Hat V aufgrund eines nichtigen Rechtsgeschäfts eine ihm gehörende Sache an K übereignet, ist nach dem Abstraktionsprinzip diese Übereignung als Verfügung nicht schon deshalb unwirksam, weil es das Kausalgeschäft ist. Prinzipiell verliert also V sein Eigentum und muss von K kondizieren.

Anders verhält es sich bei Fehleridentität, also wenn derselbe Mangel (z.B. das Fehlen der Geschäftsfähigkeit des V oder eine arglistige Täuschung gem. § 123 BGB) in gleicher Weise das schuldrechtliche und das dingliche Geschäft betrifft.

---

[229] Dafür sei auf HEMMER/WÜST, Bereicherungsrecht, verwiesen.

[230] Zu der sehr examensrelevanten Frage, ob ein höherwertiges Aliud gem. § 812 I S.1 Alt.1 BGB kondiziert werden kann vgl. Life and Law 2005, 268 ff.

Dann hat V sein Eigentum behalten, er kann nach § 985 BGB vindizieren; zudem hat er noch einen Anspruch aus § 812 I S.1, 1.Alt. bzw. § 812 I S.2, 1.Alt. BGB,[231] der folgerichtig nur auf Herausgabe des Besitzes gerichtet sein kann.

II. Gegen einen **gutgläubigen Erwerber** hat der frühere Eigentümer keinen Anspruch auf Rückübereignung.

Neben § 985 BGB scheidet auch eine Eingriffskondiktion nach § 812 I S.1, 2.Alt. BGB aus, da der gutgläubige Erwerb auch gegenüber dem bisherigen Eigentümer mit Rechtsgrund erfolgt ist (arg. e § 816 I BGB).

> **hemmer-Methode:** Zudem wird eine Eingriffskondiktion regelmäßig auch an dem Grundsatz der Subsidiarität scheitern.[232] I.Ü. scheitert auch ein Anspruch aus §§ 823 I, 249 I BGB (Eigentumsverletzung) gegen den Erwerber an der fehlenden Rechtswidrigkeit des Erwerbs.

B. Kondiktion des Besitzes

condictio possessionis

Es ist bereits erwähnt kann die Kondiktion auch nur auf die Übertragung des Besitzes gerichtet sein. Bei dieser condictio possessionis ist streng zwischen Leistungs- und Eingriffskondiktion zu unterscheiden.

I. Besitz als Gegenstand der Leistungskondiktion

Besitz als Gegenstand der Leistungskondiktion

Die lediglich auf den Besitz gerichtete *Leistungskondiktion* ist (neben dem Fall der Fehleridentität, in dem § 812 I S.1, 1.Alt. BGB neben § 985 BGB tritt) insbesondere in zwei Fallgruppen gegeben:

- Erstens kann zwischen den Parteien von vornherein bloß die Übertragung des Besitzes beabsichtigt gewesen sein (z.B. bei einem Mietvertrag); dann muss bei Nichtigkeit des Kausalgeschäfts auch nur der Besitz zurückübertragen werden.

- Zweitens kann es so liegen, dass zwar die Übertragung von Besitz und Eigentum beabsichtigt war, die letztere aber gescheitert ist, etwa weil die zu übereignende Sache einem dritten Eigentümer abhanden gekommen war (§ 935 I BGB).

> **hemmer-Methode:** Auch hier kann bei Nichtigkeit des zugrunde liegenden Kaufvertrags lediglich der Besitz kondiziert werden. Diese Fälle der condictio possessionis als Leistungskondiktion sind unproblematisch.

II. Besitz als Gegenstand der Eingriffskondiktion

Besitz als Gegenstand der Eingriffskondiktion

Zweifelhaft ist dagegen, in welchem Umfang der Besitz Gegenstand der *Eingriffskondiktion* (als ein Fall der Bereicherung in sonstiger Weise, § 812 I S.1, 2.Alt. BGB) sein kann.

Die Eingriffskondiktion setzt voraus, dass das "etwas" (hier der Besitz) durch einen Eingriff in den Zuweisungsgehalt eines Rechtes des Bereicherungsgläubigers erlangt ist.[233]

---

231 Bei der Anfechtung ist umstritten, ob § 812 I S.2, 1. Alt. oder - wegen der Rückwirkung der Anfechtung (§ 142 I BGB) - § 812 I S.1, 1. Alt. BGB eingreift; vgl. zu diesem Streit HEMMER/WÜST, Bereicherungsrecht, Rn. 260 ff.

232 HEMMER/WÜST, Bereicherungsrecht, Rn. 81, 310 ff.

233 H.M.; vgl. MEDICUS, Bürgerliches Recht, Rn. 704 ff.; HEMMER/WÜST, Bereicherungsrecht, Rn. 325 ff.

§ 5 HERAUSGABEANSPRÜCHE AUS UNGERECHTFERTIGTER BEREICHERUNG

Kommt dem Besitz ein Zuweisungsgehalt zu?

Entscheidend ist also, inwieweit dem Besitz ein Zuweisungsgehalt zukommt. Der reine Besitz hat nach h.M. keinen Zuweisungsgehalt, wohl aber das Recht zum Besitz.[234]

Es führt also nur eine Entziehung des *rechtmäßigen* Besitzes zur Eingriffskondiktion; bei Entziehung des unrechtmäßigen Besitzes gelten dagegen allein die §§ 861 ff. BGB.

Der Schutz gegen Besitzentziehung durch die Eingriffskondiktion entspricht damit dem Schutz nach § 823 I BGB; auch dort wird nach h.M. nur der rechtmäßige Besitz als "sonstiges Recht" geschützt.[235]

> **hemmer-Methode:** Dieser Gleichlauf mit dem Deliktsrecht entspricht dem deliktsähnlichen Charakter der Eingriffskondiktion.

Beispiel: Wird dem Dieb die gestohlene Sache weggenommen, besteht nur ein Anspruch des Diebes aus § 861 I BGB (aber § 861 II BGB beachten), nicht dagegen aus § 812 I S.1, 2.Alt. BGB (und auch nicht aus § 823 I i.V.m. § 249 I BGB).

Gegen den Dieb besteht aber wegen des Eingriffs in das Recht zum Besitz neben § 861 auch § 812 I 1, 2.Alt. BGB.

> **hemmer-Methode:** Nur der Entzug des berechtigten Besitzes greift also in den Zuweisungsgehalt eins fremden Rechtes ein, nur hier ist demnach die Eingriffskondiktion möglich. Hinter diesem Ergebnis steht auch folgende Wertung: Ist Gegenstand einer Eingriffskondiktion der Besitz, so steht dieser Herausgabeanspruch in Konkurrenz mit den Besitzschutzansprüchen der §§ 861 ff. BGB. Um die dort getroffenen Regelungen, insbesondere die Ausschlusstatbestände, nicht zu umgehen, ist eine auf Besitzherausgabe gerichtete Eingriffskondiktion nur zulässig, wenn ein über die bloße verbotene Eigenmacht hinausgehender Eingriff in fremde Rechte vorliegt.[236]
> Die §§ 861 ff. BGB regeln nämlich allein den Eingriff in die tatsächliche Besitzstellung, unbeachtlich des Rechts zum Besitz. Die Eingriffskondiktion ist somit nur dann als subsidiär ausgeschlossen, wenn der Eingriff allein in dem Entzug dieser tatsächlichen Besitzstellung liegt. Geht der Eingriff aber darüber hinaus, wird also auch in ein Recht zum Besitz eingegriffen, ist die Eingriffskondiktion möglich.

III. Rückerwerb des Nichtberechtigten

Rückerwerb des Nichtberechtigten

Auch im Rahmen der Kondiktion kann sich die bereits erörterte[237] Konstellation ergeben, dass der Veräußerer bloß den Besitz verloren, der Erwerber aber Besitz und Eigentum erworben hat. Ergibt sich, dass das Kausalgeschäft unwirksam ist, muss der Erwerber dem Nichtberechtigten die Sache zurückgeben.

Bsp. A verkauft und übereignet die von E geliehene Sache an den gutgläubigen D. Der Kaufvertrag stellt sich im nachhinein als nichtig heraus. A verlangt von D die Sache heraus.

Der Veräußerer erwirbt dadurch aber nach wohl h.M. kein Eigentum, da der Rückerwerb nicht auf einem selbständigen neuen Rechtsgeschäft, sondern auf bloßer Rückabwicklung beruht.[238] Auch hier wird also lediglich der Besitz kondiziert.

131

---

234 Vgl. Palandt, § 861, Rn. 12; Staudinger, § 861, Rn. 19; Soergel, § 812, Rn. 140.
235 Vgl. dazu Larenz/Canaris II/2, § 76 II 4 f.
236 Palandt, § 861, Rn. 12.
237 Oben Rn. 31.
238 Vgl. oben Rn. 31.

> hemmer-Methode: Lesen Sie zum Rückerwerb des Nichtberechtigten noch einmal die Ausführungen zum Rücktrittsrecht.[239] Zur Vertiefung empfehlen wir Ihnen die Lektüre von HEMMER/WÜST, Sachenrecht II, Rn. 109 ff.

C. Herausgabe anderer Vorteile

Herausgabe anderer Vorteile

Das erlangte "etwas" im Sinne von § 812 I S.1 BGB umfasst nicht nur (Eigentum und Besitz an) Sachen, sondern auch jeden anderen Vorteil. § 812 II BGB nennt ausdrücklich noch das positive und das negative Schuldanerkenntnis. Des Weiteren ist zu denken an Rechte, Grundbuchpositionen, Schuldbefreiungen, Dienst- und Werkleistungen, Gebrauchsvorteile usw.[240]

"Herausgabe" kann hier dementsprechend ganz Unterschiedliches bedeuten: Rechte sind zurückzuübertragen (z.B. Forderungen durch Abtretung, § 398 BGB), Buchpositionen sind durch Einwilligung in die Berichtigung des Grundbuchs (wie bei § 894 BGB) "herauszugeben".

> hemmer-Methode: Soweit die Herausgabe des erlangten "etwas" nicht möglich ist - wie bei Schuldbefreiungen, Dienst- und manchen Werkleistungen, Gebrauchsvorteilen -, besteht gemäß § 818 II BGB eine Wertersatzpflicht.

D. Herausgabe des durch die Verfügung eines Nichtberechtigten Erlangten (§ 816 I BGB)

"Herausgabe" bei § 816 I BGB

Besonderer Erwähnung bedürfen noch die Kondiktionsansprüche aus § 816 I S.1 und S.2 BGB.[241]

Der Anspruchsinhalt des § 816 I S.2 BGB bereitet keine Probleme: Derjenige, der gutgläubig unentgeltlich[242] eine Sache vom Nichtberechtigten erworben hat, ist verpflichtet, die Sache an den Berechtigten zurück zu übereignen.

Dagegen ist der genaue Anspruchsinhalt bei § 816 I S.1 BGB umstritten. Herauszugeben ist das "durch die Verfügung Erlangte". Nach h.M. ist dies der erzielte Veräußerungserlös, mag er auch den objektiven Wert der veräußerten Sache übersteigen.[243]

Dem wird Folgendes entgegengehalten:[244] Der Veräußerer erlange durch seine wirksame Verfügung nicht den Erlös (den erhält er aus dem Kausalgeschäft, dem Kaufvertrag), sondern die Befreiung von seiner Verbindlichkeit aus dem Kausalgeschäft (z.B. die Pflicht zur Übereignung). Diese Schuldbefreiung könne nicht herausgegeben werden, so dass gem. § 818 II BGB Ersatz des objektiven[245] Wertes geschuldet werde.

---

239 Oben Rn. 21.
240 Vgl. im Einzelnen HEMMER/WÜST, Bereicherungsrecht, Rn. 83 ff.
241 Hinsichtlich der Anspruchsvoraussetzungen sei wieder auf HEMMER/WÜST, Bereicherungsrecht, Rn. 365 ff., verwiesen.
242 Nach einer Auffassung wird der rechtsgrundlose Erwerb dem unentgeltlichen gleichgestellt, zu dieser (nach h.L. abzulehnenden) Analogie HEMMER/WÜST, Bereicherungsrecht, Rn. 394 f.
243 PALANDT, § 816, Rn. 24; HEMMER/WÜST, Bereicherungsrecht, Rn. 382 ff.
244 MEDICUS, Bürgerliches Recht, Rn. 723.
245 So die h.M. zu § 818 II BGB; vgl. HEMMER/WÜST, Bereicherungsrecht, Rn. 468.

Für die h.M. spricht aber § 816 I S.2 BGB:[246] Dort geht das Gesetz offenbar davon aus, dass der unentgeltliche Veräußerer nichts erlangt hat, obwohl auch er von einer (Schenkungs-) Verpflichtung befreit worden sein kann.

Hinzu kommt: Der Berechtigte trägt unstreitig das Risiko einer Veräußerung unter dem objektiven Wert.[247] Dann soll er aber auch die Vorteile erhalten, wenn die Sache über Wert veräußert wurde.

> **hemmer-Methode:** Mit diesem examenstypischen Problem um den Anspruchsinhalt des § 816 I S.1 BGB müssen Sie unbedingt vertraut sein. Prägen Sie sich daher nicht nur das Ergebnis der h.M., sondern auch die einzelnen Argumente gut ein!

---

[246] So MEDICUS, Bürgerliches Recht, Rn. 723 selbst.

[247] Für die h.M. ergibt sich das daraus, dass nur der hinter dem Wert zurückbleibende Verkaufserlös aus der Verfügung erlangt ist. Nach der Gegenauffassung hat der Nichtberechtigte dagegen eine Schuldbefreiung in Höhe des objektiven Werts der Sache erlangt; soweit der Verkaufserlös hinter dem Wert zurückbleibe, sei er aber gemäß § 818 III BGB entreichert; vgl. MEDICUS, Bürgerliches Recht, Rn. 722.

§ 6 HERAUSGABEANSPRÜCHE AUS UNERLAUBTER HANDLUNG

Bereits bei den Ansprüchen aus §§ 280 I, 241 II, 311 II BGB (Rn. 37) wurde dargelegt, dass jeder Schadensersatz über die Verpflichtung zur Naturalrestitution (§ 249 I BGB) auch einen Herausgabeanspruch darstellen kann. Das gilt auch für die deliktischen Ansprüche gem. §§ 823 ff. BGB.

Voraussetzungen des § 823 I BGB

1. Rechtsgutsverletzung
2. Verletzungshandlung: Tun oder Unterlassen
3. Haftungsbegründende Kausalität:
   - Äquivalenz
   - Adäquanz
   - Schutzzweck der Norm / Pflichtwidrigkeitszusammenhang
4. Rechtswidrigkeit
5. Verschulden
6. Schaden
7. Haftungsausfüllende Kausalität (Prüfung wie haftungsbegründende Kausalität)
8. Art/Umfang des Ersatzes, §§ 249 ff., 842, 843
9. Mitverschulden, Verjährung, etc.

Beispiel: Beim Diebstahl einer Sache ergeben sich Herausgabeansprüche des Eigentümers nicht nur aus §§ 985, 861 I, 1007 I, II und § 812 I S.1, 2.Alt. BGB, sondern auch aus § 823 I, § 823 II BGB i.V.m. § 242 StGB und § 858 BGB[248] sowie aus § 826 BGB, jeweils i.V.m. § 249 I BGB.[249]

Speziell im Hinblick auf die Herausgabeansprüche ergeben sich folgende deliktsrechtliche Probleme:

Besitz als sonstiges Recht

Wird einem Besitzer, der nicht zugleich Eigentümer der Sache ist, der Besitz entzogen, stellt sich die Frage, inwieweit der Besitz als "sonstiges Recht" im Sinne des § 823 I BGB anzuerkennen ist.

Das ist jedenfalls für den *berechtigten* (unmittelbaren, mittelbaren oder Mit-) Besitz zu bejahen.[250] Für den mittelbaren Besitz gilt aber insoweit eine Einschränkung, als er gegenüber seinem Besitzmittler nicht geschützt ist, wie sich aus § 869 BGB ergibt.[251]

Der *unberechtigte* Besitz wird dagegen zumeist nicht als sonstiges Recht angesehen.[252]

Eine M.M.[253] hingegen dehnt den Schutz des § 823 I BGB auch auf den unberechtigten Besitzer aus, soweit dieser redlich und unverklagt ist. In einem solchen Fall kommt dem unberechtigten Besitz nicht nur die Ausschlussfunktion der §§ 859 ff. BGB, sondern nach §§ 987 ff. BGB auch die Nutzungsfunktion zu.

---

248 Zur Frage, ob § 858 BGB ein Schutzgesetz im Sinne des § 823 II BGB darstellt, vgl. sofort im Text.
249 Bei Ladendiebstahl greift zudem §§ 280 I, 241 II, 311 II i.V.m. § 249 I S.1 BGB ein, vgl. oben Rn. 37 ff.
250 JAUERNIG, § 823, Anm. II 5 d bb.
251 JAUERNIG, § 823, Anm. II 5 d bb.
252 LARENZ/CANARIS II/2, § 76 II 4f.; WIESER, JuS 1970, 557 ff.; HEMMER/WÜST, Deliktsrecht I, Rn. 46.
253 MEDICUS, Bürgerliches Recht, Rn. 607.

> **hemmer-Methode:** Auch der unberechtigte Besitz kann damit nach e.A. eigentumsähnlich sein und damit als sonstiges Recht i.S.d. § 823 I BGB behandelt werden.

§ 858 als Schutzgesetz im Sinne des § 823 II BGB?

Streitig ist ferner, ob sich ein Herausgabeanspruch auch aus § 823 II BGB i.V.m. § 858 BGB (und § 249 I BGB) ergeben kann.

Medicus[254] verneint den Schutzgesetzcharakter des § 858 BGB. Diese Vorschrift wolle in erster Linie den Rechtsfrieden wahren und nicht den Besitzer schützen.

Die h.M.[255] sieht § 858 BGB aber als Schutzgesetz i.S.d. § 823 II BGB. Es sei unerfindlich, weshalb eine Norm, die dem Allgemeinwohl diene, nicht *auch* den Schutz Einzelner bezwecken solle.

> **hemmer-Methode:** Da § 858 BGB nicht nach der Art des Besitzes differenziert, müsste auch ein Anspruch des *unberechtigten* Besitzers aus §§ 823 II, 858 BGB bestehen.[256] Das ist bedenklich, da man so die bei § 823 I BGB vorgenommene Begrenzung des Besitzschutzes umgeht.[257]

---

254 Medicus, AcP 165 (1965), 115 (118); vgl. auch dens., Bürgerliches Recht, Rn. 621.
255 Palandt, § 861, Rn. 13; Larenz/Canaris II/2, § 77 III 1c; Wieser, JuS 1970, 557 (559).
256 So in der Tat Larenz/Canaris II/2, § 77 III 1c; Wieser, JuS 1970, 557 (560).
257 Vgl. Medicus, Bürgerliches Recht, Rn. 621.

§ 7 SPEZIELLE HERAUSGABEANSPRÜCHE (VOLLMACHTSURKUNDEN, SCHULD- UND ERBSCHEINE)

Gegenstand der bisher behandelten Herausgabeansprüche konnte jede Sache, u.U. auch jeder unkörperliche Vorteil sein. Daneben gibt es einige Ansprüche, die nur für ganz bestimmte Gegenstände gelten: § 175 BGB für Vollmachtsurkunden, § 371 BGB für Schuldscheine und § 2362 I BGB für Erbscheine.

A. Vollmachtsurkunden

§ 175 BGB

Auf § 175 BGB, der die Herausgabe einer Vollmachtsurkunde nach Erlöschen der Vollmacht anordnet, wurde bereits im Rahmen der Ausführungen zu § 667, 1.Alt. BGB Bezug genommen.[258] Darauf sei hier verwiesen.

B. Schuldscheine und Vollstreckungstitel

§ 371 BGB

Ist über eine Forderung ein Schuldschein ausgestellt worden, so kann der Schuldner bei Erfüllung Rückgabe des Schuldscheins verlangen, § 371 S.1 BGB. Diesen Anspruch hätte der Schuldner nicht schon nach § 985 BGB. Denn das Eigentum an dem Schuldschein steht gem. § 952 I BGB dem jeweiligen Gläubiger zu.

Wird die Forderung getilgt, *bleibt* der letzte Gläubiger Eigentümer. Ein Eigentumsübergang auf den Schuldner lässt sich weder aus § 952 I BGB noch aus anderen sachenrechtlichen Vorschriften herleiten.[259]

Daraus folgt zugleich, dass sich der Herausgabeanspruch aus § 371 S.1 BGB auf Übereignung des Schuldscheins (und nicht nur auf Verschaffung des Besitzes) richtet.

Analoge Anwendung des § 371 BGB

§ 371 BGB wird auf die Herausgabe des Vollstreckungstitels nach Erfüllung der Schuld analog angewandt.[260]

C. Erbscheine

Der wirkliche Erbe kann von dem Besitzer eines unrichtigen Erbscheins Herausgabe verlangen, allerdings nicht an sich selbst, sondern nur an das Nachlassgericht, § 2362 I BGB. Die Herausgabe an das Nachlassgericht hat die Wirkung einer Einziehung; d.h., der Erbschein wird kraftlos (§ 2361 I S.2 BGB).

---

258 Oben Rn. 12 ff.
259 MüKo, § 371, Rn. 2; Palandt, § 371, Rn. 1 a.E.
260 MüKo, § 371, Rn. 8; Palandt, § 371, Rn. 4.

§ 8 GESAMTANSPRÜCHE AUF HERAUSGABE VON SONDERVERMÖGEN

Grundsatz: Einzelansprüche

Ansprüche oder Klagen auf Herausgabe von Sachgesamtheiten oder Sachinbegriffen, bei denen eine Vielfalt von Einzelsachen durch einen gemeinsamen Zweck verbunden ist und im Verkehr als Einheit betrachtet wird (Inventar, Warenlager, Unternehmen), können grundsätzlich nicht im Wege eines einheitlichen dinglichen Gesamtanspruchs geltend gemacht werden. 141

Aufgrund des sachenrechtlichen Spezialitätsgrundsatzes ist für jede einzelne Sache Herausgabeklage zu erheben.[261] Ist ein Inbegriff von Gegenständen herauszugeben, greift § 260 I BGB ein; danach ist der Schuldner verpflichtet, ein Verzeichnis des herauszugebenden Bestandes vorzulegen.

Ausnahme: Gesamtansprüche

In Sonderfällen sieht das Gesetz allerdings Gesamtansprüche zur Herausgabe von Sondervermögen vor, so wenn ein Vermögensverwalter den anderen ablöst (z.B. der Nacherbe den Vorerben; zu den einzelnen Fällen sogleich). Auch insoweit gilt § 260 I BGB. 142

Die Qualifizierung als Gesamtanspruch darf aber nicht zu dem Schluss verleiten, man könne eine Klage auf "Herausgabe des Sondervermögens" (z.B. des Nachlasses) erheben.

Auch bei Gesamtanspruch § 253 II Nr. 2 ZPO beachten

Vielmehr müssen die einzelnen Gegenstände im Klageantrag einzeln bezeichnet werden (§ 253 II Nr. 2 ZPO). Dies folgt daraus, dass der Tenor des Urteils, der auf dem Antrag beruht, Vollstreckungsgrundlage (§ 883 ZPO) wird und dem Gerichtsvollzieher die Zwangsvollstreckung ermöglichen muss. 143

Freilich wird der Gesamtanspruchsberechtigte in vielen Fällen gar nicht genau wissen, welche einzelnen Gegenstände zu dem herauszugebenden Vermögen gehören.

Er ist daher vielfach gezwungen, zunächst eine Klage auf Auskunftserteilung gem. § 260 I BGB (vgl. für den Erbschaftsanspruch auch die Erweiterung des § 260 I BGB in § 2027 BGB) zu erheben; erst danach kann er auf Herausgabe klagen. Beide Klagen lassen sich im Wege der Stufenklage (§ 254 ZPO) verbinden.[262]

> **hemmer-Methode:** Wegen des Erfordernisses, die Herausgabegegenstände gem. § 253 II Nr. 2 ZPO einzeln zu benennen, bringt also die materiellrechtliche Einordnung als Gesamtanspruch, jedenfalls was die Klageerhebung angeht, gegenüber Einzelansprüchen keinen Vorteil.[263]

Vorteil des Gesamtanspruchs: einheitlicher Gerichtsstand

Ein Vorteil liegt aber darin, dass der Gesamtanspruch in einem einheitlichen Gerichtsstand geltend gemacht werden kann (vgl. § 27 ZPO für die Erbschaftsklage; i.Ü. vgl. § 31 ZPO), auch wenn für möglicherweise konkurrierende Einzelansprüche unterschiedliche Gerichtsstände gegeben wären. 144

Folgende Gesamtansprüche auf die Herausgabe von Sondervermögen gibt es:

---

261 BELKE, Prüfungstraining I, S. 101, vgl. hierzu auch HEMMER/WÜST, Sachenrecht I, Rn. 52 ff.
262 Zu diesen prozessualen Besonderheiten vgl. näher unten Rn. 203.
263 OLZEN, JuS 1989, 374 (376) zum Erbschaftsanspruch.

A. Herausgabeanspruch des Kindes bei Ende der elterlichen Sorge (§ 1698 I BGB)

§ 1698 I BGB

Endet die elterliche Sorge, so haben die Eltern dem Kind gem. § 1698 I BGB das Vermögen herauszugeben.

B. Herausgabeanspruch des Mündels/Betreuten bei Ende der Vormundschaft/Betreuung (§§ 1890 S.1, 1908i I S.1 BGB)

§§ 1890 S.1, 1908i I S.1 BGB

Nach Beendigung ihres Amtes müssen Vormund und Betreuer dem Mündel bzw. Betreuten das verwaltete Vermögen nach §§ 1890 S.1, 1908i I S.1 BGB herausgeben.

C. Herausgabeanspruch des Nacherben gegen den Vorerben (§ 2130 BGB)

Herausgabeanspruch des Nacherben gegen den Vorerben

Wenn Nacherbfolge angeordnet ist, endet mit dem Eintritt des Nacherbfalls (das ist im Zweifel der Tod des Vorerben, § 2106 I BGB) die Erbenstellung des Vorerben, § 2139 BGB.

Da hiermit der Nacherbe alleiniger Erbe (des Erblassers, nicht des Vorerben!) geworden ist, kann er nach § 2130 I BGB die Erbschaft vom Vorerben (oder dessen Erben) *herausverlangen*.

I. Voraussetzungen

Voraussetzungen

Voraussetzungen des Anspruchs sind also Anordnung von Vor- und Nacherbschaft und Eintritt des Nacherbfalls.

II. Anspruchsinhalt

1. Herausgabe der Erbschaft

Herausgabe der Erbschaft

Herauszugeben ist "die Erbschaft", also alle Gegenstände, die zur Erbschaft gehören. Dabei ist zu beachten, dass der Nacherbe schon kraft Gesetzes (§ 2139 BGB) Eigentümer der Nachlasssachen und Inhaber der Nachlassrechte wird. Daher braucht die Übertragung dieser Sachen und Rechte nicht verlangt zu werden. Vielmehr braucht der Nacherbe nur die Übertragung des Besitzes zu fordern. Soweit der Vorerbe im Grundbuch eingetragen worden ist, muss auch diese Position durch die Bewilligung der Berichtigung (wie bei § 894 BGB) herausgegeben werden.

2. Herausgabe der Surrogate

Herausgabe der Surrogate

Der Inhalt der Herausgabepflicht wird durch die in § 2111 BGB angeordnete dingliche Surrogation modifiziert. Denn soweit die Surrogation reicht, ist anstelle des zunächst aus der Erbschaft Erlangten der erworbene Gegenstand herauszugeben.

§ 2111 BGB: dingliche Surrogation

Die dingliche Surrogation führt dazu, dass das Surrogat im Wege der Fiktion dem Nachlassgegenstand gleichgestellt wird. Statt auf das ausgegebene Geld erstreckt sich das Eigentum des Erben nun z.B. auf das erworbene Kraftfahrzeug. Dadurch wird gewährleistet, dass dem Nacherben die Erbschaft möglichst ungeschmälert erhalten bleibt, und vermieden, dass der Nacherbe auf schuldrechtliche Ersatzansprüche gegen den Vorerben verwiesen wird.

> **hemmer-Methode:** Lesen Sie zur dinglichen Surrogation auch noch einmal die Ausführungen zu § 1287 BGB.[264]

Einfache oder gesetzliche Surrogation

a) § 2111 I BGB regelt zunächst die einfache oder gesetzliche Surrogation. Sie umfasst, was "aufgrund eines zur Erbschaft gehörenden Rechts" erworben wird (z.B. Zahlungen auf eine Nachlassforderung).

Die einfache Surrogation erstreckt sich ferner auf den "Ersatz für die Zerstörung, Beschädigung oder Entziehung eines Erbschaftsgegenstandes". Damit sind insb. Schadensersatz- und Bereicherungsansprüche sowie Ansprüche auf Versicherungsleistungen gemeint.

(Rechtsgeschäftliche) Mittelsurrogation

b) § 2111 I BGB normiert aber auch die Surrogation solcher Gegenstände, die der Vorerbe "durch Rechtsgeschäft mit Mitteln der Erbschaft erwirbt" (sog. Mittelsurrogation).

aa) Der Ersatzgegenstand kann grundsätzlich in jedem rechtlichen oder tatsächlichen Vorteil bestehen (also Sachen, Forderungen, Schuldbefreiungen, Buchpositionen usw.).[265]

Keine Surrogation bei höchstpersönlichen, unübertragbaren Rechten

Ausgeschlossen von der Surrogation sind aber aus *rechtlichen* Gründen höchstpersönliche, unübertragbare Rechte (etwa Nießbrauch, § 1059 BGB, beschränkte persönliche Dienstbarkeit, § 1092 BGB).[266]

Anders BGH für Kommanditistenstellung

Anders entscheidet allerdings der BGH entgegen der früheren Rechtsprechung für den Fall, dass ein Erbschaftsgegenstand als Einlage in eine KG eingebracht wird.[267] Die Kommanditistenstellung werde trotz ihrer Unübertragbarkeit surrogiert.[268] Denn andernfalls eröffne man dem Erbschaftsbesitzer die Möglichkeit, durch Umtausch der Erbschaftsgegenstände in unübertragbare Rechte den durch die Surrogation bezweckten Schutz des Erben zu unterlaufen.[269]

Aus *tatsächlichen* Gründen entfällt die Surrogation, wenn der erlangte Vorteil völlig im Eigenvermögen des Erbschaftsbesitzers aufgeht, z.B. bei der Bezahlung eigener Schulden mit Erbschaftsmitteln.[270]

"durch Rechtsgeschäft"

bb) Der Ersatzgegenstand muss "durch Rechtsgeschäft" erworben sein. Da jedes Surrogat in den o.g. Grenzen in den Nachlass fällt, ist die Zweckrichtung des Rechtsgeschäfts unerheblich.[271] So fällt auch eine Brille, die ein Vorerbe für sich persönlich mit Nachlassmitteln anfertigen lässt, in den Nachlass.

"mit Mitteln der Erbschaft"

cc) Für den Erwerb müssen Erbschaftsmittel hingegeben werden. Ist der Erwerb teilweise mit Mitteln des Nachlasses erfolgt, fällt nur der entsprechende Anteil in den Nachlass.[272]

Mittelsurrogation trotz Unwirksamkeit der Verfügung über den Erbschaftsgegenstand?

Fraglich ist, ob das Surrogat auch dann mit Erbschaftsmitteln erworben ist, wenn die Verfügung über den weggegebenen Erbschaftsgegenstand unwirksam ist, ob also z.B. der Erlös aus der Veräußerung eines Grundstücks auch dann in den Nachlass fällt, wenn die Veräußerung nach § 2113 I BGB unwirksam ist.

---

264 Vgl. oben, Rn. 78.
265 BROX, Erbrecht, Rn. 578.
266 BROX, Erbrecht, Rn. 578.
267 BGHZ 109, 214
268 Ablehnend ERMAN, § 2019, Rn. 3.
269 Vgl. BGHZ 109, 214 (218).
270 BROX, Erbrecht, Rn. 578.
271 BROX, Erbrecht, Rn. 578; MÜKO, § 2111, Rn. 7.
272 BROX, Erbrecht, Rn. 578; MÜKO, § 2111, Rn. 7.

Dieses Problem wird in erster Linie bei unwirksamen Verfügungen des Erbschaftsbesitzers, also im Rahmen der §§ 2018, 2019 I BGB, diskutiert. Im Anschluss an die dort erarbeitete Lösung des Problems[273] wird man sagen müssen: Der Nachlass hat zwar nicht das Eigentum, aber immerhin den Besitz am Grundstück verloren. Insoweit sind tatsächlich Erbschaftsmittel aufgewandt worden.

Indes darf dies nicht dazu führen, dass der Nacherbe nach §§ 2130 I, 2111 I BGB den Erlös vom Vorerben und zugleich nach § 985 BGB den Besitz am Grundstück von dem dritten Erwerber herausverlangen kann. Der Nacherbe wäre ja dann zu Unrecht doppelt begünstigt. Man behilft sich deshalb damit, dass in dem Herausverlangen des Erlöses konkludent die – durch die tatsächliche Herausgabe des Erlöses aufschiebend bedingte – Genehmigung (§ 185 II S.1 1. Fall BGB[274]) der Verfügung des Vorerben erblickt wird.

> **hemmer-Methode:** Es handelt sich letztlich um dasselbe Problem wie bei den Ansprüchen aus §§ 687 II S.1, 681 S.2, 667 BGB,[275] §§ 985, 285 BGB[276] und § 816 I S.1 BGB.[277] Der Anspruchsberechtigte soll nicht durch Erlös und Herausgabe der Sache doppelt begünstigt werden. Wenn man dies erkannt hat, kann man auf die Lösung bei § 2130 I BGB ganz von selbst kommen.

3. Herausgabe im Zustand ordnungsmäßiger Verwaltung

Herausgabe im Zustand ordnungsmäßiger Verwaltung

§ 2130 I S.1 BGB geht über die Herausgabe der noch vorhandenen Erbschaftsgegenstände und der Surrogate hinaus. Denn die Erbschaft soll in demjenigen Zustand herausgegeben werden, "der sich bei einer bis zur Herausgabe fortgesetzten ordnungsgemäßen Verwaltung ergibt". § 2130 I S.1 BGB setzt also eine Pflicht des Vorerben gegenüber dem Nacherben zu ordnungsmäßiger Verwaltung voraus.

§ 2130 BGB ist nicht nur Herausgabe-, sondern auch Schadensersatzanspruch

Verletzt der Vorerbe diese Pflicht nach dem Maßstab des § 2131 BGB (eigenübliche Sorgfalt), haftet er auf Schadensersatz, soweit die Erbschaft nicht in dem Zustand ist, wie sie bei ordnungsgemäßer Verwaltung wäre. Dieser Schadensersatz wird mit dem Herausgabeanspruch aus § 2130 I BGB geltend gemacht. Damit hat der Herausgabeanspruch aus § 2130 I BGB einen ganz eigenen, Erbschaft, Surrogate und Schadensersatz umfassenden Charakter.[278]

Allerdings kann der Erblasser bestimmen, dass der Vorerbe nur das herauszugeben hat, was von der Erbschaft (einschließlich Surrogaten) noch übrig ist (vgl. §§ 2137 f. BGB).

III. Verhältnis zu anderen Ansprüchen

Wenn der Vorerbe den Eintritt der Nacherbfolge zu Unrecht bestreitet, liegen an sich auch die Voraussetzungen des Erbschaftsanspruchs[279] aus § 2018 BGB vor: Der Vorerbe besitzt Erbschaftsgegenstände unter Anmaßung eines ihm in Wirklichkeit nicht (mehr) zustehenden Erbrechts.

---

273 Vgl. PALANDT, § 2019, Rn. 3; näher Rn. 167.
274 Der Vorerbe ist zwar Berechtigter, zugleich aber bedingt Nichtberechtigter, so dass § 185 BGB zumindest entsprechend anwendbar ist; vgl. BROX, Erbrecht, Rn. 350.
275 Oben Rn. 45.
276 Oben Rn. 76.
277 Oben Rn. 45.
278 MEDICUS, JuS 1985, 657 (660).
279 Dazu unten Rn. 158.

Doch ist nach – allerdings bestrittener – Auffassung[280] § 2130 I BGB lex specialis gegenüber dem Erbschaftsanspruch und seinen Nebenfolgen (§§ 2018 ff. BGB).

Neben § 2130 I BGB bleiben die Einzelansprüche des Vorerben (z.B. aus § 985 oder § 894 BGB) bestehen.[281]

D. Erbschaftsanspruch (§ 2018 BGB)

Erbschaftsanspruch

Der für den Examenskandidaten bei weitem wichtigste Gesamtanspruch ist der Erbschaftsanspruch des wahren Erben gegen den Erbschaftsbesitzer nach § 2018 BGB.

I. Voraussetzungen

Voraussetzungen

1. Anspruchsberechtigter

Anspruchsberechtigt ist der (Mit-) Erbe. Im Falle von Vor- und Nacherbschaft (§§ 2100 ff. BGB) ist der Vorerbe bis zum Eintritt des Nacherbfalls (§ 2139 BGB), danach der Nacherbe Anspruchsberechtigter.

2. Anspruchsgegner

Erbschaftsbesitzer

Anspruchsgegner ist der Erbschaftsbesitzer, nach der Legaldefinition des § 2018 BGB also derjenige, "der aufgrund eines ihm in Wirklichkeit nicht zustehenden Erbrechts etwas aus der Erbschaft erlangt hat".

Diese Definition beinhaltet ein objektives und ein subjektives Element:

a) "Etwas aus der Erbschaft erlangt"

etwas aus der Erbschaft erlangt

In objektiver Hinsicht muss der Anspruchsgegner "etwas" aus der Erbschaft erlangt haben. Das kann der Besitz von Sachen sein, die dem Erblasser gehörten oder an denen er auch nur ein Besitzrecht hatte[282] (die der Erblasser z.B. angemietet hatte). Es kann sich aber auch um andere Vorteile handeln, etwa die Erlangung einer Buchposition durch Eintragung im Grundbuch oder eine Schuldbefreiung, die der Erbschaftsbesitzer durch eine (z.B. nach § 2367 BGB wirksame) Aufrechnung einer Nachlassforderung gegenüber seinen persönlichen Gläubigern erlangt hat.[283] Für Forderungen kommt § 2018 BGB deshalb keine Bedeutung zu, weil der Erbe gem. § 1922 I BGB ihr Inhaber wird und sie selbst geltend machen kann. Dagegen sind Urkunden und Beweismittel, die zu ihrer Durchsetzung erforderlich sind, von der Herausgabepflicht erfasst.[284]

---

280 PALANDT, § 2130, Rn. 2; § 2018 Rn. 7; BROX, Erbrecht, Rn. 551; STAUDINGER, § 2130, Rn. 23; STAUDINGER, § 2018, Rn. 12 mit Nachweisen auf die Gegenmeinung.

281 MüKo, § 2130, Rn. 2.

282 PALANDT, § 2018, Rn. 9.

283 STAUDINGER, § 2018, Rn. 18.

284 OLZEN, JuS 1989, 374 (376).

b) "Auf Grund eines ihm in Wirklichkeit nicht zustehenden Erbrechts"

"auf Grund eines ihm in Wirklichkeit nicht zustehenden Erbrechts"

Das subjektive Element besteht darin, dass der Vorteil "auf Grund eines ihm in Wirklichkeit nicht zustehenden Erbrechts" erlangt sein muss, d.h., der Erbschaftsbesitzer muss die Erbschaft (oder einen Teil davon) unter Berufung auf ein vermeintliches Erbrecht beanspruchen, er muss sich also ein Erbrecht anmaßen. Besitzt er aufgrund eines anderen (vermeintlichen) Rechtsgrundes, kommen lediglich die Einzelansprüche (aus § 985 BGB usw.) in Betracht.

Beispiel: Der Erbe verlangt ein bisher dem Erblasser gehörendes Auto vom Besitzer heraus: Beruft sich dieser auf ein in Wirklichkeit nichtiges Testament zu seinen Gunsten, ist (neben § 985 BGB[285]) § 2018 BGB anwendbar. Beruft er sich dagegen auf eine in Wirklichkeit unwirksame Übereignung oder ein vermeintliches Vermächtnis, kommt nur § 985 BGB in Betracht.

> **hemmer-Methode: Dieses subjektive Element wird häufig übersehen. Merken Sie sich also: Erbschaftsbesitzer ist nur, wer aufgrund angemaßten Erbrechts besitzt!**

§ 2030 BGB

Dem Erbschaftsbesitzer steht nach § 2030 BGB gleich, wer die Erbschaft durch Vertrag von einem Erbschaftsbesitzer erworben hat, sich also mittelbar auf das Erbrecht eines Rechtsvorgänger stützt.

Vorläufiger Erbe kein Erbschaftsbesitzer

Kein Erbschaftsbesitzer ist der vorläufige Erbe, der später die Erbschaft ausgeschlagen hat. Er haftet vielmehr nach der besonderen Regelung des § 1959 BGB wie ein Geschäftsführer ohne Auftrag (§§ 677 ff. BGB).[286]

Vorerbe nach Eintritt der Nacherbfolge ebenfalls kein Erbschaftsbesitzer (str.)

Dem Vorerben steht vor Eintritt der Nacherbfolge wirklich ein Erbrecht zu; er kann also kein Erbschaftsbesitzer sein. Strittig ist dagegen, ob der Vorerbe, der den Eintritt der Nacherbfolge zu Unrecht bestreitet, als Erbschaftsbesitzer anzusehen ist. Das wird vielfach verneint, weil § 2130 I BGB insoweit lex specialis zu den §§ 2018 ff. BGB sei.[287] Wenn man das für richtig hält, wäre es allerdings konsequenter, nicht schon das Tatbestandsmerkmal "Erbschaftsbesitzer" zu verneinen, sondern die §§ 2018 ff. BGB erst auf Konkurrenzebene scheitern zu lassen.

II. Inhalt des Herausgabeanspruchs

1. Herausgabe des aus der Erbschaft Erlangten

§ 2018 BGB: Herausgabe des aus der Erbschaft Erlangten

Gegenstand der Herausgabepflicht nach § 2018 BGB ist das aus der Erbschaft Erlangte. Dabei richtet sich die Art der Herausgabe wie bei § 2130 I BGB nach der Art des Erlangten. Bei Sachen ist der Besitz zu übertragen; Eigentümer ist der Erbe bereits nach § 1922 I BGB. Eine unrichtige Grundbucheintragung ist durch die Bewilligung der Berichtigung (wie bei § 894 BGB) herauszugeben. Ist die Herausgabe nicht möglich (so bei erlangten Gebrauchsvorteilen oder einer Schuldbefreiung), wird Wertersatz geschuldet (§§ 2021, 818 II BGB).

---

[285] Zur Konkurrenz mit den Einzelansprüchen unten Rn. 169.

[286] Dabei handelt es sich um eine partielle Rechtsgrundverweisung unter Ausnahme des Erfordernisses des Fremdgeschäftsführungswillens, vgl. oben Rn. 42.

[287] Oben Rn. 157.

2. Herausgabe der Surrogate

Herausgabe der Surrogate (§§ 2018, 2019 I BGB)

Wie bei §§ 2130 I, 2111 BGB wird auch der Inhalt der Herausgabepflicht nach § 2018 BGB durch die dingliche Surrogation beeinflusst, die § 2019 I BGB anordnet. Sie führt dazu, dass das für den Nachlassgegenstand erworbene Surrogat unmittelbar, d.h. ohne Durchgangserwerb beim Erbschaftsbesitzer, dem Erben zufällt.[288] Der Erbe wird also vor dem Zugriff der Gläubiger des Erbschaftsbesitzers auf den erworbenen Gegenstand geschützt; in der Insolvenz des Erbschaftsbesitzers hat er eine Aussonderungsrecht (§ 47 InsO). 165

Im Vergleich zu § 2111 BGB[289] ist zu beachten, dass § 2019 I BGB ausweislich seines Wortlautes nur die (rechtsgeschäftliche) Mittelsurrogation regelt, nicht auch die einfache oder gesetzliche Surrogation.[290] Gleichwohl besteht Einigkeit, dass dem Erben auch die gesetzlichen Ersatzvorteile zustehen.[291]

Dies ergibt sich z.B. bei Schadensersatzansprüchen wegen Beschädigung von Erbschaftssachen schon aus seiner Stellung als Eigentümer: Dem Erben stehen die Ansprüche z.B. aus §§ 823 ff. BGB zu, ohne dass es insoweit einer Surrogationsvorschrift bedürfte.

Bewirkt dagegen ein Nachlassschuldner wirksam (z.B. wegen § 2367 BGB) eine Leistung an den Erbschaftsbesitzer, hätte der Eigentümer nur den schuldrechtlichen Anspruch aus § 816 II BGB. Die Mittelsurrogation nach § 2019 I BGB an dem Geleisteten versagt, da der Erbschaftsbesitzer das Surrogat nicht "durch Rechtsgeschäft mit Mitteln der Erbschaft" erworben hat. Doch befürwortet man hier eine Rechtsanalogie zu §§ 2041, 2111 I BGB,[292] so dass trotz des Wortlauts des § 2019 I BGB auch die Fälle der einfachen (gesetzlichen) Surrogation abgedeckt sind.

(Rechtsgeschäftliche) Mittelsurrogation

Demgegenüber entspricht die Anordnung der rechtsgeschäftlichen Mittelsurrogation in § 2019 I BGB wörtlich der Formulierung des § 2111 I S.1 BGB. Es muss irgendein Ersatzgegenstand durch Rechtsgeschäft mit Mitteln der Erbschaft erworben sein. Insoweit kann auf die Ausführungen zu § 2111 I S.1 BGB verwiesen werden. 166

Mittelsurrogation trotz Unwirksamkeit der Verfügung über den Erbschaftsgegenstand?

Wesentlich häufiger als bei § 2111 I BGB tritt im Rahmen des § 2019 I BGB das Problem auf, ob der Ersatzgegenstand auch dann "mit Mitteln der Erbschaft" erworben ist, wenn die Verfügung über den Erbschaftsgegenstand unwirksam ist. Denn Verfügungen des Erbschaftsbesitzers sind, soweit für ihn kein Erbschein ausgestellt ist, jedenfalls bei beweglichen Sachen wegen §§ 935 I, 857 BGB weithin unwirksam. 167

> *Bsp.: Der Erbschaftsbesitzer (EB) ohne Erbschein verkauft aus dem Nachlass einen Ring an K. Wem gehört das von K gezahlte Geld, dem EB oder dem wahren Erben E?*

EB hat den Kaufpreis durch Rechtsgeschäft erworben. Fraglich ist aber, ob dafür Erbschaftsmittel aufgewandt wurden.

Die Verfügung über den Ring ist gem. §§ 935 I, 857 BGB unwirksam.[293]

---

288 PALANDT, § 2019, Rn. 1; STAUDINGER, § 2019, Rn. 3; OLZEN, JuS 1989, 374 (377).
289 Dazu oben Rn. 150.
290 Zu diesen Begriffen oben Rn. 149 ff.
291 BROX, Erbrecht, Rn. 574; MÜKO, § 2019, Rn. 4; STAUDINGER, § 2019, Rn. 13.
292 Vgl. MÜKO, § 2019, Rn. 4; STAUDINGER, § 2019, Rn. 13.
293 Anders wäre es nach, § 2366 BGB, wenn ein Erbschein vorläge; vgl. HEMMER/WÜST, Erbrecht, Rn. 230.

§ 857 BGB fingiert, dass mit dem Tod des Erblassers der Erbe in exakt die Besitzstellung einrückt, die zuvor der Erblasser innehatte. Unterstellt man, dass der Erblasser unmittelbarer Besitzer war, hatte auch E kraft Fiktion unmittelbaren Besitz. Diesen hat er unfreiwillig verloren, so dass ein Abhandenkommen i.S.d. § 935 I BGB vorliegt.

Der Nachlass hat deshalb zwar nicht das Eigentum, aber doch immerhin den Besitz verloren. Würde man das für § 2019 I BGB genügen lassen, scheint man zu dem misslichen Ergebnis zu gelangen, dass dem E einerseits der Anspruch aus § 985 BGB gegen K auf Herausgabe des Rings zusteht, andererseits mit dem Gesamtanspruch aus §§ 2018, 2019 I BGB u.a. auch der Verkaufserlös von EB herausverlangt werden könnte. E wäre also zu Unrecht doppelt begünstigt. EB dagegen wäre doppelt belastet: Er müsste den Kaufpreis an E abführen und dem Käufer nach §§ 437 Nr.1-3, 440 BGB haften.

Die h.M.[294] lässt gleichwohl den Verlust des Besitzes für das Tatbestandsmerkmal "mit Mitteln der Erbschaft erworben" genügen und behilft sich wie folgt: In dem Herausgabeverlangen in bezug auf das Surrogat (den Kaufpreis) liege die konkludente Genehmigung (§ 185 II S.1, 1. Fall BGB) der Verfügung des EB, bedingt durch die tatsächliche Herausgabe des Surrogats.

> **hemmer-Methode:** Vgl. das Parallelproblem bei §§ 687 II S.1, 681 S.2, 667,[295] §§ 985, 285,[296] § 816 I S.1[297] und §§ 2130 I, 2111 BGB.[298]

Keine Erbschaftsmittel werden aufgewandt, wenn der Erbschaftsbesitzer ohne Erbschein eine Nachlassforderung einzieht. Denn dadurch erlischt diese nicht (anders aber, wenn ein Erbschein vorliegt, vgl. § 2367 BGB[299]); der Nachlass hat im Gegensatz zum vorigen Fall, in dem er immerhin den Besitz verloren hat, kein Opfer erlitten.[300]

Anders ist es wiederum, wenn der Erbschaftsbesitzer die Forderung selbst begründet hat (wie z.B. die Kaufpreisforderung durch den Verkauf des Rings). Wenn er diese Forderung einzieht, ist der Dritte nach § 2019 II BGB geschützt. Zahlt der Dritte und erlischt die Forderung nach §§ 2019 II, 407 BGB, tritt an die Stelle der Forderung kraft Surrogation der Erlös.

III. Verhältnis des Gesamtanspruchs aus § 2018 (i.V.m. § 2019 I) BGB zu anderen Ansprüchen

§ 2130 BGB verdrängt als lex specialis nach bestrittener Ansicht die §§ 2018 ff. BGB, wenn der Vorerbe zu Unrecht den Eintritt der Nacherbfolge bestreitet.[301]

Neben dem Gesamtanspruch aus § 2018 (ggf. i.V.m. § 2019 I) BGB bleiben die allgemeinen Einzelansprüche, also insbesondere §§ 985, 861 I (857 beachten!), 1007 I, II, 823 ff. i.V.m. 249 I, 812 I S.1, 2.Alt., 816 II BGB anwendbar. Dabei ist § 2018 BGB zuerst prüfen,[302] was für die Nebenfolgen des Erbschaftsanspruchs (Schadensersatz, Nutzungen gem. §§ 2020 ff. BGB) zwingend aus § 2029 BGB folgt.

---

294 PALANDT, § 2019, Rn. 3; MEDICUS, Bürgerliches Recht, Rn. 603 b; MÜKO, § 2019, Rn. 9.
295 Oben Rn. 45.
296 Oben Rn. 76.
297 Oben Rn. 45.
298 Oben Rn. 154.
299 In diesem Fall greift die gesetzliche Surrogation analog §§ 2041, 2111 BGB ein, siehe dazu soeben im Text.
300 MEDICUS, Bürgerliches Recht, Rn. 603 b; OLZEN, JuS 1989, 374 (377).
301 Vgl. oben Rn. 157 und Rn. 163.
302 MEDICUS, Bürgerliches Recht, Rn. 574 g; OLZEN/WANK, Klausurenlehre, S. 595.

§ 9 ANSPRÜCHE AUF HERAUSGABE VON NUTZUNGEN

A. Allgemeines

Die Ansprüche auf Nutzungsherausgabe nehmen unter den Herausgabeansprüchen eine Sonderstellung ein. Zwar kann sich eine Verpflichtung zur Herausgabe von Nutzungen (zum Begriff vgl. § 100 BGB, dazu sogleich) schon aus den bereits erörterten allgemeinen Herausgabeansprüchen ergeben.

Beispiel: Hat A eigenmächtig das Ferienhaus des B vermietet und den Mietzins eingezogen, so ist der Mietzins als Nutzung (vgl. §§ 100, 99 III, 1.Alt. BGB) nach §§ 687 II S.1, 681 S.2, 667 BGB an B herauszugeben.

Neben den allgemeinen Herausgabeansprüchen bestehen aber noch einige Vorschriften, die speziell auf die Herausgabe von Nutzungen zugeschnitten sind (vgl. §§ 346 I, 347 I, 987 ff., 818 I, 2020, 2184 BGB). Auf sie soll im Folgenden eingegangen werden.

I. Begriff der Nutzungen (§ 100 BGB)

Legaldefinition der Nutzungen in § 100 BGB

Vorab ist der Begriff der Nutzung zu klären, der in § 100 BGB legaldefiniert ist. Nutzungen sind danach zum einen die Früchte einer Sache oder eines Rechts, zum anderen die Gebrauchsvorteile.

Früchte (§ 99 BGB)

Für die Früchte findet sich in § 99 BGB wiederum eine Legaldefinition. Zu unterscheiden sind unmittelbare Sachfrüchte (§ 99 I BGB), unmittelbare Rechtsfrüchte (§ 99 II BGB) und mittelbare Sach- oder Rechtsfrüchte (§ 99 III BGB):

Unmittelbare Sachfrüchte (§ 99 I BGB)

Unmittelbare Sachfrüchte sind gem. § 99 I BGB Erzeugnisse, d.h. alle natürlichen Tier- und Bodenprodukte[303] (also Eier, Milch, Kälber, Obst, Pflanzen, Bäume usw.). Gleichgestellt wird die sonstige, aus der Sache bestimmungsgemäß gewonnene Ausbeute (etwa Kies, Sand oder Bodenschätze). Die Muttersache muss aber erhalten bleiben; das Fleisch eines Schlachttiers z.B. ist daher keine Sachfrucht.[304]

Unmittelbare Rechtsfrüchte (§ 99 II BGB)

§ 99 II BGB definiert die sog. unmittelbaren Rechtsfrüchte als Erträge eines Rechts. Das sind beispielsweise die aufgrund eines Pachtrechts oder eines Nießbrauchs gewonnenen Sachfrüchte oder die Zinsen aus einer Darlehensforderung.[305]

Mittelbare Sach- bzw. Rechtsfrüchte (§ 99 III BGB)

Als mittelbare Sach- bzw. Rechtsfrüchte schließlich bezeichnet man die Erträge, welche eine Sache oder ein Recht vermöge eines Rechtsverhältnisses gewährt (§ 99 III BGB). Mittelbare Sachfrucht ist etwa bei Miethäusern der Mietzins. Mittelbare Rechtsfrüchte (z.B. die Lizenzgebühr für die Überlassung eines Patentrechts) sind dagegen in Praxis und Examen kaum von Bedeutung.

Gebrauchsvorteile (§ 100 BGB)

Neben den Früchten bezeichnet § 100 BGB auch die Gebrauchsvorteile als Nutzungen. So bietet etwa der Gebrauch eines Wohnhauses den Vorteil des Wohnens, die Benutzung eines Kfz den Vorteil erleichterter Fortbewegung usw.

---

303 PALANDT, § 99, Rn. 2.
304 PALANDT, § 99, Rn. 2.
305 PALANDT, § 99, Rn. 3.

Unternehmensertrag als Nutzung?

Der Gewinn aus einem Gewerbebetrieb wird als Nutzung des Unternehmens angesehen. Die Begründung variiert allerdings: Nach einer Auffassung sind auf das Unternehmen als Rechts- und Sachgesamtheit § 99 I und II BGB analog anzuwenden (nicht direkt, weil es sich bei dem Gewinn nicht um Früchte der einzelnen Sachen und Rechte handelt, sondern der Gesamtheit).[306] Die Rechtsprechung geht dagegen von einem Gebrauchsvorteil im Sinne des § 100 BGB aus.[307]

Der Unternehmensertrag beruht allerdings nicht nur auf einer Nutzung des Gewerbebetriebs, sondern auch auf dem persönlichen Einsatz des jeweiligen Inhabers. Nutzung ist also nur der Teil des Gewinns, der nicht auf eine persönliche Leistung des Inhabers zurückzuführen ist. Wie hoch dieser sog. Eigenanteil des Inhabers ist, ist im Prozess ggf. nach § 287 ZPO zu ermitteln.[308]

II. "Herausgabe" von Nutzungen

Was heißt „Herausgabe" von Nutzungen?

Auch bei den Nutzungsherausgabeansprüchen kann "Herausgabe" wieder ganz Unterschiedliches bedeuten.[309]

1. Sachen als Nutzungen

Bei Sachen als Nutzungen kann Herausgabe bloß Besitzverschaffung, aber auch Übereignung bedeuten

Nutzungen von Sachen können selbst Sachen sein, z.B. das geerntete Obst oder auch das als Mietzins eingegangene Geld. In diesem Fall hängt der Inhalt des auf Nutzungsherausgabe gerichteten Anspruchs davon ab, wem diese Sachen gehören. Stehen sie im Eigentum des Anspruchsgläubigers, so bedeutet "Herausgabe" lediglich die Verschaffung (unmittelbaren) Besitzes. Stehen sie dagegen im Eigentum des Schuldners, so bedeutet "Herausgabe" die Übereignung an den Gläubiger, also Verschaffung des Besitzes und des Eigentums.

a) Die danach für die Herausgabe von Sachen wesentliche Vorfrage nach dem Eigentum beantwortet sich für die *unmittelbaren Sachfrüchte*, nämlich die Erzeugnisse und sonstigen Bestandteile, nach den §§ 953 ff. BGB. Danach hat mit der Trennung von der Muttersache regelmäßig deren Eigentümer das Eigentum erworben (§ 953 BGB).[310]

b) Der Eigentumserwerb an *mittelbaren Sachfrüchten* richtet sich dagegen regelmäßig nach den allgemeinen Vorschriften, also nach den §§ 929 ff. BGB: Zahlt z.B. der Mieter an seinen Vermieter, den unberechtigten (mittelbaren) Besitzer eines Hausgrundstücks, den Mietzins, so geht das Eigentum an den Geldscheinen nach § 929 S.1 BGB auf den Vermieter über. Muss der Vermieter (etwa nach § 987 I BGB) die Nutzungen "herausgeben", so bedeutet dies hier also Übereignung des Geldes.

2. Andere Nutzungen

Als Nutzungen kommen aber nicht nur Sachen in Betracht. Besteht die Nutzung z.B. in einer Forderung, so ist diese nach § 398 BGB "herauszugeben". Herausgabe bedeutet dann also Zession.

---

306 SOERGEL, § 99, Rn. 3.
307 Vgl. den Überblick über den Meinungsstand bei PALANDT, § 99, Rn. 3 a.E.
308 BGH, NJW 1978, 1578.
309 Vgl. zum Folgenden MEDICUS, JuS 1985, 657 (657 f.).
310 Vgl. hierzu HEMMER/WÜST, Sachenrecht II, Rn. 286.

Wieder anders ist es bei den *Gebrauchsvorteilen*. Solche nicht gegenständlichen Vorteile können selbstverständlich nicht in natura herausgegeben werden. Deshalb kann hier "Herausgabe" von vornherein nur Wertersatz bedeuten. Maßgebend ist dabei der objektive Wert,[311] zu ersetzen ist somit der Betrag, der üblicherweise für die Benutzung des jeweiligen Gegenstands zu zahlen ist, bei der Benutzung von Häusern also z.B. der übliche Mietzins.

III. Übersicht

Übersicht

Der nun folgenden Erörterung der einzelnen Nutzungsherausgabeansprüche sei wiederum eine Übersicht vorangestellt.

176

Die wichtigsten Ansprüche auf Herausgabe von Nutzungen:

1. **Nutzungsherausgabe nach Rücktritt**

    a) § 346 I BGB (falls Gebrauchsüberlassung Hauptpflicht war)

    b) § 347 I BGB (nicht gezogene Nutzungen und Privilegierung des gesetzlich Rücktrittsberechtigten)

2. **Nutzungsherausgabe im Eigentümer-Besitzer-Verhältnis (§§ 987 ff. BGB)**

3. **Nutzungsherausgabe im Bereicherungsrecht**

    a) Gebrauchsüberlassung als erlangtes Etwas (§§ 812 I S.1, 818 II BGB)

    b) Nutzungen als Nebenfolge (§ 818 I BGB)

4. **Nutzungsherausgabe im Erbrecht**

    a) Erbschaftsbesitzer (§§ 2020 ff. BGB)

    b) Vermächtnis (§ 2184 BGB)

B. Herausgabe von Nutzungen nach Rücktrittsrecht (§§ 346 I, 347 I BGB)

I. § 346 I BGB

§ 346 I BGB

Ist eine Sache zum Gebrauch überlassen worden, richtet sich im Falle des Rücktritts die Herausgabe der Nutzungen nach § 346 I BGB.

177

Beispiel: A hat B ein Kfz für ein Jahr vermietet. Nach einem Monat tritt A aufgrund eines vereinbarten Rücktrittsvorbehalts wirksam vom Mietvertrag zurück.

§ 346 II 1, Nr. 1 BGB ordnet an, die erlangten Gebrauchsvorteile zu vergüten. A kann also für die Gebrauchsvorteile eine Vergütung von 1/12 des vereinbarten jährlichen Mietzinses verlangen.

---

[311] PALANDT, § 100, Rn. 2.

> **hemmer-Methode:** Beachten Sie, dass es bei Gebrauchsüberlassungsverträgen wie Miete und Pacht keine Fälle des gesetzlichen Rücktrittsrechts gibt. Hier tritt an Stelle des Rücktritts die Kündigung mit der Folge, dass bereits erbrachte Leistungen nicht zurückzugewähren sind.[312] Wichtig ist dabei die Regelung des § 561 BGB, wonach bei einem Mietverhältnis über Wohnraum ein solches Rücktrittsrecht wie eine Kündigungsmöglichkeit behandelt wird.

II. § 347 I BGB

§ 347 I BGB

Nicht gezogene Nutzungen muss der Rückgewährschuldner nur ersetzen, wenn er sie nach den Regeln einer ordnungsgemäßen Wirtschaft hätte ziehen müssen, § 347 I 1 BGB.

Beispiel: Die verkaufte Kuh wird trächtig; obwohl bei der Geburt Komplikationen auftreten, zieht der Käufer K keinen Tierarzt hinzu und hilft der Kuh auch in sonstiger Weise nicht, sodass das Kalb verendet.

Bei dem Kalb handelt es sich um eine „Frucht" i.S.v. § 100 BGB und damit um eine Nutzung. Diese hätte K bei ordnungsgemäßer Bewirtschaftung ziehen müssen, sodass er dem Verkäufer zum Wertersatz verpflichtet ist, § 347 I 1 BGB.

III. Besonderheiten beim gesetzlichen Rücktrittsrecht

Der Rücktrittsberechtigte ist im Falle eines gesetzlich Rücktrittsrechts privilegiert. Neben § 347 I 2 BGB kommt dies auch bei § 346 III 1 Nr.3 zum Tragen.

In Ausnahme zu § 346 III 1 Nr. 3 BGB muss der gesetzlich Rücktrittsberechtigte bei Verschlechterung oder Untergang keinen Wertersatz leisten, wenn er die eigenübliche Sorgfalt angewendet hat, § 277 BGB, unabhängig vom Zeitpunkt der Kenntnis vom Rücktrittsgrund.

Bsp.: A kauft bei Fahrradhändler F ein gebrauchtes Fahrrad. Nachdem A das Rad bei F abgeholt und den Kaufpreis gezahlt hat, ereignet sich auf dem Heimweg infolge eines Bremsenversagens ein Unfall. Bei diesem wird das Fahrrad vollständig zerstört.

A erklärt wegen der mangelhaften Bremsen des Fahrrads den Rücktritt vom Kaufvertrag und will von F sein Geld zurück. F wendet ein, A müsste ihm den Wert des Fahrrads ersetzen.

1. Ein Anspruch des A auf Rückzahlung des Kaufpreises könnte sich aus § 346 I BGB i.V.m. § 326 I 1, IV BGB ergeben.

Dies ist jedoch abzulehnen, da selbst bei einem unbehebbaren Mangel kein (teilweiser) Ausschluss der Gegenleistung anzunehmen ist, § 326 I 2 BGB.

Bzgl. der Zerstörung des Fahrrades bei dem Unfall ist § 326 I BGB nicht einschlägig. Denn in diesem Zeitpunkt war die Pflicht des F zur Übereignung bereits erfüllt worden und damit gem. § 362 I BGB erloschen. Unmöglichkeit nach § 275 I-III BGB kommt nach Erfüllung nicht mehr in Betracht[313].

2. Allerdings kommt ein Rückzahlungsanspruch des A aus § 346 I BGB infolge Rücktritts nach §§ 437 Nr. 2, 326 V, 323 I, V 2 BGB in Betracht.

---

312 PALANDT, v. § 346, Rn. 8.

313 Vgl. Rn. 14.

Dies wäre der Fall, wenn die Pflicht des F zur Nacherfüllung (wegen der defekten Bremsen) gem. § 439 BGB unmöglich wäre. Denn § 326 V BGB setzt die Unmöglichkeit der zu erbringenden Leistung voraus[314]. Die Nacherfüllung ist von F auch noch nicht erfüllt worden (F hatte die Bremsen nicht repariert) und konnte daher noch i.S.v. § 275 I-III BGB unmöglich werden. Dies ist infolge des Unfalls aufgrund der Zerstörung des Fahrrades nach § 275 I BGB geschehen.

Auch ist der Mangel (defekte Bremsen) nicht unerheblich, sodass § 323 V 2 BGB dem Rücktritt nicht entgegensteht.

3. Allerdings könnte dem F gegen A ein Anspruch auf Wertersatz zustehen.

a) Ein solcher ergibt sich zunächst aus § 346 II 1 Nr. 3 BGB. Vor der Erklärung des *Rücktritts* ist das nach § 346 I BGB zurückzugewährende Fahrrad infolge des Unfalls untergegangen.

b) Diese Wertersatzpflicht entfällt hier jedoch nach § 346 III 1 Nr. 3 BGB:

Denn F hat als Rücktrittsberechtigter bei Rücktritt aufgrund eines gesetzlichen Rücktrittsrechts (§§ 437 Nr. 2, 326 V, 323 I, V 2 BGB, s.o.) bei dem Unfall die eigenübliche Sorgfalt i.S.d. § 277 BGB beachtet. Hier wäre ihm selbst ein gewöhnlicher Fahrlässigkeitsvorwurf i.S.d. § 276 II BGB nicht zu machen.

Ergebnis: A kann von F den gezahlten Kaufpreis zurückverlangen. Ein Wertersatzanspruch des F gegen A besteht hingegen nicht.

C. Nutzungsherausgabe im Eigentümer-Besitzer-Verhältnis (§§ 987 ff. BGB)

Sehr klausurrelevant sind die Vorschriften zur Nutzungsherausgabe im Eigentümer-Besitzer-Verhältnis (§§ 987 ff. BGB). *181*

Grundvoraussetzung: Vorliegen einer Vindikationslage

In ihrem unmittelbaren Anwendungsbereich setzen die §§ 987 ff. BGB zunächst das Vorliegen einer Vindikationslage voraus. Das bedeutet, dass zu dem Zeitpunkt, zu dem die Nutzungen gezogen wurden, der Besitzer dem Herausgabeanspruch des Eigentümers nach § 985 BGB ausgesetzt gewesen sein muss. Die §§ 987 ff. BGB sind Nebenfolgen der Vindikation gem. § 985 BGB.

Nutzungen im Sinne der §§ 987 ff. BGB

Für die Definition der Nutzungen sind wiederum zunächst die §§ 99 f. BGB maßgeblich. Allerdings ist zu beachten, dass nach § 985 BGB nur Sachen vindiziert werden können. Folglich beziehen sich die §§ 987 ff. BGB als Nebenfolgen der Vindikation nur auf *Sach*nutzungen im Sinne der §§ 99 I, III, 100 BGB, nicht auch auf Nutzungen eines Rechts.[315] *182*

Der Ertrag eines zum Betrieb überlassenen Unternehmens ist keine Nutzung der einzelnen zu dem Betrieb gehörigen Sachen, sondern eine Nutzung des Unternehmens als Sach- und Rechtsgesamtheit.[316] §§ 987 ff. BGB sind also nicht unmittelbar anwendbar, doch wird eine analoge Anwendung der §§ 987 ff. BGB befürwortet.[317] Der Gewinn ist aber nur insoweit Nutzung des Unternehmens, als er nicht auf einer persönlichen Leistung des Inhabers beruht.[318]

---

314 Zu § 326 V BGB bereits Rn. 528.
315 PALANDT, § 987, Rn. 2.
316 Vgl. oben unter I, Rn. 173.
317 PALANDT, § 987, Rn. 2; h.M. Kritisch STAUDINGER, § 987, Rn. 18.
318 Der sog. Eigenanteil des Inhabers ist nach § 287 ZPO zu ermitteln und von dem Gewinn abzurechnen; vgl. oben Rn. 173.

> **hemmer-Methode:** Beachte: Ist dem Besitzer nur ein Grundstück überlassen worden, auf dem der Besitzer erst selbst einen Gewerbebetrieb aufgebaut hat, ist der Unternehmensgewinn keine Nutzung des Grundstücks,[319] sondern steht allein dem Besitzer zu. Nutzung ist hier also nur der Gebrauchsvorteil in Höhe des üblichen Miet- oder Pachtzinses für ein vergleichbares Grundstück.

I. Gutgläubiger, unverklagter Besitzer

Redlicher Besitzer schuldet grundsätzlich keine Nutzungsherausgabe

1. Grundsatz des § 993 I, 2.Hs. BGB

Der gutgläubige und unverklagte Besitzer haftet nach § 993 I, 2.Hs. BGB grundsätzlich nicht auf Herausgabe von Nutzungen. Ausnahmen gelten in den Fällen der §§ 993 I, 1.Hs., 992 und 988 BGB (dazu sogleich).

Konkurrierende Nutzungsherausgabeansprüche nach den allgemeinen Vorschriften (insbesondere aus ungerechtfertigter Bereicherung) werden durch § 993 I, 2.Hs. BGB prinzipiell ausgeschlossen.[320] Eine Ausnahme wird bei der Leistungskondiktion diskutiert.[321]

2. Übermaßfrüchte

Übermaßfrüchte

Er hat jedoch nach § 993 I, 1.Hs. BGB die gezogenen Übermaßfrüchte nach Bereicherungsrecht herauszugeben.[322] Übermaßfrüchte sind nach § 993 I BGB solche Früchte, die nach den Regeln einer ordnungsmäßigen Wirtschaft nicht als Ertrag der Sache anzusehen sind (z.B. der Kahlschlag eines Waldes).

3. Deliktischer Besitzer (§ 992 BGB)

Gutgläubiger Deliktsbesitzer

Nutzungsherausgabe bzw. -ersatz schuldet gemäß §§ 992, 823 ff. BGB derjenige, der sich den Besitz durch verbotene Eigenmacht oder durch eine Straftat verschafft hat. Das kann u.U. auch ein gutgläubiger Besitzer sein.[323]

4. Unentgeltlicher Besitzer (§ 988 BGB)

Unentgeltlicher Besitzer (§ 988 BGB)

Ferner ergibt sich eine Haftung des redlichen Besitzers auf Nutzungsherausgabe ausnahmsweise dann, wenn er den Besitz unentgeltlich erlangt hat. § 988 BGB ordnet für diesen Fall eine Nutzungsherausgabe nach Bereicherungsrecht an.[324]

> **hemmer-Methode:** Die Vorschrift beruht (ähnlich wie §§ 816 I S.2 und 822 BGB) auf dem Gedanken, dass derjenige, der den Besitz ohne Gegenleistung erhalten hat, weniger schutzwürdig ist als derjenige, der ein Vermögensopfer erbracht hat.

---

319 BGH NJW 1978, 1578; PALANDT, § 987, Rn. 2.
320 Ganz h.M.; vgl. PALANDT, vor § 987, Rn. 11; STAUDINGER, vor § 987, Rn. 30.
321 Näher dazu unten Rn. 188.
322 Es handelt sich um eine Rechtsfolgenverweisung auf das Bereicherungsrecht; STAUDINGER, § 993, Rn. 5.
323 Näher zum Deliktsbesitzer unten Rn. 194.
324 Auch dies ist eine Rechtsfolgenverweisung; STAUDINGER, § 988, Rn. 9.

§ 9 ANSPRÜCHE AUF HERAUSGABE VON NUTZUNGEN

Beispiel: S hat B eine Kuh geschenkt, die bald darauf bei B kalbt. Nun stellt sich heraus, dass die Kuh vor einiger Zeit dem E gestohlen worden war.

E verlangt die Kuh und das Kalb von B heraus.

a) Die Kuh kann E nach § 985 BGB von B herausverlangen.

b) Hinsichtlich des Kalbs besteht dagegen kein Anspruch des E aus § 985 BGB. Denn an dem Kalb hat nicht E, sondern B gem. § 955 I S.1 BGB Eigentum erworben.

c) Doch besteht ein Herausgabeanspruch nach §§ 988, 818 I BGB. Zwischen E und B bestand eine Vindikationslage; B war gutgläubiger unentgeltlicher Besitzer. Das Kalb als unmittelbare Sachfrucht (§ 99 I BGB) ist auch eine Nutzung im Sinne des § 100 BGB. Herausgabe des Kalbs bedeutet dabei in diesem Fall Übereignung an E.

Im Zusammenhang mit § 988 BGB sollte man sich insbesondere zwei Details einprägen:

a) Gilt § 988 BGB auch für den Fremdbesitzer, der aufgrund eines (vermeintlichen) obligatorischen Besitzrechts besitzt?

§ 988 BGB gilt auch für den Fremdbesitzer, der sich auf ein vermeintliches obligatorisches Nutzungsrecht stützt

Nach seinem Wortlaut gilt § 988 BGB nur für den Eigenbesitzer und für den Fremdbesitzer, der aufgrund eines vermeintlichen *dinglichen* Nutzungsrechts besitzt (z.B. aufgrund eines unentgeltlich bestellten Nießbrauchs).

187

Trotz der Formulierung "Nutzungsrecht *an* der Sache" ist aber anerkannt, dass § 988 BGB auch auf den Fremdbesitzer Anwendung findet, der aufgrund eines vermeintlichen *obligatorischen* Nutzungsrechts (z.B. Leihe) besitzt.

Beispiel: D stiehlt das Auto des E und verleiht es an den redlichen B. Nach dem Grundsatz des § 993 I, 2.Hs. BGB hätte B keine Nutzungen (hier: die Gebrauchsvorteile) herauszugeben. Doch greift § 988 BGB trotz seines zu engen Wortlauts auch bei einem vermeintlichen schuldrechtlichen Besitzrecht (hier Leihe) ein. B schuldet also nach §§ 988, 818 II BGB Wertersatz für die Gebrauchsvorteile.

b) Ist § 988 BGB analog auf den rechtsgrundlosen Besitzer anwendbar?

Rechtsgrundlos = unentgeltlich?

Hauptstreitpunkt im Rahmen des § 988 BGB ist die Frage seiner analogen Anwendung auf den rechtsgrundlosen Erwerber.

188

Beispiel: Der unerkannt geisteskranke E verkauft und übergibt sein Auto für 10.000 € an B. Als der Betreuer des E davon erfährt, verlangt er in dessen Namen das Auto und die gezogenen Nutzungen von B heraus. Zu Recht?

aa) Das Herausgabeverlangen ist jedenfalls in Bezug auf das Auto gem. § 985 BGB begründet. Die Übereignung war nach §§ 104 Nr.2, 105 I BGB nichtig; B hatte kein Besitzrecht.

bb) Ein Nutzungsherausgabeanspruch aus §§ 990, 987 I BGB scheidet dagegen aus, da B nicht bösgläubig war.

cc) In Betracht kommt aber ein Anspruch aus § 988 BGB. B war gutgläubiger Besitzer; doch fehlt es an einer unentgeltlichen Besitzübertragung.

Da die Voraussetzungen der §§ 987 ff. BGB nicht vorliegen, müsste also nach dem Grundsatz des § 993 I, 2.Hs. BGB ein Nutzungsanspruch eigentlich ausscheiden. Wegen der Sperrwirkung des Eigentümer-Besitzer-Verhältnisses müsste an sich auch ein Nutzungsanspruch aus § 812 I S.1, 1.Alt., 818 I BGB ausgeschlossen sein.

Dieses Ergebnis wird aber allgemein als unhaltbar angesehen. Wäre nämlich nur der schuldrechtliche Vertrag, nicht auch die Übereignung nichtig gewesen, hätte kein Eigentümer-Besitzer-Verhältnis vorgelegen. Mangels Anwendbarkeit der §§ 987 ff. BGB hätte B dann die gezogenen Nutzungen nach §§ 812 I S.1, 1.Alt., 818 I, II BGB herausgeben müssen.

E stünde also hinsichtlich der Nutzungen besser, wenn er sein Eigentum verloren hätte, als wenn er es behalten hat. Das ist insbesondere dann unbillig, wenn der Grund für die Nichtigkeit der Übereignung gerade darin besteht, den Eigentümer zu schützen (wie im Falle der Geschäftsunfähigkeit).

In Rechtsprechung und Literatur werden zwei Lösungswege vorgeschlagen:

Rechtsprechung: rechtsgrundlos = unentgeltlich

(1) Die Rechtsprechung will mit einer analogen Anwendung des § 988 BGB helfen.[325] Der rechtsgrundlose Besitzer sei dem unentgeltlichen gleichzustellen, weil auch der rechtsgrundlose Besitzer keine Gegenleistung zu erbringen brauche.

Literatur: Anwendung der Leistungskondiktion

(2) Die ganz h.L. lehnt dagegen die Analogie zu § 988 BGB ab und schließt die entstehende Lücke dadurch, dass sie Ansprüche aus *Leistungskondiktion* mit den §§ 987 ff. BGB konkurrieren lässt, insoweit also die Sperrwirkung des § 993 I, 2.Hs. BGB aufhebt.[326]

Gleiche Ergebnisse im Zweipersonenverhältnis

Liegt wie im vorliegenden Fall ein Zweipersonenverhältnis vor, wirkt sich der Streit nicht aus. Nach der Rechtsprechung kann E gemäß §§ 988, 818 I, II BGB Wertersatz für die Gebrauchsvorteile verlangen, nach der Literatur gemäß §§ 812 I S.1, 1.Alt., 818 I, II BGB. Maßgebend ist jeweils der objektive Wert des Gebrauchsvorteils, als der Betrag, der üblicherweise für die Überlassung eines vergleichbaren KfZ gezahlt werden müsste.

Im konkreten Fall kann also eine Streitentscheidung unterbleiben. Dem E steht der von seinem Betreuer geltend gemachte Nutzungsanspruch nach beiden Auffassungen zu.

Auswirkungen im Dreipersonenverhältnis

Praktische Auswirkungen hat der Meinungsstreit im Dreipersonenverhältnis. Hier zeigt sich die Überlegenheit der von der Literatur vertretenen Auffassung.

Beispiel: Der Dieb D hat eine Sache des E an den redlichen B verkauft; der Kaufvertrag ist unerkannt nichtig.

Hier muss B nach der Rechtsprechung analog § 988 BGB die Nutzungen an E herausgeben, obwohl B den Kaufpreis an D gezahlt hat, also für den Erwerb ein Opfer gebracht hat.[327] Ein solches Ergebnis widerspricht dem § 988 BGB, denn danach soll B nur dann zur Nutzungsherausgabe verpflichtet sein, wenn er für die Besitzerlangung keinerlei Opfer erbracht hat. Eine Analogie zu § 988 BGB wäre daher allenfalls dann zu rechtfertigen, wenn B noch keine Gegenleistung erbracht hat.[328]

Nach der h.L. besteht kein Nutzungsherausgabeanspruch des E gegen B. Die Sperrwirkung des § 993 I, 2.Hs. BGB wird nicht aufgehoben, da zwischen E und B keine Leistungsbeziehung vorliegt.

Folgt man der h.L., kann vielmehr nur D die Nutzungen von B nach §§ 812 I S.1, 1.Alt., 818 I, II BGB kondizieren. B kann dem die Kaufpreiszahlung einredeweise entgegenhalten (§§ 273, 274 BGB) bzw. bei Gleichartigkeit aufrechnen.

E kann dann seinerseits von D die Nutzungen, die er selbst gezogen hätte, nach §§ 992, 823, 249 BGB ersetzt verlangen. Soweit E die Nutzungen nicht gezogen hätte, kann er sie von D zumindest nach §§ 687 II S.1, 681 S.2, 667 BGB fordern.

---

325 Ständige Rechtsprechung seit RGZ 163, 348 ff.; zuletzt BGH NJW 1983, 164.
326 Vgl. MEDICUS, Bürgerliches Recht, Rn. 600; ERMAN, § 988, Rn. 6; STAUDINGER, vor § 987, Rn. 36 ff. m.w.N.
327 Zwar kann B den Kaufpreis von D zurückverlangen, dies kann aber z.B. an der Insolvenz oder Unauffindbarkeit des D scheitern.
328 MÜKO, § 988, Rn. 6.

Im Ergebnis kommen die von B herauszugebenden Nutzungen also auch hier zu E, aber auf dem Umweg über D. Dieser Umweg ist nötig, um dem B die Verrechnung seines Vermögensopfers nicht unmöglich zu machen.[329]

II. Bösgläubiger oder verklagter Besitzer

Unredlicher Besitzer

Der unredliche und der verklagte Besitzer sind nicht schutzwürdig. §§ 987, 990 BGB ordnen deshalb eine verschärfte Haftung an. Bösgläubigkeit im Sinne des § 990 I S.1 BGB setzt dabei zumindest grobe Fahrlässigkeit in Bezug auf das fehlende Besitzrecht voraus. Der Maßstab des § 932 II BGB wird also, bezogen auf das Besitzrecht, entsprechend herangezogen.[330] Wichtig ist, dass die grobe Fahrlässigkeit beim Besitzerwerb vorliegen muss. Danach schadet gemäß § 990 I S.2 BGB nur noch positive Kenntnis.

190

1. § 987 I BGB

§ 987 I BGB

Nach §§ 987 I, 990 BGB sind die gezogenen Nutzungen in vollem Umfang herauszugeben. Bei Gebrauchsvorteilen kann der Anspruch von vornherein nur auf Wertersatz gerichtet sein.[331] Bei den Früchten ist zu differenzieren:[332]

191

- Unproblematisch ist es, wenn die Früchte noch unterscheidbar beim Besitzer vorhanden sind. Dann muss dem Eigentümer der Besitz verschafft werden. Die Eigentumsverschaffung ist nicht nötig (und auch möglich), da der dinglich Berechtigte in einer solchen Konstellation das Eigentum bereits nach § 954 BGB erworben hat.

- Sind die Früchte zwar noch beim Besitzer vorhanden, aber nicht mehr unterscheidbar (z.B. der eingezogene Mietzins), bedeutet Herausgabe wie bei den Gebrauchsvorteilen Wertersatz.

- Es verbleibt der Fall, dass die Früchte beim Besitzer auch dem Wert nach nicht mehr vorhanden sind. Da § 987 BGB nicht auf das Bereicherungsrecht verweist, kann § 818 III BGB keine Anwendung finden. Es gelten vielmehr die allgemeinen Regeln der §§ 275, 280, 285 BGB. Bei unverschuldetem Untergang der Früchte wird der Besitzer also frei. Diese Haftung verschärft sich erst im Schuldnerverzug des Besitzers; dann trifft ihn nach §§ 990 II, 280 I, II, 286, 287 S.2 BGB eine Zufallshaftung.[333]

2. § 987 II BGB

§ 987 II BGB

Nach §§ 987 II, 990 I BGB hat der verklagte bzw. bösgläubige Besitzer zudem noch die Nutzungen zu ersetzen, die infolge seines Verschuldens nicht gezogen worden sind[334].

192

3. Ausnahme des § 991 I BGB

§ 991 I BGB

Der bösgläubige Fremdbesitzer, der für einen Dritten besitzt, haftet ausnahmsweise nicht nach §§ 987, 990 BGB, wenn sein Oberbesitzer gutgläubig und unverklagt ist (§ 991 I BGB).

193

---

329 MEDICUS, Bürgerliches Recht, Rn. 600.
330 Vgl. MüKo, § 990, Rn. 3.
331 STAUDINGER, § 987, Rn. 13.
332 Vgl. zum Folgenden MüKo, § 987, Rn. 16 ff.
333 Zu beachten ist dabei, dass § 990 II BGB nach seiner systematischen Stellung nur für den bösgläubigen, nicht auch für den verklagten Besitzer gilt; vgl. STAUDINGER, § 990, Rn. 78; HEMMER/WÜST, Sachenrecht I, Rn. 367.
334 Lesen Sie dazu nochmals Rn. 178 zu § 347 I 1 BGB

Gäbe es die Vorschrift des § 991 I BGB nicht, müsste der Fremdbesitzer die Nutzungen gem. §§ 987, 990 BGB an den Eigentümer abführen und könnte möglicherweise aus dem mit seinem Oberbesitzer abgeschlossenen Vertrag Regressansprüche herleiten. Damit würde letztlich der redliche Oberbesitzer haften. Dies zu verhindern, ist der Sinn und Zweck des § 991 I BGB.[335]

Beispiel: B ist redlicher Eigenbesitzer eines Hauses. Er vermietet das Haus an M. Dem wahren Eigentümer E gelingt der Nachweis, dass M bei der Einräumung des Besitzes infolge grober Fahrlässigkeit die mangelnde Berechtigung des V nicht erkannt hat. Kann E von M Nutzungsherausgabe (z.B. wegen der Gebrauchsvorteile) verlangen?

Ein Anspruch aus §§ 987 I, 990 BGB scheitert an § 991 I BGB. Daneben ist ein Anspruch aus Eingriffskondiktion gem. §§ 812 I S.1, 2.Alt., 818 I, II BGB gesperrt (§ 993 I, 2.HS. BGB); er würde im Übrigen auch am Vorrang der Leistungskondiktion scheitern, da B dem M den Besitz an dem Haus geleistet hat.

Abwandlung: M hatte positive Kenntnis der Nichtberechtigung des B.

Auch hier scheint ein Anspruch aus §§ 987 I, 990 BGB wegen § 991 I BGB ausscheiden zu müssen. Indes droht dem B hier wegen §§ 536 b BGB kein Regressanspruch des M. Die oben beschriebene ratio legis des § 991 I BGB entfällt damit; die Vorschrift ist demgemäß teleologisch zu reduzieren: Sie ist nur anwendbar, wenn dem Oberbesitzer tatsächlich ein Regressanspruch droht.[336]

III. Deliktischer Besitzer (§ 992 BGB)

Deliktischer Besitzer (§ 992 BGB)

Der unrechtmäßige Besitzer, der sich die Sache durch eine (schuldhafte[337]) verbotene Eigenmacht oder durch eine Straftat verschafft hat, haftet gemäß §§ 992, 823 BGB ebenfalls auf Nutzungsherausgabe bzw. -ersatz. Bei einer leicht fahrlässigen verbotenen Eigenmacht kann auch ein gutgläubiger Besitzer unter § 992 BGB fallen (z.B. B treibt irrigerweise die Kuh des E in seinen Stall).

Gezogene Nutzungen sind, wenn möglich, in Natur herauszugeben (§ 249 I BGB), ansonsten ist Wertersatz zu leisten (§ 251 I BGB). Nicht gezogene Nutzungen sind nach §§ 992, 823 ff., 252 BGB zu ersetzen, wenn der Eigentümer zu der Nutzung in der Lage gewesen wäre.

D. Nutzungsherausgabe aus ungerechtfertigter Bereicherung

Nutzungen können in zweierlei Hinsicht Gegenstand einer Herausgabepflicht aus ungerechtfertigter Bereicherung sein.

Zum einen kann schon das Erlangte im Sinne von § 812 I BGB in Nutzungen bestehen, so etwa bei der Rückabwicklung eines nichtigen Mietvertrags.

§ 818 I BGB

Zum anderen können Nutzungen aus dem Erlangten gezogen worden sein (z.B. Gebrauchsvorteile aus einem aufgrund nichtigen Kaufvertrags veräußerten KfZ). Gem. § 818 I BGB sind *diese Nutzungen, die Nebenfolge eines anderen Hauptanspruchs sind*, ebenfalls Gegenstand der Kondiktion, aber nur, soweit sie tatsächlich gezogen worden sind.

---

335 Vgl. MEDICUS, Bürgerliches Recht, Rn. 584.
336 MüKo, § 991, Rn. 7 m.w.N.; kritisch STAUDINGER, § 991, Rn. 3.
337 Vgl. STAUDINGER, § 992, Rn. 10.

Die Unterscheidung danach, ob die Nutzungsmöglichkeit das primär Erlangte oder nur eine Nebenfolge des Erlangten ist, hat dabei durchaus praktische Auswirkungen.[338]

Beispiele:

- *A hat von B aufgrund eines nichtigen Kaufvertrags den Kaufpreis von 10.000 € erhalten.*

A muss zunächst die 10.000 € zurückerstatten (§ 812 I S.1, 1.Alt. BGB). Daneben muss A nur dann Zinsen (als Nutzung aus der Überlassung der Darlehenssumme) zahlen, wenn er den Kaufpreis tatsächlich verzinslich angelegt hat. Denn § 818 I BGB gilt nur für die *gezogenen* Nutzungen. Eine verschärfte Haftung könnte sich nur über §§ 818 IV, 819 I, 292, 987 ff. BGB ergeben.

- *A hat bei der Bank B einen verzinslichen Kredit in Höhe von 10.000 € aufgenommen. Nach einem Jahr stellt sich heraus, dass der Darlehensvertrag wegen Dissenses nichtig war.*

Auch hier muss A 10.000 € zurückübereignen. Gem. § 818 I BGB müsste er Zinsen nur dann zahlen, wenn er die Darlehenssumme seinerseits verzinslich oder sonst Gewinn bringend angelegt hat. Doch greift § 818 I BGB hier nicht ein. Der Anspruch der B auf Zahlung der (marktüblichen) Zinsen ergibt sich nämlich bereits aus § 812 I S.1 BGB. Bei Darlehen wie bei anderen Gebrauchsüberlassungsverträgen stellt die Einräumung der Nutzungsmöglichkeit eine Hauptpflicht und damit die eigentliche vertragliche Leistung dar. Sie ist daher bereits das "erlangte Etwas" im Sinne des § 812 BGB und wird folglich schon vom Hauptanspruch des § 812 I S.1 BGB und nicht erst durch den Nebenfolgeanspruch des § 818 I BGB erfasst. Da die Gebrauchsmöglichkeit als solche nicht herausgabefähig ist, wird gem. § 818 II BGB Wertersatz in Höhe des üblichen Zinssatzes geschuldet, ohne dass es darauf ankommt, dass A das Geld tatsächlich Gewinn bringend genutzt hat.

E. Nutzungsherausgabe im Erbrecht

Nutzungsherausgabe im Erbrecht

Besondere Vorschriften für die Herausgabe von Nutzungen finden sich schließlich im Erbrecht.

I. §§ 2020 ff. BGB

§§ 2020 ff. BGB

Wichtig sind insbesondere die Vorschriften der §§ 2020 ff. BGB. Dabei handelt es sich um Nebenfolgen des Erbschaftsanspruchs aus § 2018 BGB. Es müssen also zunächst die Voraussetzungen des § 2018 BGB gegeben sein.[339]

1. Gutgläubiger, unverklagter Erbschaftsbesitzer

Gutgläubiger, unverklagter Erbschaftsbesitzer (§§ 2020, 2021 BGB)

Der gutgläubige, unverklagte Erbschaftsbesitzer hat dem Erben die gezogenen Nutzungen herauszugeben. Das gilt nach § 2020 BGB auch für die Früchte, an denen er (z.B. gem. § 955 BGB) Eigentum erworben hat.

Soweit der gutgläubige, unverklagte Erbschaftsbesitzer zur Herausgabe außerstande ist, greift die Rechtsfolgenverweisung[340] des § 2021 BGB auf das Bereicherungsrecht ein. Der Erbschaftsbesitzer kann sich also ggf. auf Entreicherung (§ 818 III BGB) berufen.

---

338 Vgl. zum Folgenden MüKo, § 818, Rn. 10 f.
339 Dazu oben Rn. 158 ff.
340 Palandt, § 2021, Rn. 1.

Die Stellung des gutgläubigen, unverklagten Erbschaftsbesitzers gleicht damit der des gutgläubigen, unentgeltlichen Besitzers im Eigentümer-Besitzer-Verhältnis (vgl. § 988 BGB).

Diese Gleichstellung ist deshalb berechtigt, weil der Erbschaftsbesitzer den Besitz an den Nachlassgegenständen im Regelfall unentgeltlich erworben hat.

2. Verklagter oder bösgläubiger Erbschaftsbesitzer

Verklagter oder bösgläubiger Erbschaftsbesitzer (§§ 2023 II, 2024 BGB)

Ist der Erbschaftsbesitzer verklagt oder bösgläubig, gelten für die Nutzungsherausgabe die den unredlichen Besitzer betreffenden Vorschriften der §§ 987 ff. BGB entsprechend (§§ 2023 II, 2024 BGB).

Maßstab für die Bösgläubigkeit im Sinne des § 2024 BGB ist wiederum § 932 II BGB, hier bezogen auf das Erbrecht.[341]

3. Deliktischer Erbschaftsbesitzer

Deliktischer Erbschaftsbesitzer

Schließlich ist für den deliktischen Erbschaftsbesitzer die Vorschrift des § 2025 BGB zu beachten. Insoweit gilt das zur Parallelvorschrift des § 992 BGB Gesagte entsprechend.[342]

Die verbotene Eigenmacht im Sinne des § 2025 BGB muss nach h.M. wie bei § 992 BGB schuldhaft erfolgt sein.[343] Zu beachten ist die Besonderheit des § 2025 S.2 BGB: Ein gutgläubiger Erbschaftsbesitzer haftet wegen verbotener Eigenmacht nur, wenn der Erbe den Besitz der Sache bereits tatsächlich ergriffen hatte.

Gezogene Nutzungen sind, soweit möglich, in Natur herauszugeben (§ 249 I BGB), ansonsten ist Wertsatz zu leisten (§ 251 I BGB). Nicht gezogene Nutzungen sind nach §§ 2025, 823 ff., 252 BGB zu ersetzen, wenn der wahre Erbe die Nutzung hätte ziehen können.

4. Verhältnis zu den Einzelansprüchen

§ 2029 BGB

Konkurrierende Einzelansprüche sind neben den §§ 2018 ff. BGB nicht ausgeschlossen. § 2029 BGB stellt aber klar, dass sich auch bei Geltendmachung von Einzelansprüchen der Umfang der Haftung des Erbschaftsbesitzers nach den §§ 2020 ff. BGB bestimmt. Klagt also der Erbe nur auf Herausgabe einer einzelnen Nachlasssache nebst Nutzungen, gelten für den Umfang der Nutzungsherausgabe gleichwohl die §§ 2020 ff. BGB und nicht die §§ 987 ff. BGB.

> **hemmer-Methode:** Wegen § 2029 BGB ist im Gutachten immer mit der Prüfung des Erbschaftsanspruchs und seiner Nebenfolgen zu beginnen, bevor auf die Einzelansprüche eingegangen wird.[344]

II. § 2184 BGB

Ein weiterer Anspruch auf Herausgabe von Nutzungen besteht zugunsten des Vermächtnisnehmers in § 2184 BGB. Danach sind die Früchte (nicht auch die Gebrauchsvorteile, § 2184 S.2 BGB), die seit dem Anfall des Vermächtnisses aus dem betreffenden Gegenstand tatsächlich gezogen worden sind, dem Vermächtnisnehmer herauszugeben. Sind die Früchte nicht mehr vorhanden, richtet sich die Haftung des Beschwerten nach den §§ 280 ff. BGB.[345]

---

341 BROX, Erbrecht, Rn. 557.
342 Vgl. oben Rn. 194.
343 BROX, Erbrecht, Rn. 558.
344 MEDICUS, Bürgerliches Recht, Rn. 574 g; OLZEN/WANK, Klausurenlehre, S. 595.
345 PALANDT, § 2184, Rn. 1.

§ 10 PROZESSUALE BESONDERHEITEN

Bislang sind lediglich die materiell-rechtlichen Voraussetzungen der einzelnen Herausgabeansprüche erörtert worden. Daneben bestehen einige prozessuale Besonderheiten, auf die im Folgenden näher einzugehen ist.

A. Erkenntnisverfahren

Erkenntnisverfahren

I. Bestimmte Bezeichnung des Herausgabegegenstandes im Klageantrag

§ 253 II Nr. 2 ZPO

Im Bereich des Erkenntnisverfahrens ist gerade bei den Herausgabeansprüchen besonders darauf zu achten, dass der Klageantrag hinreichend bestimmt sein muss, vgl. § 253 II Nr. 2 ZPO.

Bezeichnung des Herausgabegegenstandes bei Sachgesamtheiten und Sondervermögen

Schwierigkeiten bereitet dies vor allem bei den Ansprüchen auf Herausgabe von Sachgesamtheiten und Sondervermögen.[346] Denn § 253 II Nr. 2 ZPO verlangt, dass jeder einzelne Gegenstand im Klageantrag angeführt wird.[347] Dazu ist der Kläger jedoch oft schon deshalb nicht in der Lage, weil er keinen Einblick in den herauszugebenden Bestand hat. Er ist daher zumeist darauf angewiesen, zunächst einen Auskunftsanspruch (aus § 260 I BGB; vgl. auch § 2027 BGB) geltend zu machen, bevor er anschließend Klage auf Herausgabe der nun einzeln zu bezeichnenden Gegenstände erhebt.

Stufenklage (§ 254 ZPO)

Das Gesetz gestattet dem Kläger, beide Klagen miteinander zu verbinden und dabei hinsichtlich der Herausgabeklage zunächst von einem bestimmten Antrag abzusehen, sog. Stufenklage (§ 254 ZPO). Der Kläger kann so Kosten sparen und erreichen, dass der zunächst unbestimmte Antrag bereits zum Zeitpunkt der Erhebung der Stufenklage rechtshängig wird; letzteres ist insbesondere für die Frage der Hemmung der Verjährung (§ 204 I BGB) von Bedeutung.

Über die Herausgabeklage als zweite Stufe darf erst entschieden werden, wenn die erste Stufe (die Auskunfterteilung) z.B. durch Teilurteil oder übereinstimmende Erledigterklärung abgeschlossen ist.[348] Hat der Kläger die für die Geltendmachung des Herausgabeanspruchs erforderlichen Informationen erhalten, so muss er den bislang unbestimmten Antrag nun genau beziffern.

II. Besondere und ausschließliche Gerichtsstände bei Herausgabeansprüchen

Besonderheiten beim Gerichtsstand

Ferner bestehen hinsichtlich der Herausgabeansprüche einige Besonderheiten in bezug auf die Gerichtsstände.[349]

Dinglicher Gerichtsstand (§ 24 I ZPO)

So ist insbesondere für die Vindikation (§ 985 BGB) *unbeweglicher* Sachen der ausschließliche Gerichtsstand des § 24 I ZPO zu beachten (sog. dinglicher Gerichtsstand).

> **hemmer-Methode:** Merke: § 24 ZPO gilt nur für dingliche Ansprüche *aus* dem Eigentum, also nicht etwa auch für den Anspruch *auf* Übereignung aus § 433 I BGB.

---

346 Dazu oben Rn. 141 ff.

347 Der Grund für dieses Erfordernis liegt darin, dass der Tenor des Urteils, der auf dem Antrag beruht, Vollstreckungsgrundlage wird und dem Gerichtsvollzieher ohne langwierige Nachprüfungen die Zwangsvollstreckung ermöglichen muss.

348 Vgl. THOMAS, § 254, Rn. 6.

349 Allgemein zu den Gerichtsständen HEMMER/WÜST, ZPO I, Rn 156 ff.

Gerichtsstand bei Gesamtansprüchen (§§ 31, 27 ZPO)

Besondere Gerichtsstände gelten für die Gesamtansprüche auf Herausgabe von Sondervermögen.[350] Hinsichtlich des Erbschaftsanspruchs (§ 2018 BGB) ist § 27 ZPO zu beachten; für die übrigen Gesamtansprüche gilt § 31 ZPO.

B. Zwangsvollstreckungsverfahren

Zwangsvollstreckungsverfahren

Spezielle Vorschriften für die Zwangsvollstreckung von Ansprüchen auf Herausgabe von beweglichen und unbeweglichen Sachen enthalten die §§ 883 ff. ZPO.

I. Herausgabevollstreckung bei beweglichen Sachen

1. Anwendungsbereich der §§ 883 f. ZPO

Herausgabevollstreckung bei beweglichen Sachen

Bei der Zwangsvollstreckung aus einem Herausgabetitel kommt es zunächst auf dessen genauen Inhalt an:

a) Ist mit Herausgabe lediglich die *Verschaffung des unmittelbaren Besitzes* gemeint (wie im Regelfall der §§ 985, 861, 1007 I, II BGB), richtet sich die Durchführung der Vollstreckung allein nach § 883 ZPO; d.h. der Gerichtsvollzieher nimmt dem Schuldner die Sache weg und übergibt sie dem Gläubiger bzw. im Fall der §§ 986 I S.2, 869 S.2 BGB dem früheren unmittelbaren Besitzer. Dies gilt für vertretbare (vgl. § 91 BGB) und unvertretbare Sachen gleichermaßen, § 884 ZPO.

b) Lautet der Herausgabetitel auf *Übereignung* einer beweglichen Sache, dann wird vom Schuldner außer der Übergabe der Sache auch die Einigungserklärung (§ 929 S.1 BGB) verlangt. Diese ist eine Willenserklärung und gilt mit der Rechtskraft des Urteils als abgegeben (§ 894 I S.1 ZPO). Die daneben erforderliche Besitzverschaffung wird nach § 897 ZPO vollstreckt.

Beachte: Bei Herausgabe von Geld zwischen §§ 803 ff. ZPO und §§ 883 f. ZPO unterscheiden

c) Bei Ansprüchen auf Herausgabe (Besitzverschaffung und/oder Übereignung) von *Geld* stellt sich die Frage nach der Abgrenzung zwischen Herausgabevollstreckung (§§ 883 f. ZPO) und der Vollstreckung von Geldforderungen (§§ 803 ff. ZPO).

Hier gilt: Sind bestimmte Geldzeichen herauszugeben, sind die §§ 883 f. ZPO anzuwenden. Kommt es dagegen nicht auf die konkreten Geldzeichen, sondern nur auf den Geldbetrag bzw. -wert an, handelt es sich also um einen echten Zahlungsanspruch, gelten die §§ 803 ff. ZPO.[351]

Diese Abgrenzung kann im Einzelfall Schwierigkeiten bereiten. Auf Herausgabe der konkreten Geldzeichen sind etwa die sachenrechtlichen Ansprüche aus §§ 861, 1007 I, II und 985 BGB gerichtet.[352] Ihre Vollstreckung richtet sich nach den §§ 883 f. ZPO. Demgegenüber steht bei den Erlösherausgabeansprüchen (z.B. §§ 667, 816 BGB) der erlangte Geld*wert* im Mittelpunkt.[353] Hier liegt also eine echte Geldschuld vor; die Vollstreckung erfolgt nach den §§ 803 ff. ZPO.

> **hemmer-Methode:** Die maßgebliche Frage im Zwangsvollstreckungsrecht lautet: „Wegen was wird in was vollstreckt?". Die korrekte Beantwortung dieser Frage ist (mit-)entscheidend für Erfolg oder Misserfolg in einer Zwangsvollstreckungsklausur.

---

350 Dazu oben Rn. 141 ff.
351 Vgl. etwa BL, Grundzüge, vor § 803, Rn. 1.
352 Vgl. STAUDINGER, vor § 244, Rn. C 3.
353 H.M., etwa STAUDINGER, vor § 244, Rn. C 3; a.A. für § 667 BGB: MüKo, § 279, Rn. 7; vgl. bereits oben Rn. 12 ff.

2. Durchführung der Vollstreckung

Durchführung der Vollstreckung

a) Ist der Anwendungsbereich der §§ 883 f. ZPO eröffnet, nimmt der Gerichtsvollzieher die herauszugebende Sache dem Schuldner weg und übergibt sie dem Gläubiger (§ 883 I BGB). Hinsichtlich des Verfahrens gelten die allgemeinen Vorschriften der §§ 757-763 ZPO.

208

Durchsuchung von Wohnräumen: einschränkende Auslegung des § 758 ZPO wegen Art. 13 II GG?

aa) Der Gerichtsvollzieher hat also insbesondere dieselben Zwangsbefugnisse wie bei der Vollstreckung wegen Geldforderungen.

209

Gemäß §§ 758, 758a ZPO ist er vor allem befugt, die Wohnung des Schuldners zu durchsuchen. Soweit nicht Gefahr im Verzug ist, bedarf er hierfür jedoch einer richterlichen Anordnung gemäß § 758a ZPO.

> **hemmer-Methode:** § 758a ZPO geht auf eine Entscheidung des BVerfG zurück.
> Zunächst ging der Gesetzgeber davon aus, dass eine besondere Anordnung durch den Richter bei der Herausgabevollstreckung dann nicht mehr erforderlich sei, wenn die Herausgabeverpflichtung in einem richterlichen Vollstreckungstitel enthalten sei.[354] Dem Richtervorbehalt des Art. 13 II GG sei damit bereits Rechnung getragen. Eine erneute richterliche Überprüfung erübrige sich, da bei der Herausgabevollstreckung – anders als bei der Vollstreckung wegen Geldforderungen – von vornherein neben der freiwilligen Herausgabe nur die zwangsweise Wegnahme in Betracht komme.
> Allerdings wird auch bei einem Herausgabetitel zunächst nur die Leistungspflicht festgestellt, sodass offen bleibt, ob und wo tatsächlich vollstreckt werden muss. Man kann also den Herausgabetitel nicht ohne weiteres zugleich als Durchsuchungsanordnung ansehen. Entbehrlich kann die Durchsuchungsanordnung allenfalls bei solchen richterlichen Titeln sein, die nach ihrem Inhalt zwangsläufig die Genehmigung einschließen, die Wohnung des Schuldners auch gegen dessen Willen zu betreten.[355]
> Das BVerfG[356] hat ausdrücklich festgestellt, dass die verfassungskonforme Auslegung des § 758 ZPO im Hinblick auf Art. 13 II GG verlange, dass eine Wohnungsdurchsuchung nur nach vorheriger richterlicher Anordnung möglich sein soll. Diese Entscheidung hat der Gesetzgeber mit § 758a ZPO umgesetzt.
> Damit hat sich der obige Streit, der aus historischen Gründen noch interessant ist, erledigt. Jedenfalls sollten Sie bei § 758a ZPO immer Art. 13 II GG im Kopf haben.

Bsp.: Titel zur Demontage und Wegnahme eines in der Wohnung installierten Stromzählers.[357]

Pfändungsschutzvorschriften der §§ 811 ff. ZPO nicht anwendbar

bb) Zu beachten ist, dass die Pfändungsschutzvorschriften der §§ 811 ff. ZPO bei der Herausgabevollstreckung nicht anwendbar sind, da sich diese Vorschriften ihrer Stellung im Gesetz nach nur auf die Zwangsvollstreckung wegen Geldforderungen beziehen.

210

Auch eine analoge Anwendung kommt nach allgemeiner Meinung nicht in Betracht.[358]

---

354 BROX/WALKER, Rn. 1054.
355 ZÖLLER, § 758, Rn. 10; LIPPROSS, VollstreckungsR, § 16 II 1.
356 BVerfGE 51, 97; HEMMER/WÜST, ZPO II, Rn. 115.
357 LG Berlin, DGVZ 1988, 118.
358 THOMAS, § 811, Rn. 1; ZÖLLER, § 811, Rn. 2; BROX/WALKER, Rn. 1055.

Beispiel: Vollstreckt ein Vorbehaltsverkäufer aus einem Herausgabetitel (aufgrund der §§ 346 I, 985 BGB), greifen die Pfändungsverbote des § 811 ZPO nicht ein. Betreibt er dagegen wegen der Kaufpreisforderung die Zwangsvollstreckung in die Kaufsache, muss der Gerichtsvollzieher die Einschränkungen aus § 811 ZPO beachten.[359]

> **hemmer-Methode:** Der Grund für die verschiedene Behandlung liegt in Folgendem: Bei der Vollstreckung wegen Geldforderungen dient das gesamte Vermögen als Haftungsobjekt; lediglich der Pfändung und Verwertung bestimmter Gegenstände müssen aus sozialen Gründen Grenzen gesetzt werden.
> Bei der Herausgabevollstreckung geht es dagegen nicht um den Zugriff auf das Vermögen des Schuldners schlechthin, sondern von vornherein um die Durchsetzung eines Rechtsanspruchs hinsichtlich eines bereits im Titel genannten bestimmten Gegenstandes. Mit der Bejahung dieses Anspruchs in einem Vollstreckungstitel steht zugleich fest, dass dem Zugriff auf den genannten Gegenstand soziale Gesichtspunkte nicht entgegenstehen.[360]

Eidesstattliche Versicherung

b) Wird die Sache vom Gerichtsvollzieher nicht vorgefunden, ist der Schuldner verpflichtet, auf Antrag des Gläubigers eine Offenbarungsversicherung i.S.d. §§ 899 ff. ZPO abzugeben. Er muss an Eides Statt versichern, dass er die Sache nicht besitze und auch nicht wisse, wo sie sich befinde (§ 883 II BGB).

Herausgabevollstreckung gegen Dritte?

c) Befindet sich die Sache im Gewahrsam eines Dritten, ist zu unterscheiden:

Wenn der Dritte zur Herausgabe bereit ist, vollstreckt der Gerichtsvollzieher nach § 883 ZPO, indem er die Sache von dem Dritten übernimmt und sie dem Gläubiger übergibt.

Verweigert der Dritte dagegen die Herausgabe, so darf aus dem Titel, der gegen den Schuldner gerichtet ist, nicht gegen den Dritten vollstreckt werden. Doch hat der Gläubiger nach § 886 i.V.m. §§ 829, 835 ZPO die Möglichkeit, den Herausgabeanspruch, den der Schuldner gegen den Dritten hat, pfänden und sich überweisen zu lassen.

Verweigert der Dritte weiterhin die Herausgabe, kann der Vollstreckungsgläubiger den gepfändeten und überwiesenen Anspruch gegen ihn einklagen (§ 836 ZPO) und aus einem obsiegenden Urteil nach den §§ 883 ff. ZPO vollstrecken.

> **hemmer-Methode:** Unterscheiden Sie diese Vollstreckung wegen eines Herausgabeanspruchs von der Vollstreckung wegen einer Geldforderung in einen Herausgabeanspruch des Schuldners gegen einen Dritten nach §§ 846-848 ZPO. Diese Vorschriften gelten nicht bei der Pfändung eines Herausgabeanspruchs nach § 886 ZPO.[361]

II. Herausgabevollstreckung bei unbeweglichen Sachen

1. Anwendungsbereich des § 885 ZPO

Herausgabevollstreckung bei unbeweglichen Sachen

Auch hier ist zunächst auf den genauen Inhalt des Herausgabetitels zu achten:

---

[359] § 811 ZPO findet nach h.M. auch bei der Pfändung gläubigereigener Sachen Anwendung, vgl. ausführlich dazu HEMMER/WÜST, ZPO II, Rn. 112.
[360] BROX/WALKER, Rn. 1055.
[361] THOMAS, § 886, Rn. 1.

Richtet sich der Titel allein auf Besitzverschaffung (wie etwa der Anspruch des Vermieters gegen den Mieter nach Ablauf des Mietvertrags, §§ 546, 985 BGB), gilt für die Vollstreckung ausschließlich § 885 ZPO; d.h. der Gerichtsvollzieher setzt den Schuldner aus dem Besitz und weist den Gläubiger in den Besitz ein.

Lautet der Titel dagegen auf Übereignung des Grundstücks, sind die Auflassung und die Eintragung des Gläubigers im Grundbuch erforderlich (§§ 925, 873 BGB).

Hier greift § 894 ZPO ein: Die Auflassungserklärung gilt mit der Rechtskraft des Urteils als abgegeben. Ist der Schuldner daneben auch zur Übergabe verpflichtet, findet insoweit wiederum § 885 ZPO Anwendung.

2. Durchführung der Vollstreckung

Durchführung der Vollstreckung

a) Nach § 885 I ZPO hat der Gerichtsvollzieher den Schuldner - notfalls mit Gewalt, § 758 II, III ZPO - aus dem Besitz zu setzen und den Gläubiger in den Besitz einzuweisen. Bewegliche Sachen, die nicht Gegenstand der Zwangsvollstreckung sind (z.B. dem Mieter gehörendes Mobiliar), hat der Gerichtsvollzieher nach § 885 II ZPO wegzuschaffen und dem Schuldner zu übergeben. Ist der Schuldner abwesend, muss der Gerichtsvollzieher die Sachen in Verwahrung zu nehmen, § 885 III ZPO.

Besondere richterliche Anordnung i.S.d. Art. 13 II GG nötig?

Sehr streitig ist wiederum,[362] ob neben einem Herausgabetitel (bei unbeweglichen Sachen spricht man häufig auch von Räumungstitel) noch eine besondere richterliche Anordnung i.S.d Art. 13 II GG erforderlich ist.

Eine Ansicht hält auch hier an dem Erfordernis einer besonderen richterlichen Anordnung strikt fest.[363]

Demgegenüber geht die h.M. (anders als bei beweglichen Sachen) zu Recht davon aus, dass bei richterlichen Räumungstiteln die Anordnung entbehrlich ist.[364] Denn der Räumungstitel schließt bereits zwangsläufig die Anordnung ein, die Räume gegen den Willen des Schuldners zu betreten und ihn zur Besitzaufgabe zu zwingen. Soweit der Räumungstitel von einem Richter erlassen wurde, ist also dem Vorbehalt des Art. 13 II GG bereits Rechnung getragen.

Herausgabevollstreckung gegen Dritte?

b) Befindet sich die herauszugebende unbewegliche Sache im (Allein-) Gewahrsam eines Dritten, ist der Gläubiger nur dann von dem Gerichtsvollzieher in den Besitz einzuweisen, wenn der Dritte herausgabebereit ist.

Ist das nicht der Fall, so darf aus dem Titel, der gegen den Schuldner gerichtet ist, nicht gegen den Dritten vollstreckt werden. Dem Gläubiger bleibt wie bei einer beweglichen Sache nur die Möglichkeit, nach § 886 ZPO vorzugehen.[365]

Herausgabevollstreckung gegen Mitbewohner?

c) Fraglich und sehr umstritten ist die Rechtslage, wenn andere Personen neben dem Schuldner *Mit*gewahrsam an der herauszugebenden unbeweglichen Sache haben.

Hier stellt sich die Frage, ob aus dem Titel gegen den Schuldner auch gegen die (nicht herausgabebereiten) Mitgewahrsamsinhaber vollstreckt werden kann.

---

362 Vgl. bereits oben Rn. 209 zur Herausgabevollstreckung bei beweglichen Sachen.
363 KÜHNE, DGVZ 1979, 145 (147).
364 OLG Düsseldorf, NJW 1980, 458; ZÖLLER, § 758, Rn. 10; BROX/WALKER, Rn. 1059; LIPPROSS, VollstreckungsR, § 17 I 2 (S. 110)
365 Siehe oben Rn. 212.

HERAUSGABEANSPRÜCHE

Relevant wird dies vor allem bei der Räumungsvollstreckung gegen Eheleute, die regelmäßig unmittelbaren Mitbesitz an ihrer gemeinsamen Wohnung haben.

Im Vordingen ist die Auffassung, die stets auch einen Titel gegen den mitbesitzenden Ehegatten verlangt.[366]

Demgegenüber unterscheidet die noch h.M.[367] danach, ob der Ehegatte den Mietvertrag mitunterzeichnet hat. Nur wenn dies der Fall sei, wenn der Ehegatte also als Mitmieter aus eigenem Recht besitze, sei ein Titel gegen ihn erforderlich. Andernfalls genüge der Titel gegen den Ehegatten, der Partei des Mietvertrags sei.

Zur Begründung wird auf § 885 II ZPO verwiesen: Danach seien bei der Zwangsräumung die beweglichen Sachen des Schuldners in seiner Abwesenheit „einer zu seiner Familie gehörigen erwachsenen Person" zu übergeben. Das Gesetz gehe also als selbstverständlich davon aus, dass aus dem Räumungstitel gegen den Schuldner auch gegen dessen Familienangehörige vollstreckt werden dürfe.

Derselbe Meinungsstreit findet sich auch in Bezug auf nicht eheliche Lebensgemeinschaften.[368] Unstreitig ist dagegen kein Titel erforderlich gegen bloße Besitzdiener, die keinen „Gewahrsam" i.S.d. § 886 ZPO haben; dies betrifft z.B. die in der Wohnung des Schuldners lebenden Kinder.[369]

> **hemmer-Methode:** Die Frage, inwieweit auch gegen Mitgewahrsamsinhaber ein Räumungstitel gegeben sein muss, ist ein in der Praxis sehr häufig auftretendes und bislang noch nicht höchstrichterlich geklärtes Problem. Angesichts seiner Aktualität ist es auch in Examensklausuren zu erwarten.

3. Räumungsschutz, Vollstreckungsschutz

Räumungsschutz

Wegen der besonderen Härte, die die Räumung von Wohnraum mit sich bringen kann, hat der Gesetzgeber spezielle Schutzvorschriften für den Räumungsschuldner erlassen. Er hat gegenüber der Räumungsklage stufenweise die Möglichkeit zum Widerspruch.

Widerspruch nach § 574 I BGB

a) Der Mieter kann zunächst nach § 574 I BGB im Härtefall Widerspruch gegen eine Kündigung des Mietvertrags einlegen. Dann trifft notfalls der Richter eine Bestimmung darüber, wie lange das Mietverhältnis fortzusetzen ist, § 574a II BGB.

Räumungsfrist, § 721 I S.1 ZPO

b) Erstreitet der Vermieter nach Ablauf des u.U. schon nach § 574 BGB verlängerten Mietverhältnisses ein Räumungsurteil, kann der Mieter zusätzlich noch eine Räumungsfrist nach § 721 I S.1 ZPO beantragen. Nach § 721 V ZPO darf die Frist nicht länger als ein Jahr betragen.

Vollstreckungsschutz in Härtefällen (§ 765a ZPO)

c) Schreitet der Gläubiger schließlich zur Vollstreckung, bleibt dem Räumungsschuldner zudem noch der allgemeine Vollstreckungsschutz gemäß § 765a ZPO, soweit durch die Vollstreckung wegen besonderer Umstände eine unzumutbare Härte droht.

---

366 OLG Oldenburg, NJW-RR 1994, 715 = Rpfleger 1994, 366; ZÖLLER, § 885, Rn. 5a m.w.N.

367 Vgl. etwa LG Heidelberg, DGVZ 1994, 9; THOMAS, § 885, Rn. 5; BROX/WALKER, Rn. 1047 m.w.N.

368 Vgl. einerseits ZÖLLER, § 885, Rn. 5e; andererseits (für die h.M.) BROX/WALKER, Rn. 1047.

369 ZÖLLER, § 885, Rn. 5b; BROX/WALKER, Rn. 1047. Das gilt auch für volljährige Kinder, da der Eintritt der Volljährigkeit allein an den Besitzverhältnissen nichts ändert; vgl. OLG Hamburg, MDR 1991, 453.

§ 10 PROZESSUALE BESONDERHEITEN

Zusammenspiel von § 765a und § 721 ZPO

Für das Verhältnis zwischen § 765a und § 721 ZPO gilt: Kann die Räumungsfrist noch beantragt werden (ggf. nach Wiedereinsetzung in den vorigen Stand), ist der Schuldner des Schutzes durch § 765a ZPO nicht bedürftig; für eine Anwendung dieser Vorschrift ist dann neben § 721 ZPO kein Raum.[370]

Hat der Schuldner dagegen die Antragsfrist des § 721 I S.2 ZPO versäumt oder ist die Jahresfrist nach § 721 V ZPO abgelaufen, kann noch auf § 765a ZPO zurückgegriffen werden. Das gilt nach wohl h.M. auch dann, wenn die Antragsfrist des § 721 I S.2 ZPO schuldhaft versäumt wurde;[371] denn § 765a ZPO gewährt unabhängig vom Verschulden Schutz gegen sittenwidrige Härten der Zwangsvollstreckung.

> *Bsp. (für das Zusammenspiel von § 721 und § 765a ZPO): Der 80-jährige S ist zur Räumung seiner Mietwohnung verurteilt worden. Auf seinen Antrag hat ihm das Gericht gemäß § 721 ZPO eine Räumungsfrist von einem Jahr gewährt. Als der Gläubiger G nach Ablauf der Frist vollstrecken will, beantragt S nach § 765a ZPO beim Vollstreckungsgericht, die Frist für zwei Monate zu verlängern, weil er aufgrund der angespannten Situation auf dem Wohnungsmarkt erst dann eine Wohnung beziehen könne und sein Gesundheitszustand einen zweimaligen Umzug nicht zulasse.*

Der Antrag des S ist nicht etwa deshalb unbegründet, weil die spezielle Vorschrift des § 721 ZPO den allgemeinen Vollstreckungsschutz aus § 765a ZPO verdrängen würde. Zwar muss S primär Schutz aus § 721 ZPO suchen. Ist jedoch wie im vorliegenden Fall die nach § 721 V ZPO maximal zu gewährende Räumungsfrist erschöpft, kann er auf § 765a ZPO zurückgreifen. Hier liegt auch tatsächlich eine unzumutbare Härte vor, da das Interesse des G durch die nur relativ kurzzeitige Verzögerung nicht allzu gravierend beeinträchtigt wird und andererseits erhebliche Schäden an der Gesundheit des S drohen. Das Vollstreckungsgericht wird daher dem Antrag des S stattgeben und die Vollstreckung aus dem Räumungstitel einstweilen untersagen.

Evtl. (Rück-) Einweisung durch Ordnungsbehörden

d) Nach der Vollstreckung hilft dem Mieter möglicherweise die Ordnungsbehörde. Sie kann u.U. bei drohender Obdachlosigkeit den vollstreckenden Gläubiger (Vermieter) als Nichtstörer in Anspruch nehmen und den Mieter wieder in die Wohnung zwangseinweisen.

218

---

370 ZÖLLER, § 765a, Rn. 13.

371 Vgl. etwa ZÖLLER, § 765a, Rn. 13, str.

§ 11 ANHANG: EXAMENSTYPISCHE KLAUSUR

> **hemmer-Methode:** Nachfolgend haben wir für Sie eine examenstypische Herausgabeklausur aufbereitet und kommentiert. Versuchen Sie zunächst eine eigene Lösung oder entwerfen Sie zumindest eine kurze Gliederung. Das steigert den Lerneffekt!

Nina Nett und Sebastian Süß ziehen im Frühjahr 2002 in eine gemeinsame Wohnung. Einige Wochen zuvor hatten sie geheiratet und sich gegenseitig „ewige Treue" gelobt. Die Liste der Neuanschaffungen für die gemeinsame Wohnung scheint aber auch in der Folgezeit nicht abzureißen: Schon kurze Zeit nach dem Einzug geht der alte Fernseher der Nina kaputt. Sebastian, der „den alten Kasten" noch nie leiden mochte, kommt dieser Umstand ganz recht. Kurz entschlossen begibt er sich in das Elektronikfachgeschäft des Achim Ahnungslos, wo er für 999 € einen schicken Farbfernseher erwirbt. Den Preis für den neuen Fernseher lässt er von seinem Konto abbuchen.

Wegen dieser Anschaffung kommt es zwischen den Eheleuten in der Folgezeit immer häufiger zu Spannungen. Nina sieht durch die sich häufenden „Abende vor der Glotze" das bisher harmonische Eheleben in Gefahr. Sie beschließt kurzerhand, sich des neuen Fernsehers zu entledigen und überlässt das Gerät, ohne Sebastian vorher gefragt zu haben, ihrer Arbeitskollegin Helga Höflich für 400 €. Da sie schon einmal dabei ist, veräußert Nina auch gleich die Videokamera ihres Mannes an den sechzehnjährigen Schüler Frieder Faul für ebenfalls 400 €, dem Sohn eines anderen Arbeitskollegen. Dessen Vater ist mit dem „Schnäppchenkauf" auch einverstanden. Zum Zeitpunkt des Abschlusses dieser Geschäfte wissen weder Helga, noch Frieder etwas von der Ehe der Nina und hatten vielmehr angenommen, Sebastian und Nina würden „einfach so" zusammen leben. Sebastian ist über die „Aktionen" seiner Frau naturgemäß nicht sonderlich begeistert und macht ihr heftige Vorwürfe.

Zum darauf folgenden 1. Hochzeitstag am 26. Juni überrascht Sebastian - auch zur Versöhnung - „seine liebe Frau Nina" mit einem wertvollen Brillantring.

Leider verläuft die Ehe zwischen Sebastian und Nina - auch abgesehen von dem Vorfall mit dem Fernseher und der Kamera - nicht ganz spannungsfrei. Als Sebastian nun noch auf einem Klassentreffen mit seiner alten Jugendliebe Johanna Joop „abstürzt" und sich daraus eine Affäre entwickelt, in deren Folge Nina ihren Ehemann in flagranti mit Johanna im ehelichen Schlafzimmer überrascht, ist das Eheglück endgültig zerstört. Nina, die sich nicht mehr beherrschen kann, schlägt voller Wut und Enttäuschung im Affekt mit einer herumstehenden Kaminzange auf Sebastian ein. Dieser zieht sich schwere Verletzungen zu.

Nach der Entlassung aus dem Krankenhaus verlässt Sebastian umgehend die gemeinschaftliche Ehewohnung und reicht unverzüglich die Scheidung ein. Er will nun sowohl „seinen" Fernseher, die Videokamera sowie den Brillantring, den ihm Nina nach den bekannten Vorfällen ja wohl nicht hinreichend gedankt habe, wieder zurück haben. Nina hingegen ist der Auffassung „einmal geschenkt, immer geschenkt"; abgesehen davon habe dann auch sie Ansprüche, die sie nunmehr geltend mache. Im Übrigen habe die Johanna ihre Ehe zerstört und solle deswegen auch Ninas Kosten für das anstehende Scheidungsverfahren tragen.

Mit der Prüfung seiner Ansprüche beauftragt Sebastian RA Stefan Schlau. Nina beauftragt ihrerseits RAin Dr. Tina Taff.

Vermerk für die Bearbeiter: *Prüfen Sie in einem Gutachten folgende Fragen:*

1. Kann Sebastian im Fall der Scheidung von Nina den Brillanten zurück verlangen?

2. Kann Sebastian von Helga den Fernseher, von Frieder die Videokamera herausverlangen?

§ 11 ANHANG: EXAMENSTYPISCHE KLAUSUR

LÖSUNG:

Frage 1:

I. Anspruch aus § 1378 BGB i.V.m. § 1372 ff. BGB

Sebastian könnte gegen Nina einen Anspruch auf Ausgleich des Zugewinns haben. Der Anspruch auf Zugewinnausgleich richtet sich jedoch **nicht auf die Herausgabe einer einzelnen Sache**, § 1378 I BGB.[372] Die Herausgabe des Brillanten ist daher auf der Grundlage des § 1378 BGB i.V. mit § 1372 ff. BGB nicht zu erreichen.

> **hemmer-Methode:** Demonstrieren Sie Verständnis! Sie schreiben hier keine reine Familienrechtsklausur. Geben Sie dem Korrektor aber zu verstehen, dass auch das nicht schlimm wäre und Sie sich auch dort auskennen. Spielen Sie mit dem Gedanken an den Zugewinnausgleich. Wählen Sie andererseits aber eine knappe Sprache und machen so deutlich, dass es sich hier nur um einen Nebenkriegsschauplatz handelt.

II. Anspruch aus Schenkungswiderruf gem. §§ 530 I, 531 II, 812 I 1, 1.Alt.

Eine Rückforderung des Brillanten könnte sich auf einen Anspruch aus Schenkungswiderruf, §§ 530 I, 531 II i.V.m. 812 ff. BGB, stützen lassen. Dann müsste zunächst aber überhaupt eine Schenkung vorgelegen haben, mithin Sebastians Überraschung mit dem „wertvollen Brillanten" als eine solche zu qualifizieren sein.

1. Ein Anspruch auf Herausgabe aus §§ 530 I, 531 II, 812 ff. BGB käme nämlich dann nicht in Betracht, wenn es sich gar nicht um eine Schenkung gehandelt hätte, sondern eine sog. **unbenannte (ehebedingte) Zuwendung** vorlag.

2. Auf eine unbenannte (ehebedingte) Zuwendung findet das Schenkungsrecht keine Anwendung, da das Merkmal der Unentgeltlichkeit nicht gegeben ist. Eine solche müsste vorliegend gegeben sein. Unter einer unbenannten (ehebedingten) Zuwendung ist „jede Ehegattenzuwendung, der die Vorstellung oder Erwartung zugrunde liegt, dass die eheliche Lebensgemeinschaft Bestand haben werde, oder die sonst um der Ehe willen und als Beitrag zur Verwirklichung oder Ausgestaltung, Erhaltung oder Sicherung der ehelichen Lebensgemeinschaft erbracht wird und die darin ihre Geschäftsgrundlage hat"[373] zu verstehen. Die unbenannte (ehebedingte) Zuwendung ist nämlich gerade keine Leistung ohne Gegenleistung, sondern eine „Leistung gegen mannigfache Gegenleistung", resultierend aus der ehelichen Gemeinschaft und der sich daraus ergebenden Rechte und Pflichten.

Vorliegend tritt deutlich die Verknüpfung von ehelicher Lebensgemeinschaft und Zuwendung hervor, da der Brillantring von Sebastian gerade anlässlich des einjährigen Hochzeitstages angeschafft wurde. Darin spiegelt sich auch die der Zuwendung zugrunde liegende Zweckvorstellung: Ausweislich des SV wollte Sebastian den Brillanten auch gerade „seiner Ehefrau Nina" zukommen lassen, was gerade dafür spricht, dass es sich hierbei um eine Zuwendung handelt, der die Vorstellung zugrunde liegt, die eheliche Lebensgemeinschaft habe Bestand. Eine ehebedingte unbenannte Zuwendung liegt demnach vor.

> **hemmer-Methode:** Ehebedingte Zuwendungen sind ein Klassiker. Auch wenn das Familienrecht zumindest im Ersten Staatsexamen kein Schwerpunktbereich ist, müssen Sie diese Abgrenzung zur Schenkung parat haben!

---

[372] Palandt, § 1378 BGB, Rn. 1, der klarstellt, dass es sich bei der güterrechtlichen Ausgleichsforderung um eine „lediglich auf Geld gerichtete persönlichen Forderung" handelt.

[373] Palandt, § 1372 BGB, Rn. 3.

3. Ergebnis: Demnach liegt vorliegend keine Schenkung, sondern eine unbenannte Zuwendung vor. Damit scheitert ein Schenkungswiderruf.

III. Anspruch aus § 812 I 2, 2.Alt. BGB

Ein Rückforderungsanspruch könnte sich aber aus § 812 I 2, 2.Alt. BGB (condictio ob rem) ergeben.[374] Dann müsste die Nina etwas, nämlich einen vermögenswerten Vorteil, durch Leistung des R, erlangt haben und der mit der Leistung nach dem Inhalt des Rechtsgeschäftes bezweckte Erfolg nicht eingetreten sein.

1. Nina hat von Sebastian zum Hochzeitstag Besitz und Eigentum am Brillanten, mithin einen Vermögensvorteil und damit ein bereicherungsrechtliches „etwas" erlangt.

2. Dies geschah auch durch auf bewusste und zweckgerichtete Vermögensmehrung gerichtete Zuwendung, also durch Leistung des Sebastian.

3. Fraglich ist vorliegend aber der Nichteintritt des mit der Zuwendung bezweckten Erfolges. Dann müsste ein bestimmter, über den Erfüllungszweck hinausreichender zukünftig eintretender Erfolg rechtlicher oder tatsächlicher Natur nach dem Inhalt vorausgesetzt worden sein, der später aber nicht eingetreten ist.

a. Als eine solche Zweckbestimmung kommt vorliegend das „Fortdauern der Ehe" in Betracht. Dann müssten sich Nina und Sebastian tatsächlich über die der Leistung zugrundeliegende Zweckbestimmung, hier also möglicherweise über das Fortdauern der Ehe, geeinigt haben.

b. Eine explizite Erklärung liegt allerdings nicht vor. Doch könnte eine konkludente, tatsächliche Einigung vorliegen.

aa. Für eine tatsächliche Einigung ist eine explizite Willensübereinstimmung hinsichtlich des Zuwendungszweckes erforderlich, wobei jedoch auch eine stillschweigende Einigung genügen soll.[375] Eine stillschweigende Einigung i.d.S. ist nach der Rechtsprechung des BGH gegeben, wenn mit der Leistung ein bestimmter Erfolg bezweckt wird, der Empfänger dies erkennt und mit der Annahme der Leistung billigt. Erkennt er nämlich die Zweckbestimmung und nimmt die Leistung trotzdem an, so ist er nach Treu und Glauben zum Widerspruch verpflichtet, wenn die Zweckbestimmung nicht Grundlage der Leistung sein soll.

bb. Eine solche Einigung könnte sich aus dem Anlass der Zuwendung ergeben, die zum Hochzeitstag erfolgte. Doch ist damit lediglich eine Motivation des Sebastian benannt. Aus dem SV ist aber nicht erkennbar, dass damit auch eine Erklärung verbunden worden wäre.

4. Ergebnis: Demnach scheitert vorliegend ein Anspruch aus § 812 I 2, 2.Alt. BGB.

IV. Ausgleichsregelung nach den Grundsätzen der Störung der Geschäftsgrundlage, § 313 BGB

Ein Herausgabeanspruch könnte sich jedoch nach den Grundsätzen der Störung der Geschäftsgrundlage ergeben, §§ 313 I, III, 346 BGB.

1. Die Anschaffung des Brillanten ist als ehebedingte (unbenannte) Zuwendung zu qualifizieren. (s.o.).

2. Als Geschäftsgrundlage dieses familienrechtlichen Vertrages sui generis könnte man die Erwartung einer „fortdauernden Ehe" bzw. einer „fortdauernden ehelichen Lebensgemeinschaft" qualifizieren wollen. Diese Geschäftsgrundlage könnte durch das Scheidungsbegehren des Sebastian (eventuell sogar schon durch den Auszug des Sebastian aus der gemeinsamen ehelichen Wohnung) nunmehr entfallen sein.

---

[374] Ausführlich zur condictio ob rem Hemmer/Wüst, Bereicherungsrecht, Rn. 270 ff.
[375] Palandt, § 812 BGB, Rn. 86.

§ 11 ANHANG: EXAMENSTYPISCHE KLAUSUR

> **hemmer-Methode:** In BGH NJW 2004, 58 ff. haben die Partner einer *nichtehelichen Lebensgemeinschaft* eine Immobilie als Altersruhesitz gemeinsam erworben und gleichzeitig das Recht, die Aufhebung der Gemeinschaft zu verlangen, auf Dauer ausgeschlossen.
> Der BGH hat zu Recht (anders als die Vorinstanzen) den Einwand der Störung der Geschäftsgrundlage nicht zugelassen.
> Lesen Sie diese examensrelevante Entscheidung nach!

3. Fraglich ist allerdings, ob vorliegend nicht andere Ausgleichsregelungen anzuwenden sind, da die Regeln über den Fortfall der Geschäftsgrundlage als Billigkeitsausgleich gegenüber den gesetzlichen Ausgleichsmodi subsidiär sind.

a. Vorrangige spezielle vertragliche Vereinbarungen für den Fall des Fehlens oder des Wegfalls bestimmter Umstände sind nicht ersichtlich.

b. Auf die Vorschrift des § 530 I BGB ist, mangels Anwendbarkeit des Schenkungsrechtes (s.o.), nicht abzustellen.

c. Schließlich ist auch die condictio ob rem, § 812 I 2, 2.Alt. BGB nicht einschlägig, da für eine (beidseitige) Zweckvereinbarung nichts ersichtlich ist (s.o.).

> **hemmer-Methode:** Merken Sie sich: in Abgrenzung zu § 812 I S.2 2.Alt BGB ist der Zweck im Rahmen der Störung der Geschäftsgrundlage nur vorausgesetzt, jedoch nicht vereinbart!

4. Etwas anderes könnte sich aber daraus ergeben, dass Nina und Sebastian verheiratet waren und - ausweislich fehlender anderweitiger Angaben im SV - im **gesetzlichen Güterstand der Zugewinngemeinschaft**, §§ 1363, 1371 BGB, lebten.

a. Im gesetzlichen Güterstand der Zugewinngemeinschaft ist ein schuldrechtlicher Ausgleich über die Grundsätze des Wegfalls der Geschäftsgrundlage grundsätzlich nicht möglich, da die güterrechtlichen Vorschriften der §§ 1372 ff. BGB eine **Sperrwirkung** entfalten, mithin die Grundsätze des Wegfalls der Geschäftsgrundlage von den Regeln des Zugewinnausgleichs verdrängt werden.[376] Das gilt insbesondere auch für unbenannte Zuwendungen, die insbesondere in § 1380 BGB berücksichtigt werden können[377].

b. Fraglich könnte allerdings sein, ob nicht vorliegend die **Sperrwirkung** dieser Regelungen **aufgrund besonderer Umstände durchbrochen** wird.[378] Dies ist dann der Fall, wenn besondere Umstände den güterrechtlichen Ausgleich als nicht tragbare Lösung erscheinen lassen. Das könnte sich hier aus dem Angriff der Nina auf den Sebastian ergeben.

Man könnte argumentieren wollen, dass in einem solchen Fall der grundsätzliche Vorrang der Regelungen über den Zugewinnausgleich nicht gelten soll, damit quasi wieder Raum für die Anwendung der Grundsätze des Wegfalls der Geschäftsgrundlage wäre. Eine solche Argumentation könnte sich auf den Rechtsgedanken des § 1381 BGB stützen wollen, der im Rahmen des Zugewinnausgleichs bei grober Unbilligkeit ein Leistungsverweigerungsrecht gegenüber dem jeweiligen Ausgleichsgläubiger einräumt.[379]

---

376 Palandt, § 1373 BGB, Rn. 4; Palandt-Heinrichs, § 242 BGB, Rn. 158.
377 Dazu Jauernig, § 1374 BGB, Rn. 9.
378 Palandt, § 1372 BGB, Rn. 4 m. w. N.
379 Palandt, § 1381, Rn. 2, 15.

Jedoch ergeben sich aus der (schweren) Körperverletzung des Sebastian durch die Nina, gerade auch vor dem Hintergrund der vorangegangenen „Provokation" eines solchen Verhaltens durch den untreuen Sebastian, der eine „Affekthandlung" der Nina nahe liegen lässt, keine die Regelung des Zugewinnausgleichs abweichend zu beurteilenden Gesichtspunkte. **Der Zugewinnausgleich soll gerade keinen Vermögensausgleich auf der Grundlage der Kategorie „Schuld" erreichen**, sodass an eine „grobe Unbilligkeit" nur in solchen Fällen zu denken ist, die das Gerechtigkeitsempfinden „in unerträglicher Weise" widersprechen.

5. Ergebnis: Damit scheidet auch ein Anspruch auf Herausgabe aufgrund der Grundsätze über den Wegfall der Geschäftsgrundlage i.V. mit § 812 I 1, 1.Alt. BGB aus.

> **hemmer-Methode**: Das Fehlen eines Herausgabeanspruchs im Rahmen der Vorschriften über den Zugewinnausgleich darf nicht als Argument herangezogen werden, einen Herausgabeanspruch über §§ 313 III, 346 BGB zu bejahen. Die Wertung des Gesetzgebers geht nur dahin, einen Ausgleich durch Gewährung eines schuldrechtlichen Anspruchs auf Zahlung einer Geldsumme zu gewähren. Eine Lösung über die Störung der Geschäftsgrundlage würde diese Wertung unterlaufen.
>
> Denken Sie in diesem Zusammenhang auch immer an eine Lösung über das Gesellschaftsrecht. Der BGH geht im Einzelfall bei entsprechender Willensrichtung der Parteien vom Bestehen einer BGB-Innengesellschaft aus, so dass bei Beendigung (konkludent durch Trennung bzw. Scheidung) ein Ausgleich über die §§ 705 ff. BGB erfolgen kann. Der gesellschaftsrechtliche Zweck muss über die Ehe hinausgehen.[380]
>
> Noch problematischer stellt sich die Rechtslage bei nichtehelichen Lebensgemeinschaften dar. Baut z.B. ein Partner mit wesentlichen Mitteln des anderen Partners ein Haus und kommt es danach zur Trennung, stellt sich die Frage nach Ausgleichsforderungen. Hier ist insbesondere darauf zu achten, die Gedanken der §§ 1372 ff. BGB nicht mit einer vorschnellen Bejahung einer GbR zu unterlaufen. Die Partner dokumentieren mit ihrer „Nicht-Heirat" ja gerade, dass sie sich nicht den Regelungen dieser Vorschriften unterstellen wollen.[381]
>
> Immer vorliegenden Fall wäre der Ansatz über das Gesellschaftsrecht jedoch verfehlt, denn in der Hingabe eines Rings kann nicht eine konkludente Zweckvereinbarung im Sinne des Gesellschaftsrechts gesehen werden.

Frage 2:

A. Ansprüche des Sebastian gegen die Helga wegen des Fernsehers

I. Anspruch auf Herausgabe aus § 985 BGB

Sebastian könnte gegen Helga einen Anspruch auf Herausgabe des Fernsehers gem. § 985 BGB haben. Dann müsste Sebastian Eigentümer, Helga unberechtigte Besitzerin des Fernsehers sein.

1. Helga ist - ausweislich des SV - unmittelbare Besitzerin des Fernsehers.

2. Fraglich ist jedoch, ob Sebastian weiter Eigentümer des Fernsehers ist.

a. Ursprünglich stand der Fernseher im Eigentum des Achim Ahnungslos. Von diesem könnte Sebastian das Eigentum gem. § 929 S. 1 BGB erlangt haben. Von einer wirksamen Einigung der Parteien und der Übergabe der Sache, sowie von einer Berechtigung des Veräußerers ist - ausweislich fehlender anderweitiger Angaben im SV - auszugehen. Ein Eigentumserwerb des Sebastian an dem Fernseher ist daher grundsätzlich zu bejahen.

---

[380] Siehe für den Aufbau eines Unternehmens BGH NJW 1999, 2962.

[381] Vgl. zu dieser Problematik die lehrreiche Entscheidung des BGH in NJW 1997, 3371. Zum Ganzen auch Palandt, § 705, Rn. 39, 46.

b. Etwas anderes ergibt sich auch nicht aus der Tatsache, dass Sebastian verheiratet ist. Soweit keine Gütergemeinschaft nach den §§ 1415 ff. BGB vereinbart wurde, ändert die Ehe nach § 1363 II BGB an den Eigentumsverhältnissen nichts.[382] Da Sebastian und Nina mangels Ehevertrag, § 1408 ff. BGB, im gesetzlichen Güterstand der Zugewinngemeinschaft leben, § 1363 I BGB, bleibt es bei dem Grundsatz der Vermögenstrennung, sodass eine dingliche Beteiligung der Nina an dem Fernseher allein aufgrund der Ehe ausscheidet.

c. Fraglich ist aber, ob § 1357 BGB dazu führt, dass Sebastian und Nina Miteigentümer des Fernsehers sind, obwohl Sebastian den Fernseher allein und mit eigenen Mitteln erworben hat.

aa. Das könnte dann der Fall sein, wenn **§ 1357 BGB** auch **dingliche Wirkung** entfaltet und folglich vorliegend dazu führen würde, dass der Erwerb durch den Sebastian auch Miteigentum für die Nina begründete. Dies ist umstritten wird jedoch von der h.M. verneint[383], da dadurch das Publizitätsprinzip des Sachenrechts durchbrochen würde. Im übrigen würde eine dingliche Wirkung auch dem Grundsatz der Vermögenstrennung, § 1363 II BGB, widersprechen. Der Zugewinnausgleich soll nicht durch Miteigentumserwerb nach § 1357 BGB vorweggenommen werden.

> **hemmer-Methode:** Diese Bezüge zum Familienrecht müssen bekannt sein. Systematisch gehört die Vorschrift des § 1357 zum Stellvertretungsrecht im BGB AT!

bb. Der Streit kann jedoch offen bleiben, wenn § 1357 BGB schon aus anderen Gründen nicht eingreift. Von § 1357 BGB werden nämlich nur solche Geschäfte erfasst, die der **angemessenen Deckung des Lebensbedarfs** dienen. Das sind insbesondere die Geschäfte des täglichen Lebens, die nicht der Absprache beider Ehegatten bedürfen. Dabei sind die durchschnittlichen Gebrauchsgewohnheiten einer Familie in vergleichbarer sozialer Lage als Vergleichsmaßstab zugrunde zu.

cc. Sebastian und Nina sind erst seit kurzer Zeit erwerbstätig, haben kein bedeutendes Vermögen und hatten bisher einen alten Fernseher. Die Anschaffung eines teuren Farbfernsehers dient damit nicht mehr der angemessenen Deckung ihres Lebensbedarfs, sondern stellt für sie ein außergewöhnliches Geschäft dar. (*a.A. vertretbar – dann ist allerdings auch zur oben angesprochenen Kontroverse Stellung zu nehmen*)

dd. (Zwischen-)Ergebnis: Die Vorschrift des § 1357 BGB ist vorliegend nicht anwendbar.

d. Allerdings könnte Nina nach **§ 1370 BGB Alleineigentümerin** des Fernsehers geworden sein, da ihr der Fernseher gehörte, der durch den Farbfernseher ersetzt wurde.

aa. Sebastian und Nina leben im gesetzlichen Güterstand, § 1370 BGB ist also anwendbar.

bb. Der Fernseher müsste ein Haushaltsgegenstand sein. Haushaltsgegenstände sind alle Sachen, die dem ehelichen Haushalt und dem familiären Zusammenleben dienen.[384] Dies ist bei einem Fernseher unproblematisch der Fall.

cc. Der alte Fernseher der Nina ist auch wertlos geworden, da seine Gebrauchstauglichkeit aufgehoben ist und er den Zwecken der Ehegatten somit nicht mehr dienen kann. Der neue Farbfernseher tritt also an die Stelle des alten Fernsehers, sodass er eine **Ersatzanschaffung im Sinne von § 1370 BGB** darstellt. Mit wessen Mitteln der Fernseher angeschafft wurde, ist für die Anwendung des § 1370 BGB ebenso unerheblich wie ein Wertunterschied zwischen altem und neuen Haushaltsgegenstand.[385]

---

[382] Palandt, vor § 1363 BGB, Rn. 3.

[383] MüKo, § 1357 BGB, Rn. 37; Palandt, § 1357 BGB, Rn. 20.

[384] Palandt, § 1369 BGB, Rn. 4; MüKo, § 1369 BGB, Rn. 6.

[385] Palandt, § 1370 BGB, Rn. 1 f.

dd. Damit hat die Nina gem. § 1370 BGB im Wege der **dinglichen Surrogation** Alleineigentum an dem Fernseher erworben. Der § 1370 BGB geht auch dem § 1357 BGB oder einer evt. Vertragsauslegung vor.

Nina könnte allerdings das Eigentum durch Übereignung gem. § 929 BGB an Helga wieder verloren haben. Dies kann hier aber noch offen bleiben, denn jedenfalls ist Sebastian nicht Eigentümer des Fernsehers.

3. Ergebnis: Damit hat R keinen eigenen Anspruch aus § 985 BGB.

> **hemmer-Methode:** Es wäre nicht falsch, schon an dieser Stelle den Anspruch der Nina aus § 985 BGB, den Sebastian nach §§ 1369 III, 1368 BGB geltend machen kann, zu prüfen. Allerdings besteht dabei die Gefahr, dass nicht sauber zwischen eigenem Recht und Recht der Nina getrennt wird. Es muss klar werden, dass § 1368 BGB dem Sebastian kein eigenes Recht verschafft, sondern lediglich ein Fall der gesetzlichen Prozessstandschaft ist.

II. Anspruch auf Herausgabe aus § 861 BGB

Ein Herausgabeanspruch des Sebastian könnte sich jedoch aus § 861 BGB ergeben. Dazu müsste der Besitz der Helga dem Sebastian gegenüber fehlerhaft im Sinne von § 858 II BGB sein. Das wäre der Fall, wenn Helga den Besitz durch verbotene Eigenmacht erlangt hätte, § 858 I BGB.

1. Helga hat den Besitz aber von der Nina mit deren Willen erlangt. Zwar wurde dadurch dem Sebastian der Mitbesitz an dem Fernseher ohne dessen Willen entzogen. Dies geschah jedoch nicht durch Helga, sondern durch Nina.

2. Damit wäre ein Anspruch aus § 861 BGB gegen Helga nur dann gegeben, wenn sie nach § 858 II 2, 2.Alt. BGB die Fehlerhaftigkeit des Besitzes ihrer Vorgängerin Nina gegen sich gelten lassen müsste. Dies ist aber deswegen nicht der Fall, da Helga die Fehlerhaftigkeit des Besitzes der N bei ihrem Besitzerwerb nicht positiv kannte.

3. Ergebnis: Ein Anspruch auf Herausgabe des Fernsehers aus § 861 BGB scheidet somit aus.

III. Anspruch auf Herausgabe aus § 1007 I BGB

Ein Herausgabeanspruch aus § 1007 I BGB scheidet aus, da Helga nach dem SV bei Besitzerwerb gutgläubig war. Alle Mängel des Erwerbsgeschäfts sind im Rahmen dieser Vorschrift durch Gutgläubigkeit heilbar, sodass auch ein etwaige Fehlen eines Besitzrechts gegenüber Sebastian wegen §§ 1369 III, 1366 I, IV BGB. für § 1007 I BGB ohne Belang ist.[386]

IV. Anspruch auf Herausgabe aus § 1007 II BGB

Sebastian könnte gegen die Helga aber einen Anspruch aus § 1007 II BGB auf Herausgabe des Fernsehers haben.

1. Dazu müsste Sebastian früher Besitzer des Fernsehers gewesen sein. Da Sebastian und Nina nach dem SV gemeinsam die tatsächliche Sachherrschaft über den Fernseher ausüben und auch bei beiden von einem Besitzwillen ausgegangen werden kann, hat Sebastian neben der Nina zumindest Mitbesitz im Sinne von § 866 BGB.

---

[386] Palandt, § 1007 BGB, Rn. 5.

2. Der Fernseher müsste Sebastian abhanden gekommen sein. Der Begriff ist hier genauso zu verstehen wie in § 935 I BGB.[387] Danach ist eine Sache dem Mitbesitzer abhanden gekommen, wenn er seinen Mitbesitz ohne seinen Willen verloren hat. Da Sebastian mit der Weggabe des Fernsehers durch Nina nicht einverstanden war, ist ihm der Fernseher abhanden gekommen. Nina konnte den Willen des Sebastian auch nicht nach § 1357 BGB ersetzen, da § 1357 BGB keine Veräußerungsgeschäfte erfasst.

3. Allerdings wäre ein Anspruch aus § 1007 II BGB dann nicht gegeben, wenn Helga Eigentümerin des Fernsehers geworden ist. Dies ergibt sich bereits aus §§ 1007 III 2 i.V. mit 986 BGB und wird in § 1007 II 1, 1.Alt. BGB irreführend nochmals hervorgehoben.[388]

a. Helga könnte das Eigentum von Nina nach § 929 S. 1 BGB erworben haben. Sie hat sich mit Nina über den Eigentumsübergang geeinigt und bekam den Fernseher übergeben. Nina war wie oben festgestellt auch Alleineigentümerin des Fernsehers und handelte somit als Berechtigte. Die Voraussetzungen für eine wirksame Übereignung liegen daher grundsätzlich vor.

b. Dem Eigentumserwerb der Helga könnte jedoch **§ 1369 BGB** entgegenstehen.

Bei dem Fernseher handelt es sich um einen Haushaltsgegenstand i.S. von § 1369 BGB (s.o.). Dieser gehört auch der Nina. Da keine Einwilligung des Sebastian vorliegt, ist die Übereignung an Helga unwirksam, §§ 1369 III, 1366 I, IV BGB. Die fehlende Kenntnis der Helga von der bestehenden Ehe der Nina ist unerheblich, da – wie sich aus §§ 1369 III, § 1366 II 2 BGB ergibt - **ein Vertrauen auf das Nichtbestehen einer Ehe im Rechtsverkehr nicht geschützt** wird, es sei denn, es wird arglistig herbeigeführt.[389]

c. (Zwischen-)Ergebnis: Helga ist somit nicht Eigentümer des Fernsehers geworden.

4. Ergebnis: Damit hat Sebastian gegen Helga einen Anspruch auf Herausgabe des Fernsehers aus § 1007 II BGB. Da Sebastian jedoch keinen Alleinbesitz an dem Fernseher hatte, kann er nur Verschaffung des Mitbesitzes neben Nina fordern.[390]

V. Anspruch auf Herausgabe aus § 812 I 1, 2.Alt. BGB

Sebastian könnte auch aus § 812 I 1, 2.Alt. BGB einen Anspruch auf Besitzübertragung gegen Helga haben.

1. Der Besitzerwerb der Helga stellt einen Eingriff in den Zuweisungsgehalt des Mitbesitzes von Sebastian dar.

2. Fraglich ist allerdings, ob die Nichtleistungskondiktion überhaupt anwendbar ist. Helga hat nämlich den Besitz an dem Fernseher durch Leistung der Nina erlangt (s.o.). Wegen des Subsidiaritätsdogma könnte ein Anspruch des Sebastian aus Nichtleistungskondiktion grundsätzlich ausgeschlossen sein. Der Schutzzweck, den das Subsidiaritätsdogma gegenüber dem Bereicherungsschuldner verfolgt, greift hier jedoch nicht: **Grundsätzlich soll nach Leistungsbeziehungen abgewickelt werden**, sodass man es nur mit dem Vertragspartner zu tun hat, den man sich selber ausgesucht hat. Vorliegend besteht gegen Helga aber ohnehin schon ein Anspruch des Sebastian aus § 1007 II BGB auf Herausgabe des Fernsehers. Auch dem **Zweck des § 1369 BGB**, die Basis des Familienlebens zu sichern, steht das Subsidiaritätsdogma entgegen. Die Regeln der Nichtleistungskondiktion können also zur Anwendung kommen.[391]

---

387 Palandt-Bassenge, § 1007 BGB, Rn. 10.
388 Palandt-Bassenge, § 1007 BGB, Rn. 11.
389 MüKo, § 1369 BGB, Rn. 29 ff.
390 Palandt, § 866 BGB, Rn. 6.
391 Zum Verhältnis der Besitzkondiktion zu § 861 BGB vgl. Palandt, § 861, Rn.12.

3. Ergebnis: Ein Anspruch des R aus Besitzkondiktion ist demnach gegeben.

VI. Anspruch auf Herausgabe aus § 823 II i.V. mit § 1369 BGB

Sebastian könnte gegen Helga gem. § 823 II i.V. mit § 1369 BGB einen Schadenersatzanspruch haben, der nach § 249 I BGB auf Herausgabe des Fernsehers gerichtet ist. Doch scheitert ein solcher Anspruch bereits an dem § 823 II S.2 BGB erforderlichen Verschulen der Helga, da diese nicht von der Ehe der Nina wusste.

B. Herausgabeansprüche der Nina wegen des Fernsehers, die Sebastian gem. § 1368 BGB geltend machen kann

I. Anspruch auf Herausgabe aus § 985 BGB

Nina könnte gegen Helga einen Anspruch auf Herausgabe des Fernsehers nach § 985 BGB haben.

1. Wie oben bereits festgestellt wurde, ist Helga unmittelbare Besitzerin des Fernsehers, während Nina Eigentümerin geblieben ist, da die Übereignung an die Helga wegen §§ 1369 III, 1366 I, IV BGB unwirksam war.

2. Helga hat auch kein Recht zum Besitz gem. § 986 I BGB, da auch der Kaufvertrag zwischen Helga und Nina gem. §§ 1369 III, 1366 I, IV BGB unwirksam war.

3. Damit hat Nina gegen Helga einen Anspruch auf Herausgabe des Fernsehers, den Sebastian in eigenem Namen nach § 1368 BGB geltend machen kann *(Fall der gesetzlichen Prozessstandschaft)*.

4. Fraglich ist jedoch, ob Helga nicht ein Zurückbehaltungsrecht nach § 273 I BGB geltend machen kann, da sie den Kaufpreis wegen § 1369 III, 1366 I, IV BGB rechtsgrundlos gezahlt hat und ihr daher gegen Nina ein Rückzahlungsanspruch gem. § 812 I 1, 1.Alt. BGB zusteht.

a. Die gem. § 273 I BGB erforderliche Gegenseitigkeit der Ansprüche ließe sich insofern bejahen, als Sebastian keinen eigenen Anspruch, sondern über § 1368 BGB den der Nina geltend macht.

b. Einem Zurückbehaltungsrecht steht jedoch die Wertung der §§ 1369, 1368 BGB entgegen, die dem Familienschutz (insbesondere der Erhaltung der Familienbasis) absoluten Vorrang vor Interessen Dritter einräumen.[392] Damit steht der Helga kein Zurückbehaltungsrecht nach § 273 I BGB zu.

> **hemmer-Methode:** Im Rahmen von § 1368 BGB ist umstritten, ob Sebastian die Herausgabe an sich selbst oder nur an Nina verlangen kann. Nach einer Ansicht muss der andere Ehegatte die Herausgabe stets an sich selbst fordern können, um den Schutzzweck der § 1369, 1368 BGB ausreichend zu gewährleisten und die Rückabwicklung nicht zu gefährden, so Staudinger-Thiele, § 1368, RN. 31. Nach anderer Ansicht soll dies analog § 986 I 2 BGB nur dann gelten, wenn der verfügende Ehegatte den Fernseher nicht annehmen kann oder will, so MüKo, § 1368 BGB, Rn. 13.

II. Anspruch auf Herausgabe aus §§ 1007 I, II BGB

1. Ein Anspruch aus § 1007 I BGB scheitert am guten Glauben der Helga (s.o.).

2. Ein Anspruch der Nina aus § 1007 II BGB ist nicht gegeben, da der Fernseher ihr gegenüber nicht abhanden gekommen ist, da sie ihren Besitz freiwillig aufgegeben und der Helga verschafft hat.

---

[392] Palandt, §1368 BGB, Rn. 3.

III. Anspruch auf Herausgabe aus § 812 I 1, 1.Alt. BGB

Nina hat zwar einen Anspruch gegen Helga aus § 812 I 1, 1.Alt. BGB (Leistungskondiktion), da Helga den Besitz an dem Fernseher durch Leistung der Nina wegen §§ 1369 III, 1366 I, IV BGB rechtsgrundlos erlangt hat.

Diesen Anspruch kann Sebastian jedoch nicht nach §§ 1369 III, 1368 BGB geltend machen, weil §1368 BGB **nur die Geltendmachung solcher** Rechte **erlaubt, die sich aus der Unwirksamkeit der Verfügung ergeben**. Der Anspruch aus § 812 I 1, 1.Alt. BGB ergibt sich jedoch aus der Unwirksamkeit des Verpflichtungsgeschäfts.

C. Ansprüche des Sebastian gegen Frieder wegen der Videokamera

I. Anspruch auf Herausgabe aus § 985 BGB

Zwar ist Frieder Besitzer der Videokamera, fraglich ist aber, ob Sebastian nicht das Eigentum daran verloren hat. Das könnte durch die Veräußerung der Nina an Frieder geschehen sein.

1. Die dingliche Einigung i.S. von § 929 BGB war wirksam. Insbesondere steht ihr die beschränkte Geschäftsfähigkeit des F, § 106 BGB, schon deswegen nicht entgegen, weil der Eigentumserwerb einen lediglich rechtlichen Vorteil darstellt, § 107 I BGB. Die Genehmigung des Vaters des Frieder geht also ins Leere.

2. Fraglich ist allenfalls die Verfügungsberechtigung der Nina, da die Videokamera nicht in ihrem Eigentum stand. In Betracht kommt insofern nur ein gutgläubiger Erwerb der Kamera durch Frieder gem. § 932 I BGB.

3. Dann müsste ein gutgläubiger Erwerb vom Nichtberechtigten in der hier vorliegenden Konstellation überhaupt möglich sein. Dem könnte von vornherein ein Erwerbshindernis in Form von § 1369 BGB (analog) entgegen stehen.

a. § 1369 BGB ist in Konstellationen wie der vorliegenden nicht unmittelbar anwendbar, da es sich bei der Kamera nicht um einen Gegenstand handelte, der ihr gehörte, § 1369 I BGB.

b. Fraglich ist aber die Übertragung des Regelungsgedankens auf Konstellationen, in denen ein Gegenstand **des jeweils anderen Ehegatten** veräußert werden soll. Diese Frage ist strittig.

aa. Teile der Lehre[393] lehnen die Übertragung des Rechtsgedankens der Norm ab. Dafür spricht insbesondere der eng gefasste Wortlaut der Norm und die Verweisung auf §§ 1366-1368 BGB. Demnach wäre ein gutgläubiger Erwerb im Grundsatz möglich.

bb. Die wohl h.M. geht von der Übertragbarkeit des Regelungsgedankens auf Konstellationen wie die vorliegende aus.[394] Dafür spricht der Schutzzweck der Vorschrift, die Substanz des gemeinsamen Familienlebens zu erhalten. Für diese Zwecksetzung ist die Eigentumssituation an Haushaltsgegenständen ohne Belang. Demnach wäre gutgläubiger Erwerb des F vorliegend nicht möglich.

cc. Doch könnte die Kontroverse dahin stehen, wenn ein Erwerb des Frieder aus anderen Gründen scheitern muss. Vorliegend steht dem Erwerb des Frieder nämlich § 935 I BGB entgegen. Nach dem SV hat Nina die Kamera des Sebastian ohne dessen Wissen und Willen an sich genommen. Sebastian war Eigentümer der Kamera. Demnach ist die Kamera abhanden gekommen, § 935 I BGB. Bereits hieran scheitert also der Erwerb. Die Frage, ob auch in den Mitbesitz des Sebastian eingegriffen wurde, ist hier also ohne Belang. Damit kann die oben dargestellte Kontroverse dahin stehen.

---

393 vgl. etwa Jauernig, § 1369 BGB, Rn. 4.
394 so auch Palandt, § 1369 BGB, Rn. 1 m. w. N.

c. Ein Eigentumsverlust des Sebastian an Frieder fand nicht statt.

4. Ergebnis: Sebastian hat also das Eigentum an der Videokamera behalten. Ihm steht damit ein Herausgabeanspruch aus § 985 BGB zu.

II. Anspruch aus § 861 BGB i.V. mit § 858 I BGB

Ein Anspruch aus § 861 BGB i.V. mit § 858 I BGB scheitert vorliegend am guten Glauben des Frieder, da die Fehlerhaftigkeit des Besitzes von Nina, § 858 II 1 BGB, gem. § 858 II 2 BGB nicht gegen Frieder wirkt.

III. Anspruch aus §§ 1007 I, II BGB

Ein Anspruch aus § 1007 I BGB scheitert am guten Glauben des Frieder. Dagegen steht Sebastian ein Anspruch aus § 1007 II 1 i.V. mit § 935 BGB zu.

IV. Anspruch aus § 812 I 1, 2.Alt. BGB

Frieder schuldet dem Sebastian auch gem. § 812 I 1, 2.Alt. BGB Herausgabe des Besitzes. Zwar hat er den Besitz durch Leistung der Nina erlangt, doch ist auch hier die Leistungskondiktion nachrangig, da das Subsidiaritätsprinzip im Blick auf die Wertung von § 935 BGB nicht eingreifen kann.[395]

V. Anspruch aus § 823 II BGB i.V. mit § 1369 BGB (analog)

Deliktische Ansprüche aus § 823 II BGB i.V. mit § 1369 BGB (analog) scheitern am mangelnden Verschulden des Frieder, § 823 II 2 BGB.

---

hemmer-Methode: Geschafft! Sie sehen, auch eine Herausgabeklausur kann schwierig sein. Die Vorstellung, eine Herausgabeklausur habe immer ihren Schwerpunkt auf § 985 BGB und einer umfassenden Eigentumsprüfung, trügt. Es lassen sich unendlich viele Kombinationsmöglichkeiten denken. Daher ist es so wichtig, die Systematik und die Verbindungen der einzelnen Anspruchsgrundlagen zueinander zu verstehen. Dem trägt dieses Skript Rechnung. Herausgabeklausuren sind examenstypisch!

---

[395] vgl. nur Jauernig, § 812 BGB, Rn. 85.

WIEDERHOLUNGSFRAGEN

WIEDERHOLUNGSFRAGEN: Randnummer

1. Stellen Sie zusammen, welche verschiedenen Bedeutungen der Begriff „Herausgabe" annehmen kann!

2. Verschaffen Sie sich anhand der Übersichten in §§ 1 und 9 einen Überblick über das System der Herausgabeansprüche!

3. Was gilt für das Verhältnis zwischen vertraglichen Rückgabeansprüchen und § 985 BGB
   a) wenn beide Ansprüche derselben Person zustehen (z.B. Vermieter ist Eigentümer).................. 8 ff.
   b) wenn beide Ansprüche verschiedenen Personen zustehen?

4. Welche Anspruchsgrundlagen greifen ein, wenn der Mieter/Entleiher/Verwahrer die Sache an einen Dritten weitergegeben hat?.................. 10 ff.

5. Was gilt, wenn der Dritte Eigentum erworben hat? 11

6. Nach welchen Vorschriften richtet sich die Herausgabe einer Vollmachtsurkunde nach Erlöschen der Vollmacht? 14

7. Sind Schmiergelder, die der Beauftragte erhalten hat, an den Auftraggeber abzuführen? Wie liegt es bei Trinkgeldern? 16

8. Nach welchen Vorschriften ist
   a) der Vereinsvorstand 18
   b) der mit einer entgeltlichen Geschäftsbesorgung Beauftragte 19
   c) der geschäftsführende Gesellschafter einer GbR 20
   zur Herausgabe des durch die Geschäftsführung Erlangten verpflichtet?

9. Was versteht man unter entgeltlicher Geschäftsbesorgung? 19

10. Wo findet sich eine Parallele zu § 667, 2.Alt. BGB im Handelsrecht? 21

11. Welche Besonderheit ist zu beachten, solange der Kommissionär eine aus der Kommission erlangte Forderung noch nicht an den Kommittenten „herausgegeben", d.h. abgetreten hat? .... 22 ff.

12. Welche Herausgabeansprüche stehen dem Vorbehaltsverkäufer nach Rücktritt vom Kaufvertrag zu? 27

13. Welche besondere Problematik ergibt sich, wenn bei einem bereits erfüllten Kaufvertrag mit einem Nichtberechtigten der Rücktritt erklärt bzw. die Wandelung vollzogen wird? 31

14. Nach welchen Vorschriften werden widerrufene Haustür- und Verbraucherkreditgeschäfte rückabgewickelt? 33

15. § 285 BGB normiert den Anspruch auf Herausgabe eines stellvertretenden commodum. Fällt hierunter auch das commodum ex negotiatione, d.h. der durch Veräußerung an einen Dritten erzielte Erlös? .... 34 ff.

16. Inwiefern können sich auch aus Pflichtverletzung und vorvertraglicher Haftung Herausgabeansprüche ergeben? .... 36 ff.

17. Woraus ergibt sich der Anspruch auf Herausgabe des
    a) aus einer echten berechtigen GoA Erlangten 38
    b) aus einer echten unberechtigten GoA Erlangten 41
    c) aus einer unechten GoA Erlangten? 44

18. Worin unterscheidet sich die Genehmigung der echten unberechtigten GoA nach § 684 S.2 BGB von der Genehmigung der Verfügung eines Nichtberechtigten nach § 185 II, 1.Alt. BGB? 41

19. Wenn ein Dieb die gestohlene Sache an einen Dritten veräußert, hat der Eigentümer gegen diesen einen Herausgabeanspruch aus § 985 BGB. Kann der Eigentümer daneben von dem Dieb den erzielten Veräußerungserlös herausverlangen? 45

20. Inwiefern ist die Verweisung des § 687 II S.2 BGB auf § 684 S.1 BGB missglückt? 46

21. Was besagt die Lehre vom Vorrang des Vertragsverhältnisses im Rahmen des § 985 BGB? 50

22. Ist der Anspruch aus § 985 BGB abtretbar? 51

23. Ist das Recht zum Besitz i.S.d. § 986 I BGB eine Einwendung oder eine Einrede? 53

24. Stellt das Anwartschaftsrecht ein Besitzrecht dar? 55

25. Was gilt für das Zurückbehaltungsrecht aus §§ 273, 1000 BGB? .... 56 f.

26. Bilden Sie einen Beispielsfall für ein Besitzrecht aus § 986 II BGB? .... 61 ff.

27. Lässt sich § 986 II BGB auch im Fall der Veräußerung nach §§ 929, 930 BGB anwenden? ... 65

28. Kann der Anspruch aus § 985 BGB auch auf die Herausgabe unbeweglicher Sachen gerichtet sein? ... 66

29. Was ist bei der Vindikation von Geld zu beachten? ... *68 ff.*

30. Weshalb ist die Lehre von der Geldwertvindikation abzulehnen? ... *70 ff.*

31. Was geschieht, wenn der Nichtberechtigte fremdes Geld in seine Kasse legt? ... 71

32. Von dem mittelbaren Besitzer kann jedenfalls der mittelbare Besitz vindiziert werden.
    a) Wie erfolgt die Herausgabe des mittelbaren Besitzes? ... 72
    b) Kann die Vindikation gegen den mittelbaren Besitzer auch direkt auf Herausgabe der Sache gerichtet werden? ... *73 ff.*

33. Ist § 285 BGB auf den Anspruch aus § 985 BGB anwendbar? ... 76

34. Welche Verweisungen auf § 985 BGB kennen Sie? ... 77

35. Wie verhält sich § 1251 I BGB zu § 1227 BGB? ... 78

36. Aus welchen Vorschriften ergibt sich der Herausgabeanspruch beim Vermieterpfandrecht? ... 80

37. Warum sind die §§ 1227, 985 BGB auch auf das Pfändungspfandrecht anzuwenden? ... *81 ff.*

38. Was versteht man unter einem possessorischen, was unter einem petitorischen Anspruch? ... 86

39. Der Herausgabeanspruch aus § 861 I BGB setzt verbotene Eigenmacht, d.h. eine Besitzentziehung ohne den Willen des „Besitzers, voraus (§ 858 I BGB). Fällt darunter auch eine Besitzentziehung ohne den Willen des mittelbaren Besitzers oder eines Besitzdieners? ... 90

40. Liegt verbotene Eigenmacht auch dann vor, wenn ein Nichterbe einem Toten eine Sache wegnimmt? ... 91

41. Was versteht man unter Organbesitz? ... 92

42. Begeht ein vertretungsberechtigtes Organ einer juristischen Person verbotene Eigenmacht, wenn es eine im unmittelbaren Besitz der juristischen Person befindliche Sache ... 93
    a) an einen Dritten weggibt
    b) in Eigenbesitz nimmt?

43. Wie sind die Besitzverhältnisse in der GbR, wie in der OHG bzw. KG zu beurteilen? ... *94 ff.*

44. Nach welcher Vorschrift richtet sich der possessorische Schutz des mittelbaren Besitzers? ... 99

45. Ist § 864 II BGB auch dann anzuwenden, wenn das Besitzrecht des eigenmächtig Handelnden bereits vor der Verübung der verbotenen Eigenmacht durch rechtskräftiges Urteil festgestellt worden ist? ... 106

46. § 863 BGB schneidet petitorische Einwendungen gegen die possessorischen Ansprüche der §§ 861 f. BGB ab. Welche Möglichkeit verbleibt dem Anspruchsgegner, gleichwohl sein Besitzrecht geltend zu machen? ... *108*

47. Warum haben die Ansprüche aus §§ 1007 I und II BGB in der Praxis geringe, in der Klausur dagegen große Bedeutung? ... *110*

48. Welcher Maßstab gilt für die Gutgläubigkeit i.S.d. § 1007 I BGB? ... *115*

49. Woraus ergibt sich, dass ein Recht zum Besitz die petitorischen Ansprüche aus §§ 1007 I, II BGB ausschließt? ... *118*

50. Inwieweit kommt der Besitz als Gegenstand
    a) der Leistungskondiktion ... *129*
    b) der Eingriffskondiktion in Betracht? ... *130*

51. Die Herausgabepflicht nach § 816 I S.1 BGB richtet sich nach h.M. auch auf einen den objektiven Wert übersteigenden Veräußerungserlös. Welche Argumente lassen sich hierfür anführen? ... *134*

52. Woraus folgt, dass auch deliktische Schadensersatzansprüche auf Herausgabe gerichtet sein können? ... *135*

53. Steht einem unberechtigtem Besitzer (z.B. einem Dieb), dem seinerseits der Besitz von einem Dieb entzogen wird, ein deliktischer Herausgabeanspruch zu? ... *136*

54. Welche speziellen Herausgabeansprüche gelten für ... *138 ff.*
    a) Vollmachtsurkunden
    b) Schuldscheine, Vollstreckungstitel
    c) Erbscheine?

WIEDERHOLUNGSFRAGEN

55. Worin liegt der Vorteil eines Gesamtanspruchs gegenüber einem Einzelanspruch? .... *143 f.*
56. § 2130 BGB normiert den Anspruch des Nacherben gegen den Vorerben auf Herausgabe der Erbschaft. Woraus ergibt sich, dass auch die vom Vorerben erlangten Surrogate zur Erbschaft zählen? *149*
57. Unterfällt das Surrogat auch dann der Herausgabepflicht, wenn es aufgrund eines nichtigen Veräußerungsgeschäfts erlangt wurde - wie z.B. der Erlös aus der nach § 2113 I BGB unwirksamen Veräußerung eines Erbschaftsgrundstücks? *154*
58. Wie verhält sich der Anspruch aus § 2130 BGB zum Erbschaftsanspruch aus § 2018 BGB? *157/163*
59. Was versteht man unter einem Erbschaftsbesitzer? Ist z.B. derjenige, der aufgrund eines vermeintlichen Vermächtnisses besitzt, Erbschaftsbesitzer? .... *160 ff.*
60. Fällt auch die einfache oder gesetzliche Surrogation unter § 2019 I BGB? .... *165 ff.*
61. Der Erbschaftsbesitzer (EB) ohne Erbschein verkauft einen Ring aus dem Nachlass an K. Kann der wahre Erbe E von K den Ring und von EB den Veräußerungserlös herausverlangen? *167*
62. Wie verhält sich der Erbschaftsanspruch zu konkurrierenden Einzelansprüchen? *169*
63. Welche verschiedenen Nutzungsherausgabeansprüche kennen Sie? *176*
64. Wie sind die Ansprüche aus § 346 I und § 347 I BGB voneinander abzugrenzen? .... *177 f.*
65. Nach welchen Vorschriften richtet sich die Rückgabepflicht desjenigen, der von einem gesetzlichen Rücktrittsrecht Gebrauch macht, zusätzlich zu § 346 I BGB? .... *179 ff.*
66. Nach dem in § 993 I, 2.HS. BGB normierten Grundsatz haftet der gutgläubige, unverklagte Besitzer nicht auf Herausgabe von Nutzungen. Stellen Sie die Ausnahmen von diesem Grundsatz zusammen! .... *183 ff.*
67. Schließt § 993 I, 2.HS. BGB auch konkurrierende Bereicherungsansprüche auf Herausgabe von Nutzungen aus? *183/188*
68. Gilt § 988 BGB auch für den Fremdbesitzer, der aufgrund eines (vermeintlichen) obligatorischen Nutzungsrechts (z.B. Leihe) besitzt? *187*
69. Ist § 988 BGB analog auf den rechtsgrundlosen Besitzer anwendbar? *188*
70. Worin besteht der Sinn und Zweck des § 991 I BGB? Wann ist die Vorschrift demgemäß teleologisch zu reduzieren? *193*
71. Worin besteht der Unterschied einer Nutzungsherausgabe nach § 812 I S.1 BGB und derjenigen nach § 818 I BGB? .... *195 f.*
72. Wie verhält sich die Nutzungsherausgabe nach §§ 2020 ff. BGB zu konkurrierenden Einzelansprüchen? *201*
73. Warum bereitet die Formulierung des Klageantrags bei Ansprüchen auf Herausgabe von Sachgesamtheiten und Sondervermögen besondere Schwierigkeiten? *203*
74. Wo ist die Herausgabevollstreckung geregelt? *206*
75. Nach welchen Vorschriften beurteilt sich die Vollstreckung von Ansprüchen, die auf Herausgabe von Geld gerichtet sind? *207*
76. Bedarf der Gerichtsvollzieher für die Herausgabevollstreckung bei beweglichen Sachen einer richterlichen Durchsuchungsanordnung, wenn sich die Sache in der Wohnung des Schuldners befindet? *209*
77. Weshalb gelten die Pfändungsschutzvorschriften der §§ 811 ff. ZPO im Rahmen der Herausgabevollstreckung nach §§ 883 ff. ZPO nicht? *210*
78. Was gilt, wenn sich die Sache bei einem nicht herausgabebereiten Dritten befindet? *212*
79. Bedarf der Gerichtsvollzieher auch für die Herausgabevollstreckung bei unbeweglichen Sachen einer besonderen richterlichen Anordnung i.S.d. Art. 13 II GG? *214*
80. Kann die Wohnung des Schuldners auch dann zwangsweise geräumt werden, wenn gegen die übrigen Mitbewohner (z.B. Ehegatte, Kinder) kein Räumungstitel vorliegt? *216*
81. Welche Möglichkeiten hat der Schuldner, sich gegen die drohende Räumung seiner Wohnung zu wehren? *217*

STICHWORTVERZEICHNIS

Die Zahlen verweisen auf die Randnummern des Skripts

Anwartschaftsrecht
    als dingliches BesitzR — 55

Auftrag 12 ff.

Auskunftserteilung
    Klage auf — 143, 204

Besitz
    als sonstiges Recht — 136
    Eingriffskondiktion — 130
    deliktischer — 194
    Leistungskondiktion — 129

Besitzentziehung — 88
    siehe auch *verbotene Eigenmacht*

Besitzrecht — 53 ff., 130

Besitzschutz
    petitorisch — 110
    possessorisch — 87 ff.

Betreuung — 146

Vorvertragliche Haftung — 37

Delikt, siehe *unerlaubte Handlung*

dingliche Surrogation — 78, 149 ff., 165

Eigentum — 126

Eigentümer-Besitzer-Verhältnis — 47 ff., 181 ff.

Eingriffskondiktion

elterliche Sorge
    Herausgabe bei — 145

Erbe
    Erbenbesitz — 91
    Nacherbe — 147
    Vorerbe — 147
    vorläufiger — 163

Erbschaft
    als Herausgabegegenstand — 148

Erbschaftsbesitzer — 158 ff., 198 ff.

Erbschaftsanspruch — 158 ff.

Erbschein — 140

Erkenntnisverfahren — 203 ff.

Fehleridentität — 126

Früchte — 171

GbR — 20
    Besitzverhältnisse — 94

Gebrauchsüberlassung — 177

Gebrauchsvorteile — 132, 172

Geld — 13

Geldwertvindikation — 70

Gerichtsstand
    bei Gesamtansprüchen — 205
    dinglicher — 205

Gesamtansprüche — 140

Geschäftsbesorgung, siehe *Auftrag*
    entgeltliche — 19

Geschäftsführung ohne Auftrag
    echte — 38 ff.
    unechte (Geschäftsanmaßung) — 43 ff.

gutgläubiger Erwerb — 131

Herausgabevollstreckung — 206 ff.
    bei Mitgewahrsam — 216
    gegen Dritte — 212, 215
    Pfändungsschutz bei — 210
    Räumungsschutz bei — 217
    Wohnraumdurchsuchung — 209

Klageantrag — 203

Kommission — 22

Leistungskondiktion — 129 ff.

Leistungsstörungen bei vertraglichen Herausgabeansprüchen — 6 f.

Nacherbe — 147

Nichtberechtigter
    Verfügung eines, siehe *Verfügung*
    Rückerwerb vom, siehe *Rückerwerb*

Nutzungen — 170 ff.
    im Bereicherungsrecht — 195
    im EBV — 181
    im Erbrecht — 197

Organbesitz — 92 ff.

Pfandrecht — 78 ff.

Pfändungspfandrecht — 81 ff.

Pflichtverletzung — 36

Räumungsschutz — 217

Rückerwerb vom Nichtberechtigten — 31, 131

Rücktritt
    gesetzlich — 28, 179
    Nutzungsherausgabe als Folge — 177
    vertraglicher — 27

Schmiergelder — 16

Schuldscheine — 139

Schutzgesetz — 137

Sondervermögen — 141

stellvertretendes commodum — 34 ff.
    i.R.d. EBV — 76

Stufenklage	143, 204	Vertragsrückabwicklung	26 ff.
Trinkgelder	16	Vorrang des Vertrags	50
		Vollmachtsurkunden	14, 138 ff.
Übermaßfrüchte	184	Vollstreckungsschutz	217
unbestellte Ware	65a ff.	Vollstreckungstitel	139
unerlaubte Handlung	135 ff.	Vorerbe	147
ungerechtfertigte Bereicherung	125 ff.	Vormundschaft	146
Unternehmensertrag	173		
		Wegfall der Geschäftsgrundlage	29
verbotene Eigenmacht	88	Widerklage	108
als Schutzgesetz	137		
Verein	18	Zusenden unbestellter Ware	65a ff.
Verfügung eines Nichtberechtigten	133	Zwangsvollstreckung	206 ff.
Vertrag			

Intelligentes Lernen mit der hemmer-Methode

Bestellschein

Bestellen Sie:
per Fax: 09 31/79 78 234
per e-Shop: www.hemmer-shop.de
per Post: hemmer/wüst Verlagsgesellschaft
Mergentheimer Str. 44, 97082 Würzburg

D					

Kundennummer (falls bekannt)

Absender:

Name: _____ Vorname: _____

Straße: _____ Hausnummer: _____

PLZ: _____ Ort: _____

Telefon: _____ E-Mail-Adresse: _____

Bestell-Nr.:	Titel:	Anzahl:	Einzelpreis:	Gesamtpreis:

+ Versandkostenanteil: 3,30 €
ab 30.-€ versandkostenfrei!

Gesamtsumme

Prüfen Sie in Ruhe zuhause!
Alle Produkte dürfen innerhalb von 14 Tagen an den Verlag (Originalzustand) zurückgeschickt werden. Es wird ein uneingeschränktes gesetzliches Rückgaberecht gewährt. Hinweis: Der Besteller trägt bei einem Bestellwert bis 40 € die Kosten der Rücksendung. Über 40 € Bestellwert trägt er ebenfalls die Kosten, wenn zum Zeitpunkt der Rückgabe noch keine (An-) Zahlung geleistet wurde.
Ich weiß, dass meine Bestellung nur erledigt wird, wenn ich in Höhe meiner Bestellungs-Gesamtsumme zzgl. des Versandkostenanteils zum Einzug ermächtige. Bestellungen auf Rechnung können leider nicht erledigt werden. Bei fehlerhaften Angaben oder einer Rücklastschrift wird eine Unkostenpauschale in Höhe von 8 € fällig. Die Lieferung erfolgt unter Eigentumsvorbehalt.

Kontonummer: _____

BLZ: _____

Bank: _____

☐ Schicken Sie mir bitte unverbindlich und kostenlos Informationsmaterial über hemmer-Hauptkurse in _____

Ort, Datum: _____ Unterschrift: _____

hemmer/wüst
Verlagsgesellschaft mbH
Verlagsprogramm 2005

Jura mit den Profis

Liebe Juristinnen und Juristen,

Auch beim Lernmaterial gilt:
„Wer den Hafen nicht kennt, für den ist kein Wind günstig" (Seneca).
Häufig entbehren Bücher und Karteikarten der Prüfungsrealität. Bei manchen Produkten stehen ausschließlich kommerzielle Interessen im Vordergrund. Dies ist gefährlich: Leider kann der Student oft nicht erkennen wie gut ein Produkt ist, weil ihm das praktische Wissen für die Anforderungen der Prüfung fehlt.
Denken Sie deshalb daran, je erfahrener die Ersteller von Lernmaterial sind, um so mehr profitieren Sie. Unsere Autoren im Verlag sind alle Repetitoren. Sie wissen, wie der Lernstoff richtig vermittelt wird. Die Prüfungsanforderungen sind uns bekannt.
Unsere Zentrale arbeitet seit 1976 an examenstypischem Lernmaterial und wird dabei von **hochqualifizierten Mitarbeitern** unterstützt.
So arbeiteten z.B. ehemalige Kursteilnehmer mit den Examensnoten von 16,0; 15,54; 15,50; 15,25; 15,08; 14,79; 14,7; 14,7; 14,4; 14,25; 14,25; 14,08; 14,04 ... als Verantwortliche an unserem Programm mit. Unser Team ist Garant, um oben genannte Fehler zu vermeiden. Lernmaterial bedarf ständiger Kontrolle auf Prüfungsrelevanz. Wer sonst als derjenige, der sich täglich mit Examensthemen beschäftigt, kann diesem Anforderungsprofil gerecht werden.

Gewinnen Sie, weil

- gutes Lernmaterial Verständnis schafft
- fundiertes Wissen erworben wird
- Sie intelligent lernen
- Sie sich optimal auf die Prüfungsanforderungen vorbereiten
- Jura Spaß macht

und Sie letztlich unerwartete Erfolge haben, die Sie beflügeln werden.

Damit Sie sich Ihre eigene Bibliothek als Nachschlagewerk nach und nach kostengünstig anschaffen können, schlagen wir Ihnen speziell für die jeweiligen Semester Skripten und Karteikarten vor. Bildung soll für jeden bezahlbar bleiben, deshalb der studentenfreundliche Preis.

Viel Spaß und Erfolg beim intelligenten Lernen.

Intelligentes Lernen mit der hemmer-Methode

HEMMER Produkte - im Überblick

Grundskripten (ab 1. Semester)

- Skripten für Anfangssemester
- Die wichtigsten Fälle
- Die Basics
- Musterklausuren für die Zwischenprüfung
- Lexikon, die examenstypischen Begriffe

Skripten für Fortgeschrittene

- Skripten Zivilrecht
- Skripten Strafrecht
- Skripten Öffentliches Recht
- Die Classics

Skripten für Examenssemester

- Skripten Wahlfachgruppen
- Die Musterklausuren für das Examen

Karteikarten/Sonstiges

- Die Shorties (ab 1. Semester)
- Der Referendar
- Klausurenblock
- Die Karteikarten (ab 1. Semester)
- Lern-Karteikartenbox
- Jurapolis - das hemmer-Spiel
- Übersichtskarteikarten
- Coach dich - Psychologischer Ratgeber   - neu! -
- Lebendiges Reden   - neu! -
- Life&LAW - die hemmer-Zeitschrift

Assessor-Skripten/BWL-Skripten/Sonstiges

- Assessor-Skripten / -Karteikarten   - neu! -
- Wiederholungsmappe   - neu! -
- BWL-Skripten

HEMMER Skripten - Logisch aufgebaut!

Intelligentes Lernen schnell & effektiv

Randbemerkung
Zur schnellen Rekapitulation des Skripts

hemmer-Methode
Zur richtigen Einordnung des Gelernten in der Klausurlösung

Systematische Verweise
Isoliertes Lernen vermeiden! Zusammenhänge verstehen.
Unsere Skriptenreihe – der große Fall

Randnummern
Für zielgenaues Arbeiten mit Stichwortverzeichnis und Wiederholungsfragen

Freiraum
Viel Platz für eigene Anmerkungen

Schemata
Übersichtliches Lernen

Fußnoten
Vertiefende Literatur und Rechtsprechung

Beispielseite

34 — PRIMÄRANSPRUCH III

III. Ausgeübte Gestaltungsrechte

Gestaltungsrechte ⇨ Primäranspruch scheitert

Das Scheitern eines Primäranspruches kann sich auch aus der Ausübung eines dem Schuldner zustehenden Gestaltungsrechtes ergeben. Unter einem Gestaltungsrecht wird das einer bestimmten Person zustehende Recht verstanden, durch einseitigen Gestaltungsakt (meist eine empfangsbedürftige Willenserklärung) ein Rechtsverhältnis zwischen ihr und einer anderen Person entweder zustande zu bringen oder inhaltlich näher zu bestimmen, es zu ändern oder aufzuheben.[120]

Im folgenden soll nur die letzte Möglichkeit interessieren. Zu den Gestaltungsrechten, die zur Aufhebung eines Rechtsverhältnisses führen können, zählen der Widerruf, die Anfechtung, der Rücktritt und die Kündigung.

> **hemmer-Methode:** Kein Gestaltungsrecht ist hingegen die Wandelung, § 462. Hierbei handelt es sich vielmehr um einen *Anspruch* (vgl. Legaldefinition in § 194), der erst durch das Einverständnis des Verkäufers (§ 465) zur Rückabwicklung des Vertrages führt. Diese wiederum erfolgt dann aber nach den Vorschriften über den vertragsmäßigen Rücktritt, §§ 467, 346 ff. Zu diesem Problemkreis ausführlich Hemmer/Wüst, Gewährleistungsrecht, Rn. 27 ff.

1. Widerruf

a) Allgemeines

Widerruf von Erklärung

Unter Widerruf wird allgemein die Rückgängigmachung einer Erklärung verstanden.

- § 130 I 2

Grundsätzlich kommt dem Widerruf die Bedeutung zu, eine noch nicht endgültig wirksame Willenserklärung von Anfang an zu beseitigen (z.B. § 130 I 2).

- Ausnahme v. Grds. d. Beständigkeit

Daneben verwendet das Gesetz den Begriff "Widerruf" an verschiedenen Stellen als Ausnahme von dem Grundsatz der Beständigkeit an sich wirksamen rechtlichen Handelns (z.B. § 530). Hier kommt der Widerruf der Sache nach einer Kündigung gleich.

```
            Widerruf
           /        \
  rechtshindernder   rechtsvernichtender
     Widerruf            Widerruf
    Rn. 304 ff.         Rn. 364 ff.
```

> **hemmer-Methode:** Da der Widerruf in seiner erstgenannten Form dazu führt, daß ein Primäranspruch schon gar nicht erst (vollwirksam) entsteht, gehört er – streng genommen – eigentlich zu den rechtshindernden Einwendungen. Er läßt sich daher auch als "*rechtshindernder Widerruf*" bezeichnen.

---

[120] Larenz, AT, § 13 II 7.

---

examenstypisch - anspruchsvoll - umfassend

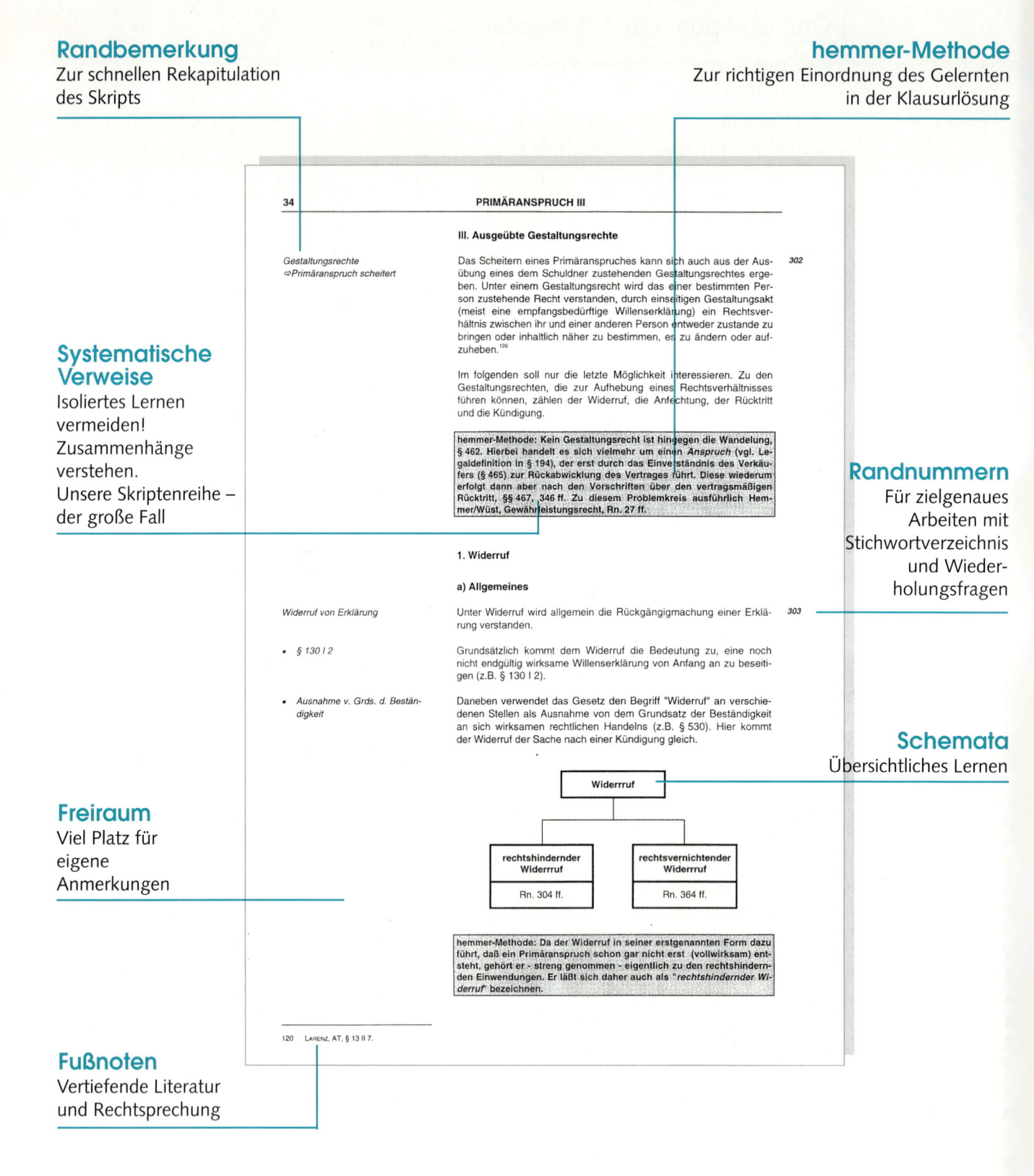

Grundskripten (ab 1. Semester)

Für Ihr Jurastudium ist es nötig, sich schnell mit dem notwendigen Basiswissen einen Überblick zu verschaffen. Was aber ist wichtig und richtig? Bei der Fülle der Ausbildungsliteratur kann einem die Lust auf Jura vergehen. Wir beschränken uns in dieser Ausbildungsphase auf das Wesentliche. Weniger ist mehr.

Skripten für die Anfangssemester

Mit den Skripten für die Zwischenprüfung und Anfangssemester wird Jura zu einem kreativen Prozess. Sie lernen frühzeitig das richtige Herangehen an eine Klausur. Dies gilt sowohl für die formale Seite wie Gutachtenstil, Aufbau und Prüfungsreihenfolge als auch für die inhaltliche Seite. Hier geht es insbesondere darum, Wichtiges von Unwichtigem zu unterscheiden, die Schwerpunkte in der Klausur richtig zu setzen und um das richtige Problemverständnis: Problem erkannt, Gefahr gebannt.

Für Sie gilt: Was müssen Sie für die Zwischenprüfung und die kleinen Scheine wissen, und wie erarbeiten Sie sich den notwendigen Stoff. Unsere Erfahrung als Repetitoren in 39 Universitätsstädten kommt Ihnen zugute.

Zivilrecht für Anfangssemester
Dieses Skript vermittelt Ihnen das klausurrelevante Wissen. Wie entsteht die vertragliche Haftung (Primäranspruch)? Welche rechtshindernden oder rechtsvernichtenden Einwendungen bestehen? Machen Sie sich mit dem Bereich des Leistungsstörungsrechts und des Gewährleistungsrechts und den gesetzlichen Schuldverhältnissen vertraut.

115.11   11,80 €

Strafrecht für Anfangssemester
Der Aufbau für die Strafrechtsklausur muss sitzen. Strafrecht hat im Verhältnis zum Öffentlichen Recht weniger Paragraphen aber mehr Dogmatik. Mit einer guten Technik schreibt man die gute Klausur.
Im Vordergrund steht die Vermittlung des notwendigen Grundwissens des StGB. Zahlreiche Beispielsfälle sollen dem Leser zusätzlich deutlich machen, an welcher Stelle in der Klausur das besprochene Problem zu bearbeiten ist. Der Klausuraufbau wird auf diese Weise automatisch mittrainiert.

115.12   11,80 €

Öffentliches Recht für Anfangssemester
Machen Sie Sich frühzeitig mit den Grundzügen des Öffentlichen Rechts vertraut. Das erste Kapitel führt Sie in die Grundrechtslehren und wichtigsten Grundrechte ein. Klausurrelevant ist deren Prüfung im Rahmen der Verfassungsbeschwerde. Zum Staatsorganisationsrecht werden Ihnen Staatsziele, Staatsgewalten und die obersten Staatsorgane vorgestellt. Als Einstieg ins Verwaltungsrecht beschäftigen Sie sich mit der Eröffnung des Verwaltungsrechtswegs und mit der wichtigsten Klageart, der Anfechtungsklage. Daneben werden auch die Verpflichtungsklage, die allgemeine Leistungsklage und die Feststellungsklage, aber auch die Normenkontrolle dargestellt.

115.13   11,80 €

Intelligentes Lernen
knapp & präzise

Die examenstypischen Begriffe/ ZivilR.
Das Grundwerk für die eigene Bibliothek. Alle examenstypischen Begriffe in diesem Nachschlagewerk werden anwendungsspezifisch für Klausur und Hausarbeit erklärt. Das gesammelte Examenswissen ist eine optimale schnelle Checkliste. Zusätzlicher Nutzen: Das große Stichwortverzeichnis. Neben der Einbettung des gesuchten Begriffs in den juristischen Kontext finden Sie Verweisungen auf entsprechende Stellen in unserer Skriptenreihe. Begriffe werden transparenter. Sie vertiefen Ihr Wissen. So können Sie sich schnell und auf anspruchsvollem Niveau einen Überblick über die elementaren Rechtsbegriffe verschaffen.

14.01   13,80 €

Grundskripten (ab 1. Semester)

Die wichtigsten Fälle nicht nur für Anfangssemester

Die vorliegende Fallsammlung ist für Studenten in den ersten Semestern gedacht. **Gerade in dieser Phase ist es wichtig, bei der Auswahl der Lernmaterialien den richtigen Weg einzuschlagen.**

Die Gefahr zu Beginn des Studiums liegt darin, **den Stoff zu abstrakt zu erarbeiten.** Ein problemorientiertes Lernen, d.h. ein Lernen am konkreten Fall, führt zum Erfolg. Das gilt für die kleinen Scheine/ die Zwischenprüfung genauso wie für das Examen. Wer gelernt hat, sich die Probleme des Falles aus dem Sachverhalt schnell zu erschließen, schreibt die gute Klausur.

Bei der Anwendung dieser Lernmethode sind wir Marktführer. Profitieren Sie von der fast 30-jährigen Erfahrung des Juristischen Repetitoriums hemmer im Umgang mit Examensklausuren. Diese Erfahrung fließt in sämtliche Skripten des Verlages ein. **Das Repetitorium beschäftigt ausschließlich Spitzenjuristen, teilweise Landesbeste ihres Examenstermins.** Die so erreichte Qualität in Unterricht und Skripten werden Sie woanders vergeblich suchen. **Lernen Sie mit den Profis!**

Ihre Aufgabe als Jurist wird es einmal sein, konkrete Fälle zu lösen. Diese Fähigkeit zu erwerben ist das Ziel einer guten juristischen Ausbildung. **Nutzen Sie die Chance, diese Fähigkeit bereits zu Beginn Ihres Studiums zu trainieren.** Erarbeiten Sie sich das notwendige Handwerkszeug anhand unserer Fälle. Sie werden feststellen: Wer Jura richtig lernt, dem macht es auch Spaß. **Je mehr Sie verstehen, desto mehr Freude werden Sie haben, sich neue Probleme durch eigenständiges Denken zu erarbeiten.** Wir bieten Ihnen mit unserer juristischen Kompetenz die notwendige Hilfestellung.

Fallsammlungen gibt es viele. Die Auswahl des richtigen Lernmaterials ist jedoch der entscheidende Aspekt. Vertrauen Sie auf unsere Erfahrungen im Umgang mit Prüfungsklausuren. Unser Beruf ist es, alle klausurrelevanten Inhalte zusammenzutragen und verständlich aufzubereiten. Prüfungsinhalte wiederholen sich. Wir vermitteln Ihnen das, worauf es in der Prüfung ankommt - **verständlich - knapp - präzise.**

Achten Sie dabei insbesondere auf die richtige Formulierung. Jura ist eine Kunstsprache, die es zu beherrschen gilt. Abstrakte Floskeln, ausgedehnte Meinungsstreitigkeiten sollten vermieden werden. Wir haben die Fälle daher bewusst kurz gehalten. Der Blick für das Wesentlich darf bei der Bearbeitung von Fällen nie verloren gehen.

Wir hoffen, Ihnen den Einstieg in das juristische Denken mit der vorliegenden Fallsammlung zu erleichtern.

BGB AT (115.21)	*11,80 €*
Schuldrecht AT (115.22)	*11,80 €*
Schuldrecht BT (115.23)	*11,80 €*
GOA-BereicherungsR (115.24)	*11,80 €*
Deliktsrecht (115.25)	*11,80 €*
Verwaltungsrecht (115.26)	*11,80 €*
Staatsrecht (115.27)	*11,80 €*
Strafrecht AT (115.28)	*11,80 €*
Strafrecht BT I (115.29)	*11,80 €*
Strafrecht BT II (115.30)	*11,80 €*
Sachenrecht I (115.31)	*11,80 €*
Sachenrecht II (115.32)	*11,80 €*
ZPO I (115.33)	*11,80 €*
erhältlich ab 06/2005	
ZPO II (115.34)	*11,80 €*
Handelsrecht (115.35)	*11,80 €*
Gesellschaftsrecht (115.38)	*11,80 €*
Erbrecht (115.36)	*11,80 €*
Familienrecht (115.37)	*11,80 €*

Grundskripten (ab 1. Semester)

Die „Basics" - Reihe

Die **Klassiker** der hemmer-Reihe. So schaffen Sie die **Universitätsklausuren viel leichter.** Die Basics vermitteln Ihnen Grundverständnis auf anspruchsvollem Niveau, sie sind auch für die Examensvorbereitung ideal. Denn: Wissen wird konsequent unter Anwendungsgesichtspunkten erworben. Die Basics dienen auch der schnellen Wiederholung vor dem Examen oder der mündlichen Prüfung, wenn Zeit zur Mangelware wird.

Basics-Zivilrecht I
BGB-AT/ Vertragliche Schuldverhältnisse mit dem neuen Schuldrecht

Im Vordergrund steht die Vermittlung der Probleme des Vertragsschlusses, u.a. das Minderjährigenrecht und die Stellvertretung. Neben rechtshindernden (z.B. §§ 134, 138 BGB) und rechtsvernichtenden Einwendungen (z.B. Anfechtung) werden auch die Klassiker der Pflichtverletzung nach § 280 BGB wie Unmöglichkeit (§§ 280 I, III, 283), Verzug (§§ 280 I, II, 286) und Haftung bei Verletzung nicht leistungsbezogener Nebenpflichten i.S.d. § 241 II BGB (früher: pVV bzw. c.i.c. jetzt: § 280 I bzw. § 280 I i.V.m. § 311 II BGB) behandelt. Ausführlich wird auf die wichtige Unterscheidung von Schadensersatz nach § 280 I BGB und Schadensersatz statt der Leistung nach §§ 280 I, III, 281-283 bzw. § 311a II BGB eingegangen. Nach Mängelrecht, Störung der GG und Schadensrecht schließt das Skript mit dem nicht zu unterschätzenden Gebiet des Dritten (z.B. Abgrenzung § 278 / § 831 / § 31; § 166; Vertrag mit Schutzwirkung zugunsten Dritter; DriSchaLi) im Schuldverhältnis ab.

110.0011   *13,80 €*

Basics-Zivilrecht II
Gesetzliche Schuldverhältnisse, Sachenrecht

Das Skript befasst sich mit dem Recht der GoA, dem Bereicherungsrecht und dem Recht der unerlaubten Handlungen als immer wieder klausurrelevante gesetzliche Schuldverhältnisse. Der Einstieg in das Sachenrecht wird mit der Abhandlung des Besitzrechts und dem Erwerb dinglicher Rechte an beweglichen Sachen erleichtert, wobei der Schwerpunkt auf dem rechtsgeschäftlichen Erwerb des Eigentums liegt. Über das für jede Prüfung unerlässliche Gebiet des EBV gibt das Skript einen ausführlichen Überblick. Eine systematische Aufbereitung des Pfandrechts und des Grundstückrechts führen zum richtigen Verständnis dieser prüfungsrelevanten Gesetzesmaterie.

110.0012   *13,80 €*

Basics-Zivilrecht III
Familienrecht/ Erbrecht

Die typischen Probleme des Familienrechts: Von der Ehe als Klassiker für die Klausur (z.B. § 1357; GbR; Gesamtschuldner; Gesamtgläubiger; §§ 1365; 1369 BGB) zum ehelichen Güterrecht bis hin zur Scheidung.
Gegenstand des Erbrechts sind die gesetzliche und gewillkürte Erbfolge, die möglichen Verfügungen (Testament bzw. Erbvertrag) des Erblassers und was sie zum Inhalt haben (z.B. Erbeinsetzung, Vermächtnis, Auflage), Annahme und Ausschlagung der Erbschaft sowie neben Fragen der Rechtsstellung des Erben (z.B. im Verhältnis zum Erbschaftsbesitzer) auch das Pflichtteilsrecht und der Erbschein.
Fazit: Das Wichtigste in Kürze für den schnellen Überblick.

110.0013   *13,80 €*

Basics-Zivilrecht IV
Zivilprozessrecht (Erkenntnisverfahren und Zwangsvollstreckungsverfahren)

Wegen fehlender Praxis ist in der Regel die ZPO dem Studenten fremd. Von daher wurde hier besonders auf leichte Verständlichkeit Wert gelegt. Der Schwerpunkt im Erkenntnisverfahren liegt neben den immer wiederkehrenden Problemen der Zulässigkeitsvoraussetzungen (z.B. Zuständigkeit, Streitgegenstand) auf den typischen Problemen des Prozesses, wie z.B. Versäumnisurteil, Widerklage und Klagenhäufung. Die Beteiligung Dritter am Rechtsstreit wird im Hinblick auf die Klausur und die examensrelevante Verortung erklärt.
Das Kapitel der Zwangsvollstreckung befasst sich vor allem mit dem Ablauf der Zwangsvollstreckung und den möglichen Rechtsbehelfen von Schuldner, Gläubiger und Dritten.
Dieses Skript gehört daher zur „Pflichtlektüre", um sich einen vernünftigen Überblick zu verschaffen!

110.0014   *13,80 €*

Basics-Zivilrecht V
Handels- und Gesellschaftsrecht

Im Vordergrund steht: Wie baue ich eine gesellschaftsrechtliche Klausur richtig auf. Häufig geht es um die Haftung der Gesellschaft und der Gesellschafter. Eine systematische Aufbereitung führt durch das Recht der Personengesellschaften, also der GbR und OHG, sowie der KG. Das Recht der Körperschaften, wozu der rechts- und nichtrechtsfähige Verein, die GmbH sowie die AG zählen, wird ebenso im Überblick dargestellt.
Auf dem Gebiet des Handelsrechts als Sonderrecht des Kaufmanns dürfen typische Problemkreise wie Kaufmannseigenschaft, Handelsregister, Wechsel des Unternehmensträgers und das kaufmännische Bestätigungsschreiben nicht fehlen. Abschließend befasst sich das Skript mit den Mängelrechten beim Handelskauf, der auch häufig die Schnittstelle zu BGB-Problemen darstellt.

110.0015   *13,80 €*

Basics-Zivilrecht VI
Arbeitsrecht

Das Arbeitsrecht gehört in den meisten Bundesländern zum Pflichtprogramm in der Examensvorbereitung. Hier tauchen immer wieder die gleichen Fragestellungen auf, die in diesem Skript knapp, präzise und klausurtypisch aufbereitet werden, wie die Zulässigkeit der Kündigungsschutzklage, Kündigungsschutz nach dem KSchG, innerbetrieblicher Schadensausgleich, fehlerhafter Arbeitsvertrag und die Reaktionsmöglichkeiten des Arbeitnehmers auf Änderungskündigungen. Ferner bildet auch das Recht der befristeten Arbeitsverhältnisse nach dem TzBfG einen Schwerpunkt.

110.0016   *13,80 €*

Grundskripten (ab 1. Semester)

Basics-Strafrecht
Je besser der Einstieg, umso besser später die Klausuren. Weniger ist häufig mehr. Alle klausurwichtigen Probleme und Fragestellungen des materiellen Strafrechts auf einen Blick: Vom StGB-AT bis hin zum StGB-BT finden Sie all das dargestellt, was als Grundlagenwissen im Strafrecht angesehen wird. Außerdem werden die wichtigsten Aufbaufragen zur strafrechtlichen Klausurtechnik - an denen gerade Anfänger häufig scheitern - in einem eigenen Kapitel einfach und leicht nachvollziehbar erläutert.

110.0032   13,80 €

Basics-Öffentliches Recht I
Verfassungsrecht/ Staatshaftungsrecht
Materielles und prozessuales Verfassungsrecht bilden zusammen mit wichtigen Problemstellungen des Staatshaftungsrechts die Grundlage für dieses Skript. Öffentlich-rechtliches Wissen wird konsequent unter Anwendungsgesichtspunkten erworben.

110.0035   13,80 €

Basics-Öffentliches Recht II
Verwaltungsrecht
Grundfragen des allgemeinen und besonderen Verwaltungsrechts werden im Rahmen der wichtigsten Klagearten der VwGO verständlich und einprägsam dargestellt. Zusammen mit dem Skript Ö-Recht I werden Sie sich in der öffentlich rechtlichen Klausur sicher fühlen.

110.0036   13,80 €

Basics-Steuerrecht
Die Basics im Steuerrecht für einen einfachen, aber instruktiven Einstieg in das materielle Einkommensteuer- und Steuerverfahrensrecht. Die notwendigen Bezüge des Einkommensteuerrechts zum Umsatz- und Körperschaftssteuerrecht werden dargestellt sowie auf examens- und klausurtypische Konstellationen hingewiesen. Ein ideales Skript für alle, die sich erstmals mit der Materie befassen und die Grundstrukturen verstehen wollen. Es wird der Versuch unternommen, den Einstieg so verständlich wie möglich zu gestalten. Dazu werden immer wieder kleine Beispiele gebildet, die das Erlernen des abstrakten Stoffs vereinfachen sollen.

110.0004   13,80 €

Basics-Europarecht
Neben unserem Hauptskript nun die Basics zum Europarecht. Verständlicher Einstieg oder schnelle Wiederholung der wesentlichen Probleme? Für beides sind die Basics ideal. Wer in die Tiefe gehen möchte, kann dies mit unserem Klassiker, dem Hauptskript Europarecht. In Verbindung mit den Classics Europarecht und der Fallsammlung auf Examensniveau sind Sie somit gerüstet für die Prüfung in Ausbildung und Examen. Vernachlässigen Sie dieses immer wichtiger werdende Prüfungsgebiet nicht!

110.0005   13,80 €

Musterklausuren für die Zwischenprüfung

Exempla docent - an Beispielen lernen. Die Fälle zu den Basics! Nur wer so lernt, weiß was in der Klausur verlangt wird. Die Fallsammlungen erweitern unsere Basics und stellen die notwendige Fortsetzung für das Schreiben der Klausur dar. **Genau das, was Sie für die Scheine brauchen** - nämlich exemplarisch dargestellte Falllösungen. Wichtige, immer wiederkehrende Konstellationen werden berücksichtigt. Profitieren Sie von der seit 1976 bestehenden Klausurerfahrung des Juristischen Repetitoriums hemmer. Über 1000 Klausuren wurden für die Auswahl der Musterklausuren auf ihre „essentials" analysiert.

Musterklausur für die Zwischenprüfung Zivilrecht
Ein Muss: Klassiker wie die vorvertragliche Haftung (c.i.c.), die Haftung bei Pflichtverletzungen im Schuldverhältnis (§ 280), Vertrag mit Schutzwirkung, Drittschadensliquidation, Mängelrecht, EBV, Bereicherungs- und Deliktsrecht werden klausurtypisch aufbereitet. Auf „specials" wie Saldotheorie, Verarbeitung, Geldwertvindikation, Vorteilsanrechnung und Nebenbesitz wird eingegangen. So entsteht wichtiges Grundverständnis.

16.31   13,80 €

Musterklausur für die Scheine Strafrecht
Auch hier wieder prüfungstypische Fälle mit genauen Aufbauhilfen. Die immer wiederkehrenden „essentials" der Strafrechtsrechtsklausur werden in diesem Skript abgedeckt: Von der Abgrenzung von dolus eventualis und bewusster Fahrlässigkeit über die Irrtumslehre bis hin zu Problemen der Täterschaft und Teilnahme, u.v.m. Wer sich die Zeit nimmt, diese Musterfälle sorgfältig durchzuarbeiten, besteht jede Grundlagenklausur.

16.32   13,80 €

Musterklausur für die Zwischenprüfung Öffentliches Recht
Dieses Skript enthält die wichtigsten, in der Klausur immer wiederkehrenden Problemkonstellationen für die Bereiche Verfassungs- und Verwaltungsrecht. Im Verfassungsrecht werden die Zulässigkeitsvoraussetzungen von Verfassungsbeschwerden, Organstreitverfahren sowie abstrakter und konkreter Normenkontrolle erörtert. Im Rahmen der Begründetheitsprüfung werden die klausurrelevanten Grundrechte ausführlich erläutert. Gleichzeitig werden auch staatsorganisationsrechtliche Problemfelder aufbereitet. Die Klausuren zum Verwaltungsrecht zeigen die optimale Prüfung von Anfechtungs-, Verpflichtungs- und Fortsetzungsfeststellungsklagen sowie von Widerspruchsverfahren. Standardprobleme wie die Rücknahme oder der Widerruf eines Verwaltungsaktes und die Behandlung von Nebenbestimmungen eines VA sind u.a. Gegenstand der Begründetheitsprüfung.

16.33   13,80 €

Skripten für Fortgeschrittene (ab 4. Semester)

Sie sind Jurastudent in den mittleren Semestern und wollen die großen Scheine unter Dach und Fach bringen. Wenn Sie sich in dieser Phase mit tausend Meinungen beschäftigen, besteht die Gefahr, sich im Detail zu verlieren. Wir empfehlen Ihnen, schon jetzt das Material zu wählen, welches Sie nicht nur durch die Scheine, sondern auch durch das Examen begleitet.

Skripten Zivilrecht BGB-AT I-III

Die Aufteilung der Unwirksamkeitsgründe nach den verschiedenen Büchern des BGB (z.B. BGB-AT, Schuldrecht AT usw.) entspricht nicht der Struktur des Examensfalls. Wegen der klassischen Einteilung wird der Begriff BGB-AT/ Schuldrecht AT beibehalten. Unsere Skripten BGB-AT I - III unterscheiden entsprechend der Fallfrage in Klausur und Hausarbeit (Anspruch entstanden? Anspruch untergegangen? Anspruch durchsetzbar?) zwischen wirksamen und unwirksamen Verträgen, zwischen rechtshindernden, rechtsvernichtenden und rechtshemmenden Einwendungen. Damit stellen sich diese Skripten als großer Fall dar und dienen auch als Checkliste für Ihre Prüfung. Schon das Durchlesen der Gliederung schafft Verständnis für den Prüfungsaufbau.

BGB-AT I
Entstehen des Primäranspruchs
Besteht der Vertrag, so kann der Anspruchsteller Erfüllung, z.B. Übereignung, Überlassung der Mietsache etc. verlangen. Dies setzt unter anderem Rechtsfähigkeit der Vertragspartner, eine wirksame Willenserklärung, Zugang und ggf. Bevollmächtigung voraus. Nur wenn ein wirksamer Vertrag vorliegt, entsteht die Leistungspflicht des Schuldners und deren Folgeproblematik wie Rücktritt und Schadensersatz. Konsequent befasst sich das Skript daher auch mit den Problemkreisen der Stellvertretung sowie der Einbeziehung von AGB'en.

0001   **13,80 €**

BGB-AT II
Scheitern des Primäranspruchs
Scheitert der Vertrag von vornherein, so entfallen Erfüllungsansprüche. Die Unwirksamkeitsgründe sind im Gesetz verstreut, wie z.B. § 125, § 134, § 2301. Als konsequentes Rechtsfolgenskriptum sind alle klausurtypischen rechtshindernden Einwendungen zusammengefasst. Lernen Sie frühzeitig, die im BGB verstreuten Unwirksamkeitsgründe richtig einzuordnen.

0002   **13,80 €**

BGB-AT III
Erlöschen des Primäranspruchs
Der Primäranspruch (bzw. Leistungs- oder Erfüllungsanspruch) kann nachträglich wegfallen, z.B. durch Erfüllung, Aufrechnung, Anfechtung, Unmöglichkeit. Nur wer Unwirksamkeitsgründe im Kontext des gescheiterten Vertrags einordnet, lernt richtig. Die rechtshemmenden Einreden (z.B. Verjährung, § 214 BGB) bewirken, dass der Berechtigte sein Recht nicht (mehr) geltend machen kann.

0003   **13,80 €**

Die klassischen Rechtsfolgeskripten zum Schadensersatz - „klausurtypisch!"

Schadensersatzrecht I
Das Skript Schadensersatzrecht I erfasst neben Allgemeinem zum Schadensersatzrecht zunächst den selbstständigen Garantievertrag als Primäranspruch auf Schadensersatz. Daneben wird die gesetzliche Garantiehaftung behandelt. Ebenfalls enthalten sind die Sachmängelhaftung im Kauf- und Werk-, Miet- und Reisevertragsrecht sowie die Rechtsmängelhaftung.

0004   **13,80 €**

Schadensersatzrecht II
Umfassende Darstellung des Leistungsstörungsrechts, rechtsfolgenorientierte Darstellung der Sekundäransprüche-Schadensersatzansprüche

0005   **13,80 €**

Schadensersatzrecht III
Befasst sich schwerpunktmäßig mit dem Anspruchsinhalt, d.h. mit der Frage des Umfangs der Ersatzpflicht, also dem „wie viel" eines dem Grunde nach bereits bestehenden Anspruchs. Drittschadensliquidation, Vorteilsausgleichung und hypothetische Schadensursachen dürfen nicht fehlen.

0006   **13,80 €**

Skripten für Fortgeschrittene

Intelligentes Lernen — knapp & präzise

Schuldrecht

Die Reihe Schuldrecht orientiert sich an der Klausurrelevanz des Schuldrechts. In nahezu jeder Klausur ist nach Schadensersatzansprüchen des Gläubigers bei Leistungsstörungen des Schuldners, nach bereicherungsrechtlichen Ansprüchen oder nach der deliktischen Haftung gefragt. Die Schuldrechtsskripten eignen sich hervorragend sowohl zur erstmaligen Aneignung der Materie als auch zur aufgrund der Schuldrechtsreform notwendigen Neustrukturierung bereits vorhandenen Wissens.

Die Schuldrechtsreform

Das Grundlagenskript zur Schuldrechtsreform. Knapp und präzise wird altes und neues Schuldrecht gegenübergestellt: Ein zeitraubendes Neulernen lässt sich vermeiden, wenn man die systematisch richtige Verortung alt bekannter Probleme im neuen Gesetz verstanden hat.

0050   *14,80 €*

Schuldrecht I

Das allgemeine Leistungsstörungsrecht war schon immer äußerst klausurrelevant. Dies hat sich durch die Schuldrechtsreform in erheblichem Maße verstärkt, zumal das Besondere Schuldrecht nun häufig Rückverweisungen auf die §§ 280 ff. BGB vornimmt (z.B. § 437 BGB). Entsprechend der Gesetzessystematik ist das Skript von der Rechtsfolge her aufgebaut: Welche Art des Schadensersatzes verlangt der Gläubiger? Schwerpunkte bilden das Unmöglichkeitsrecht, der allgemeine Anspruch aus § 280 I BGB (auch vorvertragliche Haftung und Schuldnerverzug), die Ansprüche auf Schadensersatz statt der Leistung, Rücktritt und Störung der Geschäftsgrundlage.

0051   *14,80 €*

Schuldrecht II

Die Klassiker im Examen! Kauf- und Werkvertrag in allen prüfungsrelevanten Varianten. Dies gilt insbesondere beim Kauf, dessen spezielles Gewährleistungsrecht abgeschafft und stattdessen auf die §§ 280 ff. BGB Bezug genommen wurde. Das Skript setzt sich mit den kaufspezifischen Fragestellungen wie Sachmangelbegriff, Nacherfüllung, Rücktritt, Minderung und Schadensersatz, Versendungs- und Verbrauchsgüterkauf auseinander. Ferner wird das - dem Kauf nun weitgehend gleichgeschaltete - Werkvertragsrecht behandelt.

0052   *14,80 €*

Schuldrecht III

Umfassend werden die klausurrelevanten Probleme der Miete, Pacht, Leihe, des neuen Darlehensrechts (samt Verbraucherwiderruf nach §§ 491 ff. BGB), des Leasing- und Factoringrechts abgehandelt. Die äußerst wichtigen Fragestellungen aus dem Bereich Bürgschaft („Wer bürgt, wird erwürgt"), Reise- und Maklervertrag kommen ebenfalls nicht zu kurz.

0053   *14,80 €*

Verbraucherschutzrecht

Das Verbraucherschutzrecht erlangt im Gesamtgefüge des BGB eine immer stärkere Bedeutung. Kaum ein Bereich, in dem die Besonderheiten des Verbraucherschutzrechtes nicht zu abweichenden Ergebnissen führen, so z.B. bei den §§ 474 ff. BGB, oder bei der Widerrufsproblematik der §§ 355 ff. BGB. Insbesondere die umständliche Verweisungstechnik der §§ 499 ff. BGB stellt den Bearbeiter von Klausuren vor immer neue Herausforderungen. Das Skript liefert eine systematische Einordnung in den Gesamtzusammenhang. Wer den Verbraucher richtig einordnet, schreibt die gute Klausur.

0007   *13,80 €*

Bereicherungsrecht

Die §§ 812 ff. sind regelmäßig die Folge unwirksamer Verträge. Abgrenzungsprobleme gibt es dabei u.a. zum Wegfall der Geschäftsgrundlage (z.B. Rückabwicklung bei der nichtehelichen Lebensgemeinschaft) und §§ 987 ff. Die hemmer-Methode versteht sich als Gebrauchsanweisung für die erfolgreiche Bewältigung des anspruchsvollen Rechtsgebiets Bereicherungsrecht. Ohne Verständnis für dieses Rechtsgebiet bleibt der Zusammenhang im Zivilrecht im Dunkeln.

0008   *13,80 €*

Deliktsrecht I

Eine umfassende Einführung in das deliktische Haftungssystem. Da die deliktische Haftung gegenüber jedermann besteht, können die §§ 823 ff BGB. in jede Klausur problemlos eingebaut werden. Neben einer umfassenden Übersicht über die Haftungstatbestände werden sämtliche klausurrelevanten Problemfelder der §§ 823 ff BGB. umfassend behandelt (z.B. Probleme der haftungsbegründenden und -ausfüllenden Kausalität).
§ 823 I BGB ist als elementarer, strafrechtsähnlicher Grundtatbestand leicht erlernbar. Auch § 823 II und §§ 824 - 826 BGB sollten nicht vernachlässigt werden. Neben § 831 BGB (Vorsicht beim Entlastungsbeweis!), der Haftung für Verrichtungsgehilfen, befasst sich der erste Band auch mit der Mittäterschaft, Teilnahme und Beteiligung gem. § 830 BGB.

0009   *13,80 €*

Deliktsrecht II

Deliktsrecht II vervollständigt das deliktische Haftungssystem mit besonderem Schwerpunkt auf der Gefährdungshaftung und der Haftung für vermutetes Verschulden. Zum einen erfolgt eine ausführliche Erörterung der im BGB integrierten Haftungsnormen. Zum anderen vermittelt das Skript ein umfassendes Wissen in den klausurrelevanten Spezialgesetzen wie dem StVG, dem ProdHaftG und dem UmweltHaftG. Abgerundet werden die Darstellungen durch den wichtigen Beseitigungs- und Unterlassungsanspruch des § 1004 BGB.

0010   *13,80 €*

Skripten für Fortgeschrittene

Sachenrecht I-III

Sachenrecht ist durch immer wiederkehrende examenstypische Problemfelder gut ausrechenbar. Anders als das Schuldrecht ist es ein klar strukturiertes Rechtsgebiet. In der Regel besteht deswegen eine feste Vorstellung, wie der Fall zu lösen ist. Deshalb gilt es gerade hier, mit der hemmer-Methode den Ersteller der Klausur als imaginären Gegner zu erfassen. Es gilt, Begriffe wie z.B. Widerspruch und Vormerkung in ihrer rechtlichen Wirkung zu begreifen und in den Kontext der Klausur einzuordnen.

Sachenrecht I

Zu Beginn werden die allgemeinen Lehren des Sachenrechts (Abstraktionsprinzip, Publizität, numerus clausus etc.) behandelt, die für den Einstieg und ein grundlegendes Verständnis der Materie unabdingbar sind. Im Vordergrund stehen dann das Besitzrecht und das Eigentümer-Besitzer-Verhältnis. Gerade das EBV ist klausurrelevant. Hier dürfen Sie keinesfalls auf Lücke lernen. Schließlich geht es auch um den immer wichtiger werdenden (verschuldensunabhängigen) Beseitigungs- bzw. Unterlassungsanspruch aus § 1004 BGB.

0011   *13,80 €*

Sachenrecht II

Sachenrecht II behandelt den Erwerb dinglicher Rechte an beweglichen Sachen. Neben dem Erwerb kraft Gesetzes ist Schwerpunkt hier natürlich der rechtsgeschäftliche Erwerb des Eigentums. Bei dem Erwerb vom Berechtigten und den §§ 932 ff. BGB müssen Sie sicher sein, insbesondere, wenn wie im Examensfall regelmäßig Dritte (Besitzdiener, Besitzmittler, Geheißpersonen) in den Übereignungstatbestand eingeschaltet werden. Daneben geht es um die klausurrelevanten Probleme beim Pfandrecht, bei der Sicherungsübereignung und beim Anwartschaftsrecht des Vorbehaltsverkäufers.

0012   *13,80 €*

Sachenrecht III

Gegenstand des Skripts Sachenrecht III ist das Immobiliarsachenrecht, wobei die Übertragung des Eigentums an Grundstücken im Vordergrund steht. Weitere Schwerpunkte bilden u.a. Erst- und Zweiterwerb der Vormerkung, die Hypothek und Grundschuld -Gemeinsamkeiten und Unterschiede-, Übertragung sowie der Wegerwerb von Einwendungen und Einreden bei diesen.

0012A   *13,80 €*

Kreditsicherungsrecht

Der Clou! Wettlauf der Sicherungsgeber, Verhältnis Hypothek zur Grundschuld, Verlängerter Eigentumsvorbehalt und Globalzession/Factoring sind häufig Prüfungsgegenstand. Lernen Sie das, was zusammen gehört, als zusammengehörend zu betrachten. Alle examenstypischen Sicherungsmittel im Überblick: Wie sichere ich neben dem bestehenden Rückzahlungsanspruch einen Kredit? Unterschieden werden Personalsicherheiten (z.B. Bürgschaft, Schuldbeitritt), Mobiliarsicherheiten (z.B. Sicherungsübereignung, Sicherungsabtretung, Eigentumsvorbehalt und Pfandrecht) sowie Immobiliarsicherheiten (Grundschuld und Hypothek). Wer die Unterscheidung zwischen akzessorischen und nichtakzessorischen Sicherungsmitteln wirklich verstanden hat, geht unbesorgt in die Prüfung.

0013   *13,80 €*

Nebengebiete

Familienrecht

Das Familienrecht wird häufig in Verbindung mit anderen Rechtsgebieten geprüft. So sind z.B. §§ 1357, 1365, 1369 BGB Schnittstelle zum BGB-AT und nur in diesem Kontext verständlich. Die sog. Ehestörungsklage hat ihre Bedeutung bei §§ 823 und 1004 BGB. Da nur der geschädigte Ehegatte einen eigenen Schadensersatzanspruch gegen den Schädiger hat, stellen sich Probleme der Vorteilsanrechnung (vgl. § 843 IV BGB) und Fragen beim Regress. Von Bedeutung sind bei der Nichtehelichen Lebensgemeinschaft Bereicherungsrecht und, wie bei Eheleuten auch, familienrechtliche Bestimmungen sowie das Recht der BGB-Gesellschaft. Die typischen Problemkreise des Familienrechts sind berechenbar und leicht erlernbar.

0014   *13,80 €*

Erbrecht

„Erben werden geboren, nicht gekoren." oder „Erben werden gezeugt, nicht geschrieben." deuten auf germanischen Einfluß mit seinem Sippengedanken. Das Prinzip der Universalsukzession und die Testamentidee sind römischrechtliche Tradition. Die Spannung zwischen individualistischem (der Erbe steht im Vordergrund) und kollektivistischem Ansatz (die Sippe ist privilegiert) ist auch für die Klausur von großer praktischer Relevanz, z.B. gewillkürte oder gesetzliche Erbfolge, Formwirksamkeit des Testaments (auch gemeinschaftliches Testament und Erbvertrag), Widerruf und Anfechtung, Bestimmung durch Dritte, Vor- und Nach- sowie Ersatzerbschaft, Vermächtnis, Pflichtteilsrecht, Erbschaftsbesitz, Miterben, Erbschein. Auch die dingliche Surrogation, z.B. bei § 2019 BGB, und das Verhältnis des Erbrechts zum Gesellschaftsrecht sollte als prüfungsrelevant bekannt sein.

0015   *13,80 €*

Zivilprozessrecht I

Versäumnisurteil, Erledigung, Streitverkündung, Berufung (ZPO I, sog. Erkenntnisverfahren) sind mit der hemmer-Methode leicht verständlich für die Klausuranwendung aufbereitet. Von den vielen Bestimmungen der ZPO sind insbesondere diejenigen, die mit materiellrechtlichen Problemen verknüpft werden können, klausurrelevant. ZPO-Probleme werden nur dann richtig erfasst und damit auch für die Klausur handhabbar, wenn man den praktischen

Skripten für Fortgeschrittene

Hintergrund verstanden hat. Dies erleichtert Ihnen die hemmer-Methode. Die klausurrelevanten Neuerungen der ZPO-Reform sind selbstverständlich eingearbeitet.

0016 13,80 €

Zivilprozessrecht II
Zwangsvollstreckungsrecht - mit diesem Skript halb so wild: Grundzüge, allgemeine und besondere Vollstreckungsvoraussetzungen, sowie die klausurrelevanten Rechtsbehelfe wie §§ 771 BGB (und die Abgrenzung zu § 805), 766 und 767 BGB werden wie gewohnt übersichtlich und gut verständlich für die Anwendung in der Klausur aufbereitet. Dann werden auch gefürchtete Zwangsvollstreckungsklausuren leicht.

0017 13,80 €

Arbeitsrecht
Arbeitsrecht ist stark von Richterrecht geprägt und hat sich auch, wie z.B. im Streikrecht, praeter legem entwickelt. Entsprechend häufig sind die Neuerungen. Gleichwohl ist die Arbeitsrechtsklausur im Regelfall standardisiert: Kündigungsschutz (Feststellungsklage) und Lohnzahlung (Leistungsklage) bilden häufig das Grundgerüst. Eingestreut sind regelmäßig Probleme wie z.B. Gratifikationen, Urlaubsabgeltungsanspruch, faktische Bindung und Anwendbarkeit der Grundrechte. Verständnis entsteht. So macht Arbeitsrecht Spaß. Das Standardwerk! Ausgehend von einem großen Fall wird das gesamte Arbeitsrecht knapp und prägnant erklärt.

0018 16,80 €

Handelsrecht
Handelsrecht verschärft wegen der Sonderstellung der Kaufleute viele Bestimmungen des BGB (z.B. §§ 362, 377 HGB). Auch Vertretungsrecht wird modifiziert (z.B. § 15 HGB, Prokura), ebenso die Haftung (§§ 25 ff HGB). So kann eine Klausur ideal gestreckt werden. Deshalb sind Kenntnisse im Handelsrecht unerlässlich, alles in allem aber leicht erlernbar.

0019 A 13,80 €

Gesellschaftsrecht
Ein Problem mehr in der Klausur: die Gesellschaft, insbesondere BGB-Gesellschaft, OHG, KG und GmbH. Zu unterscheiden ist häufig zwischen Innen- und Außenverhältnis. Die Haftung von Gesellschaft und Gesellschaftern muss jeder kennen. In der examenstypischen Klausur sind immer mehrere Personen vorhanden (Notendifferenzierung!), so dass sich zwangsläufig die typischen Schwierigkeiten der Mehrpersonenverhältnisse stellen (Zurechnung, Gesamtschuld, Ausgleichsansprüche etc.).

0019 B 13,80 €

Sonderskripten

Regelmäßig ist die sog. Herausgabeklausur („A verlangt von B Herausgabe. Zu Recht?") Prüfungsgegenstand. Der Rückgriff kann als Zusatzfrage jede Klausur abschließen. Klausurtypisch werden diese Problemkreise in zwei Bänden zusammengefasst. **Ein Muss für jeden Examenskandidaten!**

Herausgabeansprüche
Der Band setzt das Rechtsfolgesystem bisheriger Skripten fort. Die Anspruchsgrundlagen, die in den verschiedenen Rechtsgebieten verstreut sind, werden in einem eigenen Skript klausurtypisch konzentriert behandelt, §§ 285, 346, 546, 604, 812, 861, 985, 1007 BGB. Die ideale Checkliste für die Herausgabeklausur. Wer konsequent von der Fallfrage aus geht, lernt richtig.

0031 13,80 €

Rückgriffsansprüche
Der Regreß ist examenstypisch. Dreiecksbeziehungen sind nicht nur im wirklichen Leben problematisch, sondern auch im Recht. Der Band gibt unsere Erfahrungen mit den verschiedenen Examenskonstellationen wieder. Beispielhaft ist die Begleichung einer Schuld durch einen Dritten und der Regreß beim Schuldner. In Betracht kommen häufig GoA, Gesamtschuld und Bereicherungsrecht.

0032 13,80 €

Intelligentes Lernen schnell & effektiv

Skripten für Fortgeschrittene

Skripten Strafrecht

Eine zweistellige Punktezahl ist im Strafrecht immer im Bereich des Möglichen. Gerade im Strafrecht ist es wichtig, die Klassiker genau zu kennen. Im Strafrecht/Strafprozessrecht wird Ihre Belastbarkeit getestet: innerhalb relativ kurzer Zeit müssen viele Problemkreise „abgehakt" werden.

Strafrecht AT I

Für das Verständnis im Strafrecht unabdingbar sind vertiefte Kenntnisse des Allgemeinen Teils. Der Aufbau eines vorsätzlichen Begehungsdelikts wird ebenso vermittelt wie der eines vorsätzlichen Unterlassungsdelikts bzw. eines Fahrlässigkeitsdelikts. Darin eingebettet werden die examenstypischen Probleme erläutert und anhand der hemmer-Methode Lernverständis geschaffen. Um die allgemeine Strafrechtssystematik besser zu verstehen, beinhaltet dieses Skript zudem Ausführungen zur Garantiefunktion des Strafrechts, zum Geltungsbereich des deutschen Strafrechts sowie einen Überblick über strafrechtliche Handlungslehren.

0020   13,80 €

Strafrecht AT II

Dieses Skript vermittelt Ihnen anwendungsorientiert die Problemkreise Versuch (insbesondere Rücktritt vom Versuch), Täterschaft und Teilnahme (z.B. Täter hinter dem Täter), die Irrtumslehre (z.B. aberratio ictus), sowie das Wichtigste zu den Konkurrenzen. Grundbegriffe werden erläutert und zudem in den klausurtypischen Zusammenhang gebracht. Auch Sonderfälle wie die „actio libera in causa" werden in fallspezifischer Weise erklärt.

0021   13,80 €

Strafrecht BT I

Bei den Klassikern wie u.a. Diebstahl, Betrug einschließlich Computerbetrug, Raub, Erpressung, Hehlerei, Untreue (BT I) sollte man sich keine Fehltritte leisten. Mit der hemmer-Methode wird der verständnisvolle Umgang mit Fällen, die im Grenzbereich eines oder mehrerer Tatbestände liegen, eingeübt. Auf klausurtypische Fallkonstellationen wird hingewiesen.

0022   13,80 €

Strafrecht BT II

Immer wieder in Hausarbeit und Klausur: Totschlag, Mord, Körperverletzungsdelikte, Aussagedelikte, Urkundsdelikte, Straßenverkehrsdelikte. In aller Regel werden diese Delikte mit Täterschaftsformen des Allgemeinen Teils kombiniert, und dadurch die Problematik klausurtypisch gestreckt.

0023   13,80 €

Strafprozessordnung

Strafprozessrecht hat auch im Ersten Juristischen Staatsexamen deutlich an Bedeutung gewonnen: In fast jedem Bundesland ist mittlerweile verstärkt mit StPO-Zusatzfragen im Examen zu rechnen. Begriffe wie z.B. Legalitätsprinzip, Opportunitätsprinzip und Akkusationsprinzip dürfen keine Fremdworte bleiben. Lernen Sie spielerisch die Abgrenzung von strafprozessualem und materiellem Tatbegriff. Auf alle klausurtypischen Probleme wird eingegangen.

0030   13,80 €

Skripten Verwaltungsrecht

Auch die Verwaltungsrechtsskripten sind klausur- und hausarbeitsorientiert und damit als großer Fall zu verstehen. **Trainieren Sie Verwaltungsrecht mit uns klausurorientiert.** Lernen Sie mit der hemmer-Methode die richtige Einordnung. Im Öffentlichen Recht gilt: **wenig Dogmatik - viel Gesetz.** Gehen Sie deshalb mit dem sicheren Gefühl in die Prüfung, die Dogmatik genau zu kennen und zu wissen, wo Sie was zu prüfen haben.

Verwaltungsrecht I

Wie in einem großen Fall sind im Verwaltungsrecht I die klausurtypischen Probleme der Anfechtungsklage als zentrale Klageart der VwGO dargestellt. Entsprechend der Reihenfolge in einer Klausur werden Fragen der Zulässigkeit, vom Vorliegen eines VA bis zum Vorverfahren, und der Begründetheit, von der Ermächtigungsgrundlage bis zum Widerruf und der Rücknahme von VAen, klausurorientiert aufbereitet.

0024   13,80 €

Verwaltungsrecht II

Die richtige Einordnung der Prüfungspunkte im Rahmen der Zulässigkeit und Begründetheit von Verpflichtungs-, Fortsetzungsfeststellungs-, Leistungs- und Feststellungsklage sowie Normenkontrolle unter gleichzeitiger Darstellung typischer Fragestellungen der Begründetheit sind Gegenstand dieses Skripts. Sie machen es zu einem unentbehrlichen Hilfsmittel zur Vorbereitung auf Zwischenprüfung und Examina.

0025   13,80 €

Verwaltungsrecht III

Profitieren Sie von unserer jahrelangen Erfahrung als Repetitoren und unserer Sachkenntnis von Prüfungsfällen. Widerspruchsverfahren, vorbeugender und vorläufiger Rechtsschutz, Rechtsmittel sowie Sonderprobleme aus dem Verwaltungsprozess- und allgemeinen Verwaltungsrechts sind anschließend für Sie keine Fremdwörter mehr.

0026   13,80 €

Skripten für Fortgeschrittene

Skripten Staatsrecht

Stoffauswahl und Schwerpunktbildung von Verfassungsrecht (Staatsrecht I) und Staatsorganisationsrecht (Staatsrecht II) orientieren sich am praktischen Bedürfnis von Klausur und Hausarbeit. Da in diesem Bereich häufig nach dem Prinzip „terra incognita" gelernt wurde, gilt es Lücken zu schließen. **Wer Staatsrecht richtig gelernt hat, kann sich jedem Fall stellen.**

Staatsrecht I

Die Grundrechte sind das Herzstück der Verfassung. Zulässigkeit und Begründetheit der Verfassungsbeschwerde geben jedem Klausurersteller die Möglichkeit, Grundrechtsverständnis abzuprüfen. Die einzelnen Grundrechte werden im Rahmen der Begründetheit der Verfassungsbeschwerde umfassend erklärt. Lernen Sie mit der hemmer-Methode den richtigen Fallaufbau, auf den gerade im Öffentlichen Recht besonders viel Wert gelegt wird.

0027   *13,80 €*

Staatsrecht II

Speziell hier gilt: Die wenigen Klassiker, die immer wieder in der Klausur eingebaut sind, muss man kennen.
Dies sind im Prozessrecht: Organstreitigkeiten, abstrakte und konkrete Normenkontrolle und föderale Streitigkeiten (Bund-/Länderstreitigkeiten). Das materielle Recht beinhaltet Staatszielbestimmungen (Art. 20 GG), Finanzverfassung, daneben auch oberste Staatsorgane, Gesetzgebungskompetenz und -verfahren, Verwaltungsorganisation und das Recht der politischen Partei. Mit diesen Problemkreisen sollten Sie sich im Rahmen einer sinnvollen Examensvorbereitung mit den jeweiligen landesrechtlichen Besonderheiten auseinandersetzen. Skripten, die die Problematik „verallgemeinernd" auf Bundesebene darstellen, helfen meist nicht weiter!

0028   *13,80 €*

Staatshaftungsrecht

Das Staatshaftungsrecht ist eine Querschnittsmaterie aus den Bereichen Verfassungsrecht, Allgemeines und Besonderes Verwaltungsrecht und dem Bürgerlichen Recht. Diese Besonderheit macht es einerseits kompliziert, andererseits interessant für Klausurersteller! In diesem Skript finden Sie alle klausurrelevanten Probleme des Staatshaftungsrechts examenstypisch aufgearbeitet.

0040   *13,80 €*

Europarecht

Immer auf dem neusten Stand! Unser Europarecht hat sich zum Klassiker entwickelt. In Zeiten unüberschaubarer Normenflut ermöglicht dieses Skript die zum Verständnis notwendige Orientierung und Vereinfachung. Anschaulich und klar strukturiert erspart es Zeit und dient dem Allgemeinverständnis für dieses in Zukunft immer wichtiger werdende Prüfungsgebiet. Zusammen mit der Fallsammlung Europarecht Garant für ein erfolgreiches Abschneiden in der Prüfung! Die hohe Nachfrage gibt dem Skriptum recht.

0029   *16,80 €*

Öffentliches Recht - landesspezifische Skripten

Wesentliche Bereiche des Öffentlichen Rechts - Kommunalrecht, Sicherheitsrecht, Bauordnungsrecht - sind aufgrund der Kompetenzverteilung des Grundgesetzes Landesrecht. Hier müssen Sie sich im Rahmen einer sinnvollen Examensvorbereitung mit den jeweiligen **landesrechtlichen Besonderheiten** auseinandersetzen. Skripten, die die Problematik „verallgemeinernd" auf Bundesebene darstellen, helfen meist nicht weiter!

Baurecht/Bayern
Baurecht/Nordrhein-Westfalen

Bauplanungs- und Bauordnungsrecht werden in klausurtypischer Aufarbeitung so dargestellt, dass selbst ein Anfänger innerhalb kürzester Zeit die Systematik des Baurechts erlernen kann. Vertieft werden darüber hinaus alle wichtigen Spezialprobleme des Baurechts wie gemeindliches Einvernehmen, Vorbescheid, Erlass von Bebauungsplänen etc. behandelt.

01.0033 BauR Bayern   *13,80 €*

02.0033 BauR NRW   *13,80 €*

Polizei- und Sicherheitsrecht/Bayern
Polizei- und Sicherheitsrecht/Nordrhein-Westfalen

Gerade das Polizei- und/oder Sicherheitsrecht stellt sich von Bundesland zu Bundesland unterschiedlich dar: Hier kommt die Stärke der landesrechtlichen Skripten voll zur Geltung! Lernen Sie im jeweils regionalen Kontext die Begriffe Primär- und Sekundärmaßnahme, Konnexität, Anscheins- und Putativgefahr usw. Der Aufbau des Skripts orientiert sich an der typischen Systematik einer Polizeirechtsklausur.

01.0034 Polizei-/SR Bayern   *13,80 €*

02.0034 Polizei-/SR NRW   *13,80 €*

Kommunalrecht/ Bayern
Kommunalrecht/ NRW
Kommunalrecht/ Baden Württemberg

In vielen Bundesländern ist Kommunalrecht das Herz der verwaltungsrechtlichen Klausur, da es sich mit den meisten anderen Bereichen des Verwaltungsrecht-BT hervorragend kombinieren lässt: Begriffe wie eigener und übertragener Wirkungskreis, Kommunalaufsicht, Verbands- und Organkompetenz, Befangenheit von Gemeinderäten, Kommunale Verfassungsstreitigkeit, gemeindliche Geschäftsordnung und vieles mehr werden in gewohnt fallspezifischer Art dargestellt und erklärt.

01.0035 KomR. Bayern   *13,80 €*

02.0035 KomR. NRW   *13,80 €*

03.0035 KomR. Baden Württ.   *13,80 €*

Skripten für Fortgeschrittene

Skripten Classics

In den Classics haben wir für Sie **die wichtigsten Entscheidungen** der Obergerichte, denen Sie während Ihres Studiums immer wieder begegnen, ausgewählt und anschaulich aufbereitet. Bestimmte Entscheidungen müssen bekannt sein. In straffer Form werden der Sachverhalt, die Entscheidungssätze und die Begründung dargestellt. Die hemmer-Methode ordnet die Rechtssprechung für die Klausuren ein. **Rechtsprechung wird so verständlich,** Seitenfresserei vermieden. **Hiermit bereiten Sie sich auch gezielt auf die mündliche Prüfung vor.**

Intelligentes Lernen knapp & präzise

BGH-Classics Zivilrecht

Rechtskultur und Verständnis des Gesetzes werden in weiten Teilen von der Rechtsprechung geprägt. Nicht umsonst spricht man von der Rechtsprechung als der normativen Kraft des Faktischen. Die wegweisenden Entscheidungen müssen Student, Referendar und Anwalt bekannt sein. Auf leicht erfaßbare, knappe, präzise Darstellung wird Wert gelegt. Die hemmer-Methode sichert den für die Klausur und Hausarbeit notwenigen „background" ab.

15.01   **13,80 €**

BGH-Classics Strafrecht

Auch die Entscheidungen im Strafrecht in ihrer konkreten Aufbereitung führen zur richtigen Einordnung der jeweiligen Problematik. Es wird die Interessenslage der Rechtsprechung erklärt. Im Vordergrund steht oft Einzelfallgerechtigkeit. Deswegen vermeidet die Rechtsprechung auch allzu dogmatische Entscheidungen.
Effizient, und damit in den wesentlichen Punkten knapp und präzise, wird die Entscheidung selbst wiedergegeben. So sparen Sie sich Zeit und erleiden nicht den berühmten Informationsinfarkt. Sowohl in der Examensvorbereitung, als auch in Klausur und Hausarbeit dienen die Classics als schnelles Lern- und Nachschlagewerk.

15.02   **13,80 €**

Classics Öffentliches Recht

Das Skript umfasst die Dauerbrenner aus den Bereichen der Rechtsprechung zu den Grundrechten, zum Staatsrecht, Verwaltungsrecht AT und BT sowie zum Europarecht. Neben der inhaltlichen Darstellung der Entscheidung werden mit Hilfe knapper Anmerkungen Besonderheiten und Bezüge zu anderen Problematiken hergestellt und somit die Fähigkeit zur Verknüpfung geschärft.

15.03   **13,80 €**

Classics Europarecht

Anders als im amerikanischen Recht gibt es bei uns kein reines „case-law". Gleichwohl hat die Rechtsprechung für Rechtsentwicklung und -fortbildung eine große Bedeutung. Gerade im Europarecht kommt man ohne festes Basiswissen in der europäischen Rechtsprechung nur selten zum Zuge. Auch für das Pflichtfach ein unbedingtes Muss!

15.04   **13,80 €**

Skripten für Examenssemester

In der letzten Phase sollten Sie sich mit voller Kraft auf das Examen vorbereiten. Besonders wichtig ist das Klausurentraining und die gezielte Vorbereitung ihrer Wahlfachgruppe. Es gilt aber auch hier, je früher umso besser. Konfronierten Sie sich frühzeitig mit dem, was Sie im Examen erwartet. Rechtzeitiges Klausurentraining zahlt sich spätestens im Examen aus.

Skripten Wahlfachgruppen

Auch im Bereich der Wahlfachgruppen können Sie auf die gewohnte und bewährte Qualität der Hemmer-Skripten zurückgreifen. Wir ermöglichen Ihnen, das Gebiet Ihrer Wahlfachgruppe **effektiv** und **examenstypisch** zu erschließen. Die Zusammenstellung der Skripten orientiert sich am examensrelevanten Stoff und den wichtigsten Problemkreisen.

Kriminologie
Das Skript Kriminologie umfasst sämtliche, für die Wahlfachgruppe relevanten Bereiche: Kriminologie, Jugendstrafrecht und Strafvollzug. Im Mittelpunkt stehen insbesondere die Erscheinungsformen und Ursachen von Kriminalität, der Täter, aber auch das Opfer und die Kontrolle und Behandlung des Straftäters. Durch die Behandlung vieler strafrechtlicher Grundbegriffe ist das Skriptum auch für den Studenten geeignet, der diese Wahlfachgruppe nicht gewählt hat.

0039   *16,80 €*

Völkerrecht
Die Probleme im Völkerrecht sind begrenzt. Der Band vermittelt den Einstieg in die Rechtsmaterie und stellt die wichtigsten Probleme des Völkerrechts dar. Ergänzt durch Beispielfälle und die Judikatur des IGH ist dieses Skript ein unverzichtbares Hilfsmittel. Erschließen Sie sich mit Hilfe dieses Skripts die Problemkreise der völkerrechtlichen Verträge, über die Personalhoheit bis hin zum Interventionsverbot. Denken Sie daran: Seit das Europarecht Prüfstoff des Ersten und Zweiten Juristischen Staatsexamens geworden ist, hat die Attraktivität der Wahlfachgruppe Völkerrecht/Europarecht stark zugenommen.

0036   *16,80 €*

Internationales Privatrecht
In der Praxis wird der Jurist von morgen nicht darum herumkommen, sich mit IPR zu beschäftigen. Internationale Verflechtungen gewinnen an Bedeutung und den nationalen Scheuklappen wird entgegengewirkt. Das Skript ist fallorientiert und ermöglicht den leichten Einstieg.
Die Anwendung des Internationalen Einheitsrechts, staatsvertraglicher Kollisionsnormen sowie des autonomen Kollisionsrechts werden hier erläutert. Auch werden die Rechte der natürlichen Person auf internationaler Ebene vom Vertragsrecht bis hin zum Sachenrecht behandelt.

0037   *16,80 €*

Kapitalgesellschaftsrecht
Im Skript Kapitalgesellschaftsrecht werden die Gründung der Kapitalgesellschaften und deren Organisationsverfassung dargestellt. Es beinhaltet daneben die Rechtsstellung der Gesellschafter, die Finanzordnung der Gesellschaften und die Stellung der Gesellschaften im Rechtsverkehr. Abschließend erfolgt ein Überblick über das Konzernrecht und Sonderformen der Kapitalgesellschaften.

0055   *16,80 €*

Immaterialgüterrecht
Aus dem Bereich des Immaterialgüterrechts wird zunächst das Markenrecht näher betrachtet, etwa der Unterlassungs- und Schadensersatzanspruch wegen Markenverletzung aus § 14 V, VI MarkenG. Das Patenrecht mit dem Patenterteilungsverfahren und Unterlassungs- und Schadensersatzansprüchen aus § 139 I, II PatG schließt sich an. Ebenso erfasst ist das Urheberrecht, insbesondere dessen Verletzung.

0056   *16,80 €*

Wettbewerbs- und Kartellrecht
Im Rahmen des Rechts des unlauteren Wettbewerbs findet die Generalklausel des § 1 UWG besondere Beachtung. Aus dem Bereich des Kartellrechts wird das Verbot horizontaler Wettbewerbsbeschränkungen nach § 1 GWB und vertikaler Wettbewerbsbeschränkungen nach § 14 ff. GWB behandelt, ebenso wie die Missbrauchsaufsicht, das Fusionskontrollrecht und das europäische Kartellrecht.

0057   *16,80 €*

Rechtsgeschichte I
Gegenstand des Skripts ist die Rechtsgeschichte des frühen Mittelalters bis hin zur Rechtsgeschichte des 20. Jahrhunderts. Inhaltlich deckt es die Bereiche Verfassungsrechtsgeschichte, Privatrechtsgeschichte und Strafrechtsgeschichte ab. Hauptsächlich soll das Skript zur Vorbereitung auf rechtsgeschichtliche Klausuren, sowohl „große" Examensklausuren als auch „kleine" Grundlagenklausuren dienen. Ideal auch zur Vorbereitung auf die mündliche Prüfung.

0058   *16,80 €*

Rechtsgeschichte II
Das Skript Rechtsgeschichte II befasst sich mit der Römischen Rechtsgeschichte und liefert im Zusammenhang mit dem Skript Rechtsgeschichte I (Deutsche Rechtsgeschichte) den Stoff für die Wahlfachgruppe. Darüber hinaus sollten Grundzüge der Rechtsgeschichte zum Wissen eines jeden Jurastudenten gehören. Mit diesem Skript werden Sie schnell in die Entwicklungen und Einflüsse der Römischen Rechtsgeschichte eingeführt.

0059   *16,80 €*

Steuererklärung leicht gemacht
Das Skript gibt alle erforderlichen Anleitungen und geldwerte Tipps für die selbstständige Erstellung der Einkommensteuererklärung von Studenten und Referendaren. Zur Verdeutlichung sind Beispielfälle eingebaut, deren Lö

Skripten für Examenssemester

sungen als Grundlage für eigene Erklärungen dienen können. Für jeden, der sich Geld verdienen muss, ein Muss!

0038   13,80 €

Abgabenordnung

Die Abgabenordnung als das Verfahrensrecht zum gesamten Steuerrecht hält viele Besonderheiten bereit, die Sie sowohl im Rahmen der Pflichtfachklausur im 2. Examen, wie auch in der Wahlfachklausur beherrschen müssen. Hierbei hilft zwar Systemverständnis im allgemeinen Verwaltungsrecht, das wir Ihnen mit unseren Skripten Verwaltungsrecht I - III vermitteln. Jedoch ist auch eine detaillierte Auseinandersetzung mit abgabenordnungsspezifischen Problemen unverzichtbar. Im Ersten gleichsam wie im Zweiten Examen stellen verfahrensrechtliche Fragen regelmäßig zwischen 25 und 30 % des Prüfungsstoffes der Steuerrechtsklausur dar. Hier zeigt sich immer wieder, dass das Verfahrensrecht zu wenig beachtet wurde. Eine gute Klausur kann aber nur dann gelingen, wenn sowohl die einkommensteuerrechtliche als auch die verfahrensrechtliche Problematik erfasst wurde.

0042   16,80 €

Einkommensteuerrecht

Der umfassende Überblick über das Einkommensteuerrecht! Der gesamte examensrelevante Stoff sowohl für die Wahlfachgruppe als auch für die Pflichtklausur im 2. Examen: Angefangen bei den einkommensteuerlichen Grundfragen der subjektiven Steuerpflicht und den Besteuerungstatbeständen der sieben Einkommensarten, über die verschiedenen Gewinnermittlungsmethoden, bis hin zur Berechnung des zu versteuernden Einkommens orientiert sich das Skript streng am Klausuraufbau und stellt so absolut notwendiges Handwerkszeug dar. Das Skript eignet sich sowohl für den Einstieg, als auch für die intensive Auseinandersetzung mit dem Einkommensteuerrecht. Auch für jeden „Steuerzahler" empfehlenswert! Dabei wurde insbesondere bei den examensrelevanten Problematiken ein Schwerpunkt gesetzt, wobei die Darstellung teils auf höchstem Niveau stattfindet, ohne dabei die jeweiligen Basics aus dem Auge zu verlieren.

0043   21,80 €

Die Musterklausuren für das Examen

Fahrlässig handelt, wer sich diese Fälle entgehen lässt! Aus unserem langjährigen Klausurenkursprogramm die besten Fälle, die besonders häufig Gegenstand von Prüfungen waren und sicher wieder sein werden. Lernen Sie den Horizont von Klausurenerstellern und -korrektoren anhand von exemplarischen Fällen kennen. Die hemmer-Methode vermittelt Ihnen, mit welchem Bewertungssystem Klausuren korrigiert werden. Besonders wichtig ist in dieser Phase die professionelle Anleitung zum Klausurentraining. Gezielt werden knappe juristische Sprache und Klausurtaktik trainiert.
Auch für die großen Scheine eine echte Hilfe.

Musterklausuren Examen Zivilrecht

Das Repetitorium hemmer ist für seine Trefferquote bekannt. Das zeigt sich auch in den Musterklausuren: Teilweise wurden die ausgewählten Fälle später zu nahezu identischen Originalexamensfällen. Die Themenkreise sind weiter hochaktuell. Examensklausuren haben eine eigene Struktur. Der Ersteller konstruiert Sachverhalt und Lösung nach bestimmten Regeln, die es zu erfassen gilt. Jede Klausur beinhaltet objektive und subjektive Merkmale. Objektiv muss die Klausur wegen der Notendifferenzierung anspruchsvoll, aber lösbar sein, eine Vielzahl von Problemen beinhalten und bei der Lösung ein einheitliches Ganzes ergeben. Subjektives Merkmal ist, wie der Ersteller die objektiven Merkmale gewichtet hat. Hier zeigt sich sein Ideengebäude, welches zu erfassen die wesentliche Aufgabe bei der Klausurbewältigung ist.

16.01   13,80 €

Musterklausuren Examen Strafrecht

Wenig Gesetz, viel Dogmatik. Gerade im Strafrecht gilt: „Streit erkannt, Gefahr gebannt!" Strafrecht ist regelmäßig ein Belastungstest: Strafrechtliche Klausuren bestehen aus einer Vielzahl von Problemen aus dem Allgemeinen Teil, dem Besonderen Teil, bzw. aus beiden. Routine beim „Abhaken" der Problemkreise zahlt sich aus. Frühzeitiges Klausurentraining schafft Sicherheit im Examen.

16.02   13,80 €

Musterklausuren Examen Steuerrecht

Steuerrechtliche Klausuren zeichnen sich durch immer wiederkehrende Einzelkonstellationen aus, die zu einem großen Fall zusammengebastelt sind. Es ist leicht eine gute Note zu schreiben, wenn man die Materie kennt. Auf der Grundlage von original Examensklausuren aus den letzten Jahren werden die klassischen Problemfelder aus dem materiellen Recht wie aus dem Verfahrensrecht aufbereitet und vermittelt.

16.03   13,80 €

Musterklausur Examen Europarecht

Europarecht ist ohne Fälle nicht fassbar. Erleichtern Sie sich das Verständnis, indem Sie anwendungsspezifisch und fallorientiert lernen. Nachdem das Europarecht auch als Pflichtfach immer größere Bedeutung erlangt, stellt diese Fallsammlung als Erweiterung des Lernmaterials zum Europarecht eine unerlässliche Hilfe bei der Examensvorbereitung dar.

16.04   13,80 €

Die Shorties - Minikarteikarten (ab 1. Semester)

Die Shorties- in 20 Stunden zum Erfolg

Die wichtigsten Begriffe und Themenkreise werden anwendungsspezifisch erklärt.
Knapper geht es nicht.
Die „sounds" der Juristerei (super learning) grafisch aufbereitet - in Kürze zum Erfolg.

- als Checkliste
zum schnellen Erfassen des jeweiligen Rechtsgebiets.

- zum Rekapitulieren
mit dem besonderen Gedächtnistraining schaffen Sie Ihr Wissen ins Langzeitgedächtnis.

- vor der Klausur zum schnellen Überblick

- ideal vor der mündlichen Prüfung

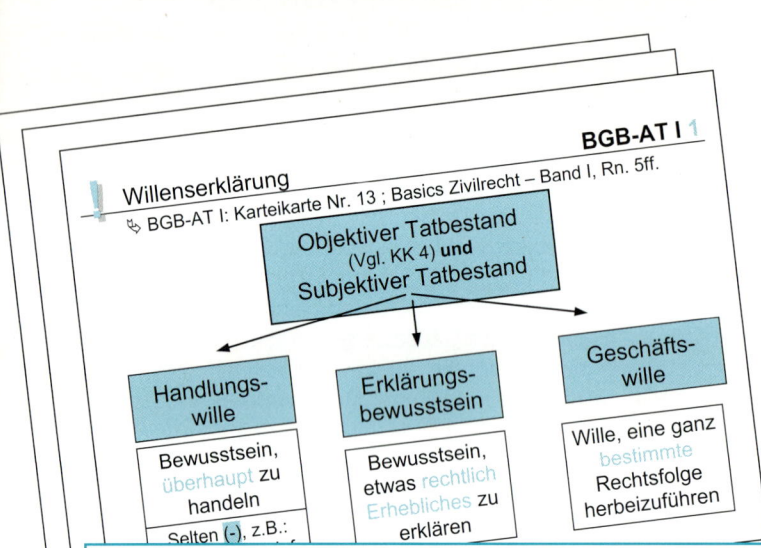

Die Shorties 1 BGB AT, SchuldR AT (50.10)	21,80 €
Die Shorties 2 KaufR, BerR, DelR, SchadenR (50.20)	21,80 €
Die Shorties 3 SachenR, ErbR, FamR (50.30)	21,80 €
Die Shorties 4 ZPO I/II, HGB (50.40)	21,80 €
Die Shorties 5 StrafR At/BT (50.50)	21,80 €
Die Shorties 6 Öffentliches Recht (50.60)	21,80 €

So lernen Sie richtig mit der hemmer-Box:

1. Verstehen: Haben Sie den gelesenen Stoff verstanden, wandert die Karte auf Stufe 2., Wiederholen am nächsten Tag.

2. Wiederholen: Haben Sie den Stoff behalten, wandert er von Stufe 2. zu Stufe 4.

3. kleine Strafrunde: Konnten Sie den Inhalt von 2. nicht exakt wiedergeben, arbeiten Sie die Themen bitte noch einmal durch.

4. fundiertes Wissen: Wiederholen Sie die hier einsortierten Karten nach einer Woche noch einmal. Konnten Sie alles wiedergeben? Dann können Sie vorrücken zu Stufe

5. Langzeitgedächtnis: Wiederholen Sie auf dieser Stufe das Gelernte im Schnelldurchlauf nach einem Monat. Sollten noch Fragen offen bleiben, gehen sie bitte eine Stufe zurück.

Das ideale Geschenk für Juristen!

Der Referendar
24 Monate zwischen Genie und Wahnsinn

Das gesamte nicht-examensrelevante Wissen über Trinkversuche, Referendarsstationen, Kolleginnen, Schönfelder-Nachlieferungen und Vorstellungsgespräche von Autor und Jurist Jörg Steinleitner.
Humorvoll und sprachlich spritzig!
250 Seiten im Taschenbuchformat

70.01   **8,90 €**

Orig. Klausurenblock
DinA 4, 80 Blatt, Super praktisch
- Wie in der Prüfung wissenschaftlicher Korrekturrand, 1/3 von links
- glattes Papier zum schnellen Schreiben
- Klausur schreiben, rausreißen, fertig

Art.Nr.: KL 1   **2,49 €**

HEMMER Karteikarten -
Logisch und durchdacht aufgebaut!

**Intelligentes Lernen
schnell & effektiv**

Einleitung
führt zur Fragestellung hin und verschafft Ihnen den schnellen Überblick über die Problemstellung

Frage oder zu lösender Fall
konkretisiert den jeweiligen Problemkreis

II. Verschulden bei Vertragsverhandlungen
Vorvertragliche Sonderverbindung

§ SchR-AT I
hemmer Karte 22

Die c.i.c. setzt ein vorvertragliches Vertrauensverhältnis voraus. Dieses entsteht nicht durch jeden gesteigerten sozialen Kontakt, sondern nur durch ein Verhalten, das auf den Abschluss eines Vertrages oder die Anbahnung geschäftlicher Kontakte abzielt. Ob es später tatsächlich zu einem Vertragsschluss kommt, ist dagegen unerheblich. Der Vertragsschluss ist nur erheblich für die Abgrenzung zwischen §§ 280 I, 241 II BGB (pVV) und §§ 280 I, 311 II, 241 II BGB (c.i.c.): Fällt die Pflichtverletzung in den Zeitraum vor Vertragsschluss, sind ohne Rücksicht auf den späteren Vertragsschluss die §§ 280 I, 311 II, 241 II BGB richtige Anspruchsgrundlage.

A macht einen Stadtbummel. Aus Neugier betritt er ein neues Geschäft, um das Warenangebot näher kennen zu lernen. Dazu kommt es aber nicht. Er rutscht kurz hinter dem Eingang auf einer Bananenschale aus und bricht sich ein Bein.
Hat A Ansprüche aus c.i.c.?
Abwandlung: A betritt das Geschäft nur, weil es gerade zu regnen angefangen hat. Er hat keinerlei Kaufinteresse.

Juristisches Repetitorium
examenstypisch · anspruchsvoll · umfassend **hemmer**

---

1. Grundfall:
Fraglich ist, ob ein vorvertragliches Schuldverhältnis vorliegt. Dieses entsteht insbesondere erst durch ein Verhalten, das auf die Aufnahme von Vertragsverhandlungen (§ 311 II Nr. 1 BGB), die Anbahnung eines Vertrags (§ 311 II Nr. 2 BGB) oder eines geschäftlichen Kontakts (§ 311 II Nr. 3 BGB) abzielt. Hier betritt A das Geschäft zwar ohne konkrete Kaufabsicht, aber als potentieller Kunde in der Absicht, sich über das Warensortiment zu informieren, um später möglicherweise doch etwas zu kaufen. **Sein Verhalten ist somit auf die Anbahnung eines Vertrags gerichtet, bei welchem der A im Hinblick auf eine etwaige rechtsgeschäftliche Beziehung dem Geschäftsinhaber die Möglichkeit zur Einwirkung auf seine Rechte, Rechtsgüter und Interessen gewährt oder ihm diese anvertraut, vgl. § 311 II Nr. 2 BGB.**
Der Geschäftsinhaber hat die Pflicht, alles Zumutbare zu unternehmen, um seine Kunden vor Schäden an Leben und Gesundheit zu schützen. Diese Pflicht wurde hier verletzt. Im Hinblick auf die Darlegungs- und Beweislast zum Vertretenmüssen ist von § 280 I 2 BGB auszugehen. Ausreichend ist daher von Seiten des Geschädigten der Nachweis des objektiv verkehrsunsicheren Zustands im Verantwortungsbereich des Schuldners, hier durch die Bananenschale. Der Schuldner, also der Geschäftsinhaber muss dann nachweisen, dass er und seine Erfüllungsgehilfen alle zumutbaren Maßnahmen zur Vermeidung des Schadens ergriffen haben. Das wird regelmäßig nicht gelingen. **Von Vertretenmüssen ist daher auszugehen,** gegebenenfalls ist dem Geschäftsinhaber das *Verschulden der Erfüllungsgehilfen (z.B. Ladenangestellten) nach § 278 BGB zuzurechnen.* Die **Pflichtverletzung war ursächlich für den Schaden des A. A kann somit Schadensersatz aus §§ 280 I, 311 II Nr. 2, 241 II BGB verlangen** (u.U. gekürzt um einen *Mitverschuldensanteil*).

2. Abwandlung:
In der Abwandlung hat A von vornherein keinerlei Kaufabsicht. Sein **Verhalten ist nicht auf die Anbahnung eines Vertrags gerichtet.** Das bloße Betreten eines Ladens genügt jedoch nicht, um ein gesteigertes Vertrauensverhältnis zu begründen. **Daher scheiden Ansprüche aus §§ 280 I, 311 II Nr. 2, 241 II BGB aus.** *Es kommen lediglich deliktische Schadensersatzansprüche in Betracht.*

hemmer-Methode: Bei dauernden Geschäftsbeziehungen, innerhalb derer sich ein Vertrauensverhältnis herausgebildet hat, ist eine Haftung aus c.i.c. auch für Handlungen, die nicht unmittelbar auf die Anbahnung eines Vertrages gerichtet sind, gerechtfertigt, sofern die Handlung in engem Zusammenhang mit der Geschäftsbeziehung steht.

Antwort
informiert umfassend und in prägnanter Sprache

hemmer-Methode
ein modernes Lernsystem, das letztlich erklärt, was und wie Sie zu lernen haben. Gleichzeitig wird „background" vermittelt. Die typischen Bewertungskategorien eines Korrektors werden miterklärt. So lernen Sie Ihre imaginären Gegner (Ersteller und Korrektor) besser einzuschätzen und letztlich zu gewinnen. Denken macht Spass und Jura wird leicht.

---

examenstypisch - anspruchsvoll - umfassend

Die Karteikarten (ab 1. Semester)

Die Karteikartensätze

Lernen Sie intelligent mit der 5-Schritt-Methode.

Weniger ist mehr. Das schnelle Frage- und Antwortspiel sich auf dem Markt durchgesetzt. Mit der hemmer-Methode wird der Gesamtzusammenhang leichter verständlich, das Wesentliche vom Unwesentlichen unterschieden. **Ideal für die AG und Ihre Lerngruppe: wiederholen Sie die Karteikarten und dem hemmer-Spiel „Jurapolis".** Lernen Sie so im Hinblick auf die mündliche Prüfung frühzeitig auf Fragen knapp und präzise zu antworten. Wissenschaftlich ist erwiesen, dass von dem Gelernten in der Regel **innerhalb von 24 Stunden bis zu 70% wieder vergessen wird.** Daher ist es wichtig, das Gelernte am nächsten Tag zu wiederholen, bevor Sie sich neue Karteikarten vornehmen.
Mit den Karteikarten können Sie leicht kontrollieren, wie viel Sie behalten haben.
Karteikarten bieten die Möglichkeit, knapp, präzise und zweckrational zu lernen. Im Hinblick auf das Examen werden die wichtigsten examenstypischen Problemfelder vermittelt. Das Kartei-kartensystem entspricht modernen Lernkonzepten und führt zum „learning just in time" (Lernen nach Bedarf). Da sie kurz und klar strukturiert sind, kann mit ihnen in kürzester Zeit der Lernstoff erarbeitet und vertieft werden.

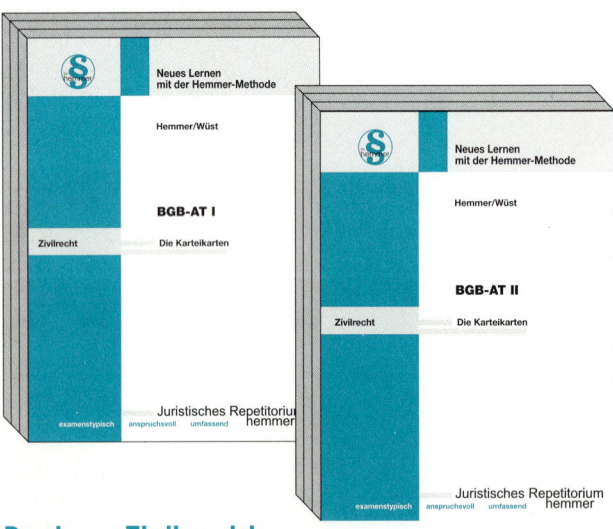

Basics - Zivilrecht
Das absolut notwendige Grundwissen vom Vertragsabschluß bis zum EBV. Alles was Sie im Zivilrecht wissen müssen. Die Grundlagen müssen sitzen.

20.01   *11,80 €*

Basics - Strafrecht
Karteikarten Basics-Strafrecht bieten einen Überblick über die wichtigsten Straftatbestände wie z.B.: Straftaten gegen Leib und Leben sowie Eigentumsdelikte und Straßenverkehrsdelikte, sowie verschiedene Deliktstypen, wichtige Probleme aus dem allgemeinen Teil, z.B. Versuch, Beteiligung Mehrerer, usw.

20.02   *11,80 €*

Basics - Öffentliches Recht
Anhand der Karten Basics-Öffentliches Recht erhalten Sie einen breitgefächerten Überblick über Staatsrecht, Verwaltungs-, und Staatshaftungsrecht. So lassen sich die verschiedenen Rechtsbehelfe optimal in ihrer Zulässigkeits- und Begründetheitsstation auf die Grundlagen hin erlernen.

20.03   *11,80 €*

BGB-AT I
Die BGB-AT I Karteikarten beinhalten das, was zum Wirksamwerden eines Vertrages beiträgt (Wirksamwerden der WE, Geschäftsfähigkeit, Rechtsbindungswille, usw.) bzw. der Wirksamkeit hindernd entgegensteht (Willensvorbehalte, §§ 116 ff., Sittenwidrigkeit, u.v.m.). Die Problemfelder der Geschäftsfähigkeit, insbesondere das Recht des Minderjährigen, dürfen bei dieser Möglichkeit zu lernen nicht fehlen.

22.01   *13,80 €*

BGB-AT II
Die BGB-AT II Karteikarten stellen in bekannt knapper und präziser Weise dar, was auf dem umfangreichen Gebiet der Stellvertretung von Ihnen erwartet wird. Die unerlässlichen Kenntnisse der Probleme der Anfechtung, der AGB-Bestimmungen und des Rechts der Einwendungen und Einreden können hiermit zur Examensvorbereitung wiederholt bzw. vertieft werden.

22.02   *13,80 €*

Schuldrecht AT I
Im bekannten Format werden hier die Grundbegriffe des Schuldrechts dargestellt. Dazu gehören der Inhalt und das Erlöschen des Schuldverhältnisses (z.B. durch Erfüllung Aufrechnung oder auch Rücktritt). Insbesondere die verschiedenen Probleme in Zusammenhang mit der Haftung im vorvertraglichen Schuldverhältnis nach §§ 280 I, 311 II 241 II BGB (c.i.c.), das Verhältnis des allgemeinen Leistungsstörungsrechts zu anderen Vorschriften und die Formen und Wirkungen der Unmöglichkeit werden behandelt.

22.031   *13,80 €*

Schuldrecht AT II
Klassiker wie Verzug, Abtretung, Schuldübernahme, Vertrag zugunsten oder mit Schutzwirkung zugunsten Dritter und Drittschadensliquidation gehören hier genauso zum Stoff der Karteikarten wie die Gesamtschuldnerschaft und das Schadensrecht (§§ 249 ff. BGB), das umfassend von Schadenszurechnung bis hin zu Art, Inhalt und Umfang der Ersatzpflicht dargestellt wird.

22.032   *13,80 €*

Schuldrecht BT I
Bei diesen Karteikarten steht das Kaufrecht als examensrelevante Materie im Vordergrund. Die Schwerpunkte bilden aber auch Sachmängelrecht und die Probleme rund um den Werkvertrag.

22.40   *13,80 €*

Die Karteikarten (ab 1. Semester)

Schuldrecht BT II
Die Karteikarten Schuldrecht BT II behandeln nach Kaufrecht im Karteikartensatz Schuldrecht BT I, die restlichen Vertragstypen. Dazu gehören vor allem das Mietrecht, der Dienstvertrag, die Bürgschaft und die GoA. Auch Gebiete wie z.B. Schenkung, Leasing, Schuldanerkenntnis und Auftrag kommen nicht zu kurz.

22.41   13,80 €

Bereicherungsrecht
Die §§ 812 ff. BGB sind regelmäßig die Folge unwirksamer Verträge. Abgrenzungsprobleme gibt es u.a. zum Wegfall der Geschäftsgrundlage (z.B. Rückabwicklung bei der nichtehelichen Lebensgemeinschaft) und §§ 987 ff. BGB. Der Karteikartensatz versteht sich als Gebrauchsanweisung für die erfolgreiche Bewältigung des anspruchsvollen Rechtsgebiets Bereicherungsrecht. Ohne Verständnis für dieses Rechtsgebiet bleibt der Zusammenhang im Zivilrecht im Dunkeln.

22.08   13,80 €

Deliktsrecht
Thematisiert werden im Rahmen dieser Karteikarten schwerpunktmäßig die §§ 823 I und 823 II BGB. Verständlich und präzise wird auch auf die Probleme der §§ 830 ff. eingegangen, wobei besonders auf den Verrichtungsgehilfen und die Gefährdungshaftung geachtet wird. Neben einem Einblick in das Staatshaftungsrecht wird auch die Haftung aus dem StVG, ProdHaftG und die negatorische/ quasinegatorische Haftung behandelt.

22.09   13,80 €

Sachenrecht I
Mit den Karteikarten zum Sachenrecht können Sie ein komplexes Gebiet wie dieses optimal wiederholen und Ihr Wissen trainieren. Das Sachenrecht mit EBV, Anwartschaftsrecht und Pfandrechten ist für jeden Examenskandidaten ein Muss.

22.11   13,80 €

Sachenrecht II
Auch auf einem so schwierigen Gebiet wie dem Grundstücksrecht und den damit verbundenen Pfand- und Sicherungsrechten geben die Karteikarten nicht nur eine zügige Wissensvermittlung, sondern reduzieren die Komplexität des Immobiliarsachenrechts auf das Wesentliche und erleichtern somit die eigene Systematik, z.B. des Hypothek- und Grundschuldrechts, zu verstehen. Begriffe wie die Vormerkung und das dingliche Vorkaufsrecht müssen im Examen beherrscht werden.

22.12   13,80 €

Kreditsicherungsrecht
Die Karteikarten als Ergänzung zum Skript Kreditsicherungsrecht ermöglichen Ihnen, spielerisch mit den einzelnen Sicherungsmitteln umzugehen, und die Unterschiede zwischen akzessorischen und nichtakzessorischen Sicherungsmitteln genauso wie ihre Besonderheiten zu beherrschen.

22.13   13,80 €

Familienrecht
Die wichtigsten Problematiken dieses Gebietes werden hier im Überblick dargestellt und erleichtern Ihnen den Umgang mit Ehe, Sorgerecht, Vormundschaft, aber auch dem Familienprozessrecht.

22.14   13,80 €

Erbrecht
Die Grundzüge des Erbrechts mit den einzelnen Problematiken der gewillkürten und gesetzlichen Erbfolge, des Pflichtteilrechts und der Erbenhaftung gehören ebenso zum Examensstoff wie die Annahme und Ausschlagung der Erbschaft und die Problematik mit dem Erbschein. Die Grundlagen zu beherrschen ist wichtiger als einzelne Sonderprobleme.

22.15   13,80 €

ZPO I
ZPO taucht zunehmend in den Examensklausuren auf und darf nicht vernachlässigt werden. Nutzen Sie die Möglichkeit, sich durch die knappe und präzise Aufbereitung in den Karteikarten mit dem Prozessrecht vertraut zu machen, um im Examen eine ZPO-Klausur in Ruhe angehen zu können.

22.16   13,80 €

ZPO II
Die Karteikarten ZPO II führen Sie quer durch das Recht der Zwangsvollstreckung bis hin zu den verschiedenen Rechtsbehelfen in der Zwangsvollstreckung. Dabei können Rechtsbehelfe wie die Vollstreckungsgegenklage oder die Drittwiderspruchsklage den Einstieg in eine BGB-Klausur bilden.

22.17   13,80 €

Arbeitsrecht
Arbeitsrecht ist stark von Richterrecht geprägt und hat sich auch, wie z.B. im Streikrecht, praeter legem entwickelt. Entsprechend häufig sind die Neuerungen. Gleichwohl ist die Arbeitsrechtsklausur im Regelfall standardisiert: Kündigungsschutz (Feststellungsklage) und Lohnzahlung (Leistungsklage) bilden häufig das Grundgerüst. Eingestreut sind regelmäßig Probleme wie z.B. Gratifikationen, Urlaubsabgeltungsanspruch, faktische Bindung und Anwendbarkeit der Grundrechte.

22.18   13,80 €

Handelsrecht
Im Handelsrecht kehren oft bekannte Probleme wieder, die mittels der Karteikarten optimal wiederholt werden können. Auch für das umfassende Schuld- und Sachenrecht des Handels, in dem auch viele Verknüpfungen zum BGB bestehen, bieten die Karteikarten einen guten Überblick.

22.191   13,80 €

Gesellschaftsrecht
Die Personengesellschaften, Körperschaften und Vereine haben viele Unterschiede, weisen aber auch Gemeinsamkeiten auf. Um diese mit allen wichtigen Problemen optimal vergleichen zu können, eignen sich besonders die Karteikarten im Überblicksformat.

22.192   13,80 €

Die Karteikarten/Karteikartenbox/Jurapolis

Strafrecht-AT I
Das vorsätzliche Begehungsdelikt mit all seinen Problemen der Kausalität, der Irrtumslehre bis hin zur Rechtfertigungsproblematik und Schuldfrage ist hier umfassend, aber in bekannt kurzer und übersichtlicher Weise dargestellt.

22.20   *13,80 €*

Strafrecht-AT II
Die Karteikarten Strafrecht AT II decken die restlichen Problemkreise Versuch (insbesondere Rücktritt vom Versuch), Täterschaft und Teilnahme, das Fahrlässigkeitsdelikt und die oft vernachlässigten Konkurrenzen ab.

22.21   *13,80 €*

Strafrecht-BT I
Ergänzend zum Skript werden Ihnen hier die Vermögensdelikte in knapper und übersichtlicher Weise veranschaulicht. Besonders im Strafrecht BT, wo es oft zu Abgrenzungsproblematiken kommt (z.B. Abgrenzung zwischen Raub und räuberischer Erpressung) ist eine Darstellung auf Karteikarten sehr hilfreich.

22.22   *13,80 €*

Strafrecht-BT II
Die Strafrecht BT II - Karten befassen sich mit den Nichtvermögensdelikten. Besonderes Augenmerk wird hierbei auf die Körperverletzungsdelikte sowie die Urkundendelikte und die Brandstiftungsdelikte gelegt.

22.23   *13,80 €*

StPO
In fast jeder StPO-Klausur werden Zusatzfragen auf dem Gebiet des Strafprozessrechts gestellt. Es handelt sich hierbei meist um Standardfragen, aber gerade diese sollten Sie sicher beherrschen. Die Karteikarten decken alle Standardprobleme ab, von Prozessmaximen bis hin zu den einzelnen Verfahrensstufen.

22.30   *13,80 €*

Verwaltungsrecht I
Ob allgemeines oder besonderes Verwaltungsrecht - die einzelnen Probleme der Eröffnung des Verwaltungsrechtsweges werden Ihnen immer wieder begegnen. Wiederholen Sie hier auch Ihr Wissen rund um die Anfechtungsklage, welche die zentrale Klageart in der VwGO darstellt.

22.24   *13,80 €*

Verwaltungsrecht II
Von der Verpflichtungsklage über die Leistungsklage bis hin zum Normenkontrollantrag sowie weitere Bereiche, mit deren jeweiligen Sonderproblemen werden alle verwaltungsrechtlichen Klagearten dargestellt.

22.25   *13,80 €*

Verwaltungsrecht III
Mittels Karteikarten können die Spezifika der jeweiligen Rechtsgebiete umfassend aufbereitet und verständlich erklärt werden. Thematisiert werden im Rahmen dieser Karten das Widerspruchsverfahren, der vorläufige sowie der vorbeugende Rechtsschutz und das Erheben von Rechtsmitteln.

22.26   *13,80 €*

Staatsrecht
Karteikarten eignen sich besonders gut, die einzelnen Grundrechte, Verfassungsrechtsbehelfe und Staatszielbestimmungen darzustellen, da gerade die einschlägigen Rechtsbehelfe zum Bundesverfassungsgericht sehr klaren und eindeutigen Strukturen folgen, innerhalb derer eine saubere Subsumtion notwendig ist. Das Gesetzgebungsverfahren und die Aufgaben der obersten Staatsorgane können hierbei gut wiederholt werden. Auch wird ein kurzer Einblick in die auswärtigen Beziehungen und die Finanzverfassung gegeben.

22.27   *13,80 €*

Europarecht
Nutzen Sie die Europarechtskarteikarten, um im weitläufigen Gebiet des Europarechts den Überblick zu behalten. Vom Wesen und den Grundprinzipien des Gemeinschaftsrechts über das Verhältnis von Gemeinschaftsrecht zum mitgliedstaatlichen Recht bis hin zu den Institutionen wird hier übersichtlich alles dargestellt, was Sie als Grundlagenwissen benötigen. Hinzu kommen die klausurrelevanten Bereiche des Rechtsschutzes und der Grundfreiheiten.

22.29   *13,80 €*

Lern-Karteikartenbox
Die praktische Lernbox zum intelligenten Lernen
- Maße der Lernbox mit Deckel: je 160 mm x 65 mm x 120 mm
- für alle Karteikarten, auch für die Übersichtkarteikarten
- inclusive Lernreiter als Sortierhilfe: In 5 Schritten zum Langzeitgedächtnis:

28.01   *1,99 €*

Jurapolis - das hemmer-Spiel
Mit Jurapolis lernen Sie Jura spielerisch.
Die mündliche Prüfungssituation wird spielerisch trainiert. Sie trainieren im Spiel Ihre für die mündliche Prüfung so wichtige rhetorische Fähigkeiten. Vergessen Sie nicht, auch im Mündlichen wird entscheidend gepunktet.
Inklusive Karteikartensatz (ohne Übersichtskarteikarten und Shorties) nach Wahl, bitte bei Bestellung angeben!
Lässt sich auch mit eigenen Karteikarten spielen!

40.01   *30,00 €*

Die Übersichtskarteikarten/Coach dich!/Life&LAW

Übersichtskarteikarten

Ihr Begleiter vom 1. Semester bis zum 2. Staatsexamen. Die wichtigsten Problemfelder im Zivil-, Straf- und Öffentlichen Recht sind **knapp, präzise** und **übersichtlich** dargestellt. Sie erfassen effektiv auf einen Blick das Wesentliche. Die **grafische Aufbereitung** auf der Vorderseite erleichtert den schnellen Zugriff. Die Kommentierung mit der hemmer-Methode auf der Rückseite schafft die Einordnung für die Klausur. Nutzen Sie die Übersichtskarten auch als Checkliste zur Kontrolle.

BGB im Überblick I
Mit den Übersichtskarteikarten verschaffen Sie sich einen schnellen und effizienten Überblick über die wichtigsten zivilrechtlichen Problemkreise des BGB-AT, Schuldrecht AT und BT sowie des Sachenrecht AT und BT. Knapp und teilweise graphisch aufbereitet vermitteln Ihnen die Übersichtskarten das Wesentliche. Aufbauschemata helfen Ihnen bei der Subsumtion.

25.01   30,00 €

BGB im Überblick II
Diese Karteikarten bieten einen Überblick der Gebiete Erbrecht, Familienrecht, Handelsrecht, Arbeitsrecht und ZPO. Für den Examenskandidaten eine „Checkliste", für den Anfänger eine Möglichkeit zum ersten Einblick.

25.011   30,00 €

Strafrecht im Überblick
Die Übersichtskarten leisten eine Einordnung in den strafrechtlichen Kontext. Im Hinblick auf das Examen werden so die wichtigsten examenstypischen Problemfelder vermittelt. Behandelt werden die Bereiche Strafrecht AT I und II wie auch BT I und II und StPO. Im Strafrecht BT ist bekanntlich fundiertes Wissen der Tatbestandsmerkmale mit ihren Definitionen gefragt, was sich durch Lernen mit den Übersichtskarten gezielt und schnell wiederholen lässt.

25.02   30,00 €

Öffentliches Recht im Überblick
Verschaffen Sie sich knapp einen Überblick über das Wesentliche der Gebiete Staatsrecht und Verwaltungsrecht. Die verwaltungs- und staatsrechtlichen Klagearten, Staatszielbestimmungen und die wichtigsten Vorschriften des Grundgesetzes werden mit den wichtigsten examenstypischen Problemfeldern verknüpft und vermindern in der gezielten Knappheit die Datenflut.

25.03   16,80 €

ÖRecht im Überblick / Bayern
ÖRecht im Überblick / NRW
Mit dem zweiten Satz der Übersichtskarteikarten im Öffentlichen Recht können Sie Ihr Wissen nun auch auf den Gebiete Polizei- und Sicherheitsrecht überprüfen und auffrischen. Die wichtigsten Probleme auf den Gebieten Baurecht und Kommunalrecht werden im klausurspezifischen Kontext dargestellt, z.B. die Besonderheiten von Kommunalverfassungsstreitigkeiten im Kommunalrecht oder Fortsetzungsfeststellungsklagen im Polizeirecht.

25.031 ÖRecht im Überb. / Bayern   16,80 €
25.032 ÖRecht im Überb. / NRW   16,80 €

Coach dich! - **Neuerscheinung**
Rationales Effektivitäts-Training zur Überwindung emotionaler Blockaden
Sie wollen das Berufsleben oder die Examensphase erfolgreich meistern? Diese hierfür erforderlichen psychischen Stärken können trainiert werden. Unsere Neuerscheinung „Coach dich!" aus der Reihe philosophisch-psychologischer Ratgeber hilft Ihnen dabei.

70.05   19,80 €

Lebendiges Reden
Wie man Redeangst überwindet und die Geheimnisse der Redekunst erlernt

Die lebendige Rede im Studium (z.B. mündliche Prüfungen, Seminare) oder Beruf ist ein entscheidender Schlüssel zum Erfolg. Mit Hilfe der bekanntesten psychologischen Techniken (z.B. mentales Training, paradoxe Intention, Problemanalyse, Technik des interessierten Beobachtens eigener Reaktionen u.a.) lernen Sie souverän und verständlich zu sprechen.

70.06   21,80 €

Life&Law - die hemmer-Zeitschrift
Die Life&Law ist ein monatlich erscheinendes Ausbildungsheft. In jeder Ausgabe werden aktuelle Entscheidungen im Bereich des Zivil-, Straf- und Öffentlichen Rechts vorgestellt, erläutert, und - wichtig - in den korrekten klausurentechnischen Kontext eingeordnet. Das hemmer.card-Magazin soll dem Leser Wissenswertes und Interessantes rund um die Juristerei bescheren, und dient damit einer gewissen Auflockerung und Horizonterweiterung. **Als hemmer-Kursteilnehmer/in (auch ehemalige) erhalten Sie die Life&LAW zum Vorzugspreis von 5,- € monatlich.**

Art.Nr.: AboLL (ehem. Kurs-Teilnehmer)   5,00 €
Art.Nr.: AboLL (nicht Kurs-Teilnehmer)   6,00 €

Assessor-Skripten/-Karteikarten/Neuerscheinungen/BWL-Skripten

Skripten Assessor-Basics

Trainieren Sie mit uns genau das, was Sie im 2. Staatsexamen erwartet. Die Themenbereiche der Assessor-Basics sind alle examensrelevant. So günstig erhalten Sie nie wieder eine kleine Bibliothek über das im 2. Staatsexamen relevante Wissen. Die Skripten dienen als Nachschlagewerk, sowie als Anleitung zum Lösen von Examensklausuren.

Theoriebände

Die Zivilrechtliche Anwaltsklausur/Teil 1: Arbeitstechnik und Formalia (410.0004)	16,80 €
Das Zivilurteil (410.0007)	16,80 €
Die Strafrechtsklausur im Assessorexamen (410.0008)	16,80 €

Klausurentraining (Fallsammlung)

Zivilurteile (früher. Zivilprozess) (410.0001)	16,80 €
Arbeitsrecht (410.0003)	16,80 €
Strafprozess (410.0002)	16,80 €
Zivilrechtliche Anwaltsklausuren/Teil 2: Musterklausuren (410.0005)	16,80 €
Öffentlichrechtl. u. strafrechtl. Anwaltsklausuren (410.0006)	16,80 €

Karteikarten Assessor-Basics

Assessorkarteikarten Zivilprozessrecht im Überblick 41.10	19,80 €
Assessorkarteikarten Strafrecht im Überblick 41.20	19,80 €
Assessorkarteikarten Öffentliches Recht im Überblick 41.30	19,80 €

hemmer-akademie Wiederholungsmappe

hemmer/wüst Neuerscheinung

Kaum etwas ist frustrierender, als sich in mühseliger Arbeit Wissen anzueignen, nur um wenige Zeit später festzustellen, dass das Meiste wieder vergessen wurde. Anstatt sein Wissen konstant auszubauen, wird ein und dasselbe immer wieder von neuem angegangen. Ein solches Vorgehen hat nur einen geringen Lernerfolg. Aber auch Motivation und Konzentrationsfähigkeit leiden unter diesem ständigen „Ankämpfen" gegen das Vergessen. Von Spaß am Lernen kann keine Rede sein. Mit dieser Wiederholungsmappe möchten wir diesem Problem beim Lernen entgegentreten. Mit einem effektiven Wiederholungsmanagement werden Sie Ihr Wissen beständig auf einem hohen Niveau halten. Wiederholungsmappe inklusive Übungsbuch und Mindmapps

75.01	9,90 €

Skripten für BWL'er, WiWi und Steuerberater

Profitieren Sie von unserem know-how.

Seit 1976 besteht das ‚in Würzburg gegründete, Repetitorium hemmer und bildet mit Erfolg aus. Grundwissen im Recht ist auch im Wirtschaftsleben heute eine Selbstverständlichkeit, die **prüfungstypischen Standards,** die so oder in ähnlicher Weise immer wiederkehren, üben wir anhand unserer Skripten mit Ihnen ein. Durch unsere jahrelange Erfahrung wissen wir, mit welchen Anforderungen zu rechnen sind und welche Aspekte der Ersteller einer juristischen Prüfungsklausur der Falllösung zu Grunde legt. Das Prüfungs- und praxisrelevante Wissen wird umfassend und gleichzeitig in der bestmöglichen Kürze dargestellt. Der Zugang zur „Fremdsprache Recht" wird damit erleichtert. Unsere Erfahrung - Ihr Profit. Die richtige Investition in eine gute Ausbildung garantiert den Erfolg.

Privatrecht für BWL'er, WiWi & Steuerberater 18.01	13,80 €
Ö-Recht für BWL'er, WiWi & Steuerberater 18.02	13,80 €
Musterklausuren für's Vordiplom/PrivatR 18.03	13,80 €
Musterklausuren für's Vordiplom/ÖRecht 18.04	13,80 €

Intelligentes Lernen mit der hemmer-Methode

Bestellen Sie:

per Fax: 09 31/79 78 240

per e-Shop: www.hemmer-shop.de

per Post: hemmer/wüst Verlagsgesellschaft mbH Mergentheimer Str. 44, 97082 Würzburg

Bestellungen bitte mit Angabe der kompletten Adresse, Bankverbindung und Einzugsermächtigung

Der Jahreskurs

Würzburg - Augsburg - Bayreuth - Berlin-Dahlem - Berlin-Mitte - Bielefeld - Bochum - Bonn - Bremen - Dresden - Düsseldorf - sErlangen - Frankfurt/M - Frankfurt/Oder - Freiburg - Gießen - Göttingen - Greifswald - Halle - Hamburg - Hannover - Heidelberg - Jena - Kiel - Köln - Konstanz - Leipzig Mainz - Mannheim - Marburg - München - Münster - Osnabrück - Passau - Potsdam - Regensburg - Rostock - Saarbrücken - Stuttgart - Trier - Tübingen

Unsere Jahreskurse beginnen jeweils im Frühjahr (März) und im Herbst (September).

In allen Städten ist im Kurspreis ein Skriptenpaket integriert:

Bereits mit der Anmeldung wählen Sie 12 Produkte (Skripten oder Karteikarten) kursbegleitend:

- daher frühzeitig anmelden!
- sich einen Kursplatz sichern
- mit den Skripten / Karteikarten lernen
- Life&Law im Kurspreis integriert
- keine Kündigungsfristen

Juristisches Repetitorium
examenstypisch   **hemmer** anspruchsvoll   umfassend

Karl Edmund Hemmer / Achim Wüst

Gewinnen Sie mit der „HEMMER-METHODE"!

Wer in vier Jahren sein Studium erfolgreich abschließen will, kann sich einen Irrtum im Hinblick auf Examensvorbereitung und Ausbildungsmaterial nicht leisten!

Ihr Ziel: Sie wollen ein gutes Examen:

Stellen Sie frühzeitig die Weichen richtig. Trainieren Sie unter professioneller Anleitung das, was Sie im Examen erwartet. Dazu hat Ihre Ausbildung den Ansprüchen des Examens zu entsprechen. Um das Examen sicher zu erreichen, müssen Sie wissen, mit welchem Anforderungsprofil Sie im Examen zu rechnen haben.
Die Kunst, eine gute Examensklausur zu schreiben, setzt voraus:

Problembewusstsein

„Problem erkannt, Gefahr gebannt". Ein zentraler Punkt ist das Prinzip, an authentischen Examensproblemen zu lernen. Anders als im wirklichen Leben gilt: „Probleme schaffen, nicht wegschaffen".

Juristisches Denken

Dazu gehört die Fähigkeit,
- komplexe Sachverhalte in ihre Bestandteile zu zerlegen (assoziative Textauswertung),
- die notwendigen rechtlichen Erörterungen anzuschließen,
- Einzelprobleme zueinander in Beziehung zu setzen,
- zu einer schlüssigen Klausurlösung zu verbinden und
- durch ständiges Training wiederkehrende examenstypische Konstellationen zu erfassen.

Grundlegende Fehler werden so vermieden.

Abstraktionsvermögen

Die Gesetzessprache ist abstrakt. Der Fall ist konkret. Nur wer über das notwendige Abstraktionsvermögen verfügt, ist in der Lage, die für die Falllösung erforderliche Transformationsleistung zu erbringen. Diese Fähigkeit wird geschult durch methodisches Lernen.

Sprachsensibilität

Damit einhergehend ist Genauigkeit und Klarheit in der Darstellung, Plausibilität und Überzeugungskraft erforderlich.

Was macht das Juristische Repetitorium Hemmer so erfolgreich?

In allen drei Rechtsgebieten gilt: Examenstypisches, umfassendes und anspruchsvolles Lernsystem.

1. Kein Lernen am einfachen Fall:

Grundfall geht an Examensrealität vorbei!

Hüten Sie sich vor Übervereinfachung beim Lernen! Unterfordern Sie sich nicht. Die Theorie des einfachen Grundfalles nimmt zwar als psychologischer Aspekt die Angst vor Falllösungen, die Examensreife kann aber so nicht erlangt werden. Es fehlt die Einbindung des gelernten Teilwissens in den Kontext des großen Falls. Ein vernetztes Lernen findet nicht statt. Außerdem: Für den Grundfall brauchen Sie kein Repetitorium. Sie finden ihn in jedem Lehrbuch. Die Methode der Reduzierung juristischer Sachverhalte auf den einfachen Grundfall bzw. das Schema entspricht weder in der Klausur noch in der Hausarbeit der Examensrealität. Sie müssen sich folglich das notwendige Anwendungswissen für das Examen selbst aneignen. Schablonenhaftes Denken ist im Examen gefährlich. Viele lernen nur nach dem Prinzip „Aufschieben und Hinauszögern" von zu erledigenden Aufgaben. Dies erweist sich als Form der Selbstsabotage. Wer sich überwiegend mit Grundfällen und dem Auswendiglernen von Meinungen beschäftigt, dem fehlt am Schluss die Zeit, Examenstypik einzutrainieren.

2. Kein Lernen am Rechtsprechungsfall mit Literaturmeinung

Rechtsprechungsfall entspricht nicht der Vielschichtigkeit des Examensfalls

Zwar ermöglicht dies Einzelprobleme leichter als durch Lehrbücher zu erlernen, es fehlt aber eine den Examensarbeiten entsprechende Vielschichtigkeit.

Außerdem besteht die Gefahr des Informationsinfarkt. Viel Wissen garantiert noch lange nicht, auch im Examen gut abzuschneiden. Maßgeblich ist die Situationsgebundenheit des Lernens. Wer sich examenstypisch am großen Fall Problemlösungskompetenz unter Anleitung erarbeitet, reduziert die Informationsmenge auf das Wesentliche.

Durch richtiges Lernen mit einem ausgesuchten, am Examen orientierten Fallmaterial verschaffen Sie sich mehr Freizeit. Nur wer richtig lernt, erspart sich auch Zeit. Weniger ist häufig mehr!

Die Examensklausuren und noch mehr die Hausarbeiten sind so konstruiert, dass die notwendige Notendifferenzierung ermöglicht wird. Die Examensrealität ist damit in der Regel anders als der einfache Rechtsprechungsfall. Examensfälle sind anspruchsvoll.

Gewinnen Sie mit der „Hemmer-Methode"

3. hemmer-Methode: Lernen am examenstypischen „großen" Fall

Wir orientieren uns am Niveau von Examensklausuren, weil sich gezeigt hat, dass traditionelle Lehr- und Lernkonzepte den Anforderungen des Examens nicht entsprechen. Der Examensfall und damit der große Fall ist eine konstruierte Realität, auf die es sich einzustellen gilt.

Examen ist eine konstruierte Realität

Die „HEMMER-METHODE" ist eine neue Lernform und holt die Lernenden aus ihrer Passivität heraus. Mit gezielten, anwendungsorientierten Tipps unterstützen wir vor allem die wichtige Sachverhaltsaufbereitung und damit Ihre Examensvorbereitung.

Jura ist ein Sprachspiel

Denken Sie daran, Jura ist ein Spiel und zuallererst ein *Sprachspiel*, auch im Examen.
Es kommt auf den richtigen Gebrauch der Worte an.

Lernen Sie mit uns einen genauen und reflektierten Umgang mit der juristschen Sprache. Dies heißt immer auch, genau denken zu lernen. Profitieren Sie dabei von unserem Erfahrungswissen. Die juristische Sprache ist erlernbar. Wie Sie sie sinnvoll erlernen, erfahren Sie in unseren Kursen. Statt reinem Faktenwissen erhalten Sie Strategie- und Prozesswissen. „Schach dem Examen!."

Spaß mit der Arbeit am Sachverhalt.

Die genaue Arbeit am Sachverhalt bringt Spaß und hat sich als sehr effizient für das juristische Verständnis von Fallkonstellationen herausgestellt. Dabei ist zu beachten, dass die juristische Sprache eine Kunstsprache ist. Wichtig wird damit die Transformation: So erklärt der Laie in der Regel in der Klausur nicht: „Ich fechte an, ich trete zurück", sondern „Ich will vom Vertrag los".
Lernen Sie, den Sachverhalt richtig zu lesen. Steigern Sie Ihre Leseaufmerksamkeit. Gehen Sie deshalb gründlich und liebevoll mit dem Sachverhalt um, und verlieren Sie sich dabei nicht in Einzelheiten. Letztlich geht es um die Wahrnehmungsfähigkeit: Was ist im Sachverhalt des Examensfalles angelegt und wie gehe ich damit um („Schlüssel-Schloß- Prinzip"). Der Sachverhalt gibt die Problemfelder vor. Entgehen Sie der Gefahr, dass Sie „ein Weihnachtsgedicht zu Ostern vortragen."

Trainieren von denselben Lerninhalten in verschiedenen Anwendungssituationen

Juristerei setzt eine gewisse Beweglichkeit voraus, d.h. jeder Fall ist anders, manchmal nur in Nuancen. Akzeptieren Sie: Jeder Fall hat einen experimentellen Charakter. Trainieren Sie Ihr bisheriges Wissen an neuen Problemfeldern. Dies verhindert, dass das Gelernte auf einen bestimmten Kontext fixiert wird. Trainieren Sie, dieselben Lerninhalte in verschiedene Anwendungssituationen einzubetten und aus unterschiedlichen Blickwinkeln zu betrachten. Denn wer einen Problemkreis von mehreren Seiten her kennt, kann damit auch flexibler umgehen. Verbessern Sie damit Ihre Transferleistung. Über das normale additive Wissen hinaus vermitteln wir sog. metabegriffliches Wissen, d.h. bereichsübergreifendes Wissen.

Modellhaftes Lernen

Modellhaftes Lernen schafft Differenzierungsvermögen, ermöglicht Einschätzungen und fördert den Prozess der Entscheidungsfindung. Seien Sie kritisch gegenüber Ihren Ersteinschätzungen. Eine gewisse Veränderungsbereitschaft gehört zum Lernprozess. Überprüfen Sie Ihr Wertungssystem auch im Hinblick auf das Ergebnis des Falles.
Hüten Sie sich vor zu starkem Routinedenken und damit vor automatisierten Mustern. Fragen Sie sich stets, ob Sie mit Ihren Annahmen den Fall weiterlösen können oder ob Sie in eine Sackgasse geraten.

Assoziationsmethode als erste „Herangehensweise": Hypothesenbildung

Mit der Assoziationsmethode lehren wir in unseren mündlichen Kursen, wie Sie die zentralen Probleme des Falles angehen und ausdeuten. Dabei wird die Bedeutung nahezu aller Worte untersucht. Durch frühe Hypothesenbildung werden alle für die Falllösung möglichen Problemkonstellationen durchgespielt. Die spätere gezielte Selektion führt dazu, dass die für den konkreten Sachverhalt abwegigen Varianten ausscheiden (Prinzip der Retardation bzw. der negativen Evidenz). Die übriggebliebenen Hypothesen bestimmen die Lösungsstrategie.

Wichtigste Arbeitsphase = Problemaufriss

Die erste Stunde, der Problemaufriss, ist die wichtigste Stunde. Es werden die Weichen für die spätere Niederschrift gestellt. Wenn Sie die Klausur richtig erfassen (den „roten Faden"/die „main street"), sind Sie zumindest auf der sicheren Seite und schreiben nicht an der Klausur vorbei.

4. Ersteller als „imaginärer" Gegner

Dialog mit dem Klausurersteller

Der Ersteller des Examensfalles hat auf verschiedene Problemkreise und ihre Verbindung geachtet. Der Ersteller als Ihr „imaginärer Gegner" hat, um Notendifferenzierungen zu ermöglichen, verschiedene Problemfelder unterschiedlicher Schwierigkeit versteckt. Der Fall ist vom Ersteller als kleines Kunstwerk gewollt. Diesen Ersteller muss der Student als imaginären Gegner bei seiner Falllösung berücksichtigen. Er muss also versuchen, sich in die Gedankengänge, Annahmen und Ideen des Erstellers hineinzudenken, und dessen Lösungsvorstellung wie im Dialog möglichst nahe zu kommen. Je ideenreicher Ihre Ausbildung verläuft, desto mehr Möglichkeiten erkennen Sie im Sachverhalt. Die Chance, eine gute Klausur zu schreiben, wird größer.

Gewinnen Sie mit der „Hemmer-Methode"

Wir fragen daher konsequent bei der Falllösung:
- Was will der Ersteller des Falles („Sound")?
- Welcher „rote Faden" liegt der Klausur zugrunde („main-street")?
- Welche Fallen gilt es zu erkennen?
- Wie wird bestmöglicher Konsens mit dem Korrektor erreicht?

Die Falllösung wird dann nicht durch falsches Schablonendenken geprägt, vielmehr zeigen Sie, dass Sie gelernt haben, mit den juristischen Begriffen umzugehen, dass es nicht nur auswendig gelernte Begriffe sind, sondern dass Sie sich darüber im Klaren sind, dass der Begriff immer erst in der konkreten Anwendung seine Bedeutung gewinnt.

Unterfordern Sie sich nicht!
Lernen Sie nicht auf zu schwachem Niveau. Zwar ist „der Einäugige unter den Blinden König". Die Einäugigkeit rächt sich aber spätestens im Examen. Ziel jeden guten Unterrichts muss eine realistische Selbsteinschätzung der Hörer sein.

Problemorientiertes Lernen, unterstützt durch Experten
Wichtig ist, mit der Assoziationsmethode im richtigen sozialen Kontext zu lernen, denn gemeinsames Lernen in Gruppen ist nicht nur motivierend, sondern auch effektiv. Nehmen Sie an einer Atmosphäre teil, in der Sie sinnvoll Erfahrungsaustausch, Meinungsvielfalt und Kontakt mit Experten erfahren. Maßgeblich ist die gezielte Unterstützung. Wir geben das Niveau vor. Achten Sie stets darauf, dass die Lernsituation anwendungsbezogen bleibt und der Vielschichtigkeit des Examens entspricht. Unser Repetitorium spricht den Juristen an, der sich am Prädikatsexamen orientiert. Insoweit profitieren Sie auch vom Interesse und Wissensstand der anderen Kursteilnehmer.

Gefahr bei Kleingruppen
Hüten Sie sich vor sog. „Kleingruppen". Dort besteht die Gefahr, dass Schwache und Nichtmotivierte den Unterricht allzusehr mitbestimmen: „Der Schwächste bestimmt das Niveau!" Wichtig ist doch für Sie, auf welchem Niveau (was und wie) die Auseinandersetzung mit der Juristerei stattfindet. Wer nur auf vier Punkte lernt, landet leicht bei drei Punkten!
Soviel ist klar: <u>Wie</u> Sie lernen, beeinflusst Ihr Examen. Weniger bekannt ist, dass das Fehlen bestimmter Informationen das Examen verschlechtert.
Glauben Sie an die eigene Entwicklungsfähigkeit, schöpfen Sie ihr Potential aus.

5. Spezielle Ausrichtung auf Examenstypik

Im Trend des Examens
Dies hat weiterhin den Vorteil, dass wir voll im Trend des Examens liegen. Die Thematik der Examensfälle ist bei uns auffällig häufig vorher im Kurs behandelt worden. Auch in Zukunft ist damit zu rechnen, dass wir mit Ihnen innerhalb unseres Kurses die Themen durchsprechen, die in den nächsten Prüfungsterminen zu erwarten sind.

6. „Gebrauchsanweisung"
Vertrauen Sie auf unsere Expertenkniffe. Die „HEMMER-METHODE" setzt richtungsweisende Maßstäbe und ist Gebrauchsanweisung für Ihr Examen.

Der Erfolg gibt uns recht!

Examensergebnisse
Die Examenstermine zeigen, dass **unsere Kursteilnehmer** überdurchschnittlich abschneiden; z.B. Würzburg, Ergebnisse **1991-2003**:
15,08 (Landes**bester**); 14,79*; 14,7* (**Beste** des Termins 98 I); 14,3* (Landes**bester**); 14,16* (**Beste** des Termins 2000 II), 14,08* (**Beste** des Termins in Würzburg 96 I); 14,08 (Landes**bester**); 14,04* (**Bester** des Termins 94 II); 13,87; 13,8*; 13,75* (**Bester** im Termin 99/II in Würzburg); 13,75*; 13,7 (7. Semester, **Bester** des Termins in Würzburg 95 II); 13,7 (7. Semester); 13,66* (**Bester** des Termins 97 I, 7. Semester); 13,6*; 13,54*, 13,41*, 13,4*; 13,3* (**Beste** des Termins 93 I in Würzburg); 13,3* (**Bester** des Termins 91 I in Würzburg), 13,29*, ;13,2*(**Bester** des Termins 2001 I in Würzburg, letzter Termin); 13,2; 13,12; 13,08* (**Bester** des letzten Termins 2002 I in Würzburg), 13,04*; 13,02* (**Bester** des Termins 95 I in Würzburg); 13,0; 12,91*, 2 x 12,87* (7. Semester); 12,8; 12,8*; 12,75*; 12,62; 12,6; 12,6*; 12,6; 12,58*; 12,58*; 12,54*; 12,54*, 12,5*; 12,5*; 12,41; 12,37*(7. Semester); 12,3*; 12,25*; 12,2; 12,2*; 12,2*; 12,18; 12,12*; 12,12; 12,1; 12,08; 12,08*; 12,06; 12,04*(**Beste** des Termins 98 II; Ergebnis Februar '99); 12,0*; 12,0*; 12,0*; 12,0*; 12,0*; 12,0*; 11,83; 11,8; 11,8; 11,79*; 11,75*; 11,75; 11,75; 11,6; 11,58*; 11,54*; 11,5*; 11,5;...
(*hemmer-Mitarbeiter bzw. ehemalige hemmer-Mitarbeiter)

Ziel: solides Prädikatsexamen
Lassen Sie sich aber nicht von diesen „Supernoten" verschrecken. Denn unsere Hauptaufgabe sehen wir nicht darin, nur Spitzennoten zu produzieren: Wir streben ein solides Prädikatsexamen an. So erreichten z.B. schon im ersten Durchgang unsere Kursteilnehmer in Leipzig (Termin 1994 II) bereits nach dem Schriftlichen einen Schnitt von 8,6 Punkten, wobei der Gesamtdurchschnitt aller Kandidaten nur 5,46 Punkte betrug (Quelle: Fachschaft Jura Leipzig, »Der kleine Advokat«, April 1995). Aber am allerwichtigsten für uns ist: Unsere Durchfallquote ist äußerst gering!
Regelmäßiges Training an examenstypischem Material zahlt sich also aus.

Spitzennoten von Mitarbeitern
Dies zeigt sich auch z.B. bei unseren Verantwortlichen: In jedem Rechtsgebiet arbeiteten Juristen mit, die ihr Examen mit **„sehr gut"** bestanden haben.
Professionelle Vorbereitung zahlt sich aus. Noten unserer Kursleiter (ehemalige Kursteilnehmer in Würzburg) im bayerischen Staatsexamen, wie **13,5, 13,4** und **12,9** und andere mit „gut" sind Ihr Vorteil. Nur wer selbst gut ist, weiß auf was es im Examen ankommt. Nur so wird gutes Material erstellt.
Die Ergebnisse unserer Kursteilnehmer im Ersten Staatsexamen können auch Vorbild für Sie sein. Motivieren Sie sich durch Ihre guten Mitkursteilnehmer/innen. Lassen Sie sich daher nicht von unseren Supernoten verschrecken, sehen Sie dieses Niveau als Anreiz für Ihr Examen. „Wer nur in der C-Klasse spielt, bleibt in der C-Klasse."

Wir sind für unser Anspruchsniveau bekannt.